·人·口·发·展·战·略·丛·书·

丛书主编　沙 勇

区域人口城镇化与碳排放

杜运伟 著

南京大学出版社

图书在版编目(CIP)数据

区域人口城镇化与碳排放 / 杜运伟著. —南京：南京大学出版社，2018.10

(人口发展战略丛书 / 沙勇主编)

ISBN 978-7-305-21124-9

Ⅰ. ①区… Ⅱ. ①杜… Ⅲ. ①人口流动—影响—城市化—研究—江苏 ②人口流动—影响—二氧化碳—排气—研究—江苏 Ⅳ. ①C924.24 ②F299.275.3 ③X511

中国版本图书馆 CIP 数据核字(2018)第 246075 号

出版发行 南京大学出版社
社　　址 南京市汉口路 22 号　　　邮　　编 210093
出 版 人 金鑫荣

丛 书 名 人口发展战略丛书
丛书主编 沙　勇
书　　名 区域人口城镇化与碳排放
著　　者 杜运伟
责任编辑 张倩倩　吴　汀

照　　排 南京理工大学资产经营有限公司
印　　刷 盐城市华光印刷厂
开　　本 787×960　1/16　　印张 15　　字数 253 千
版　　次 2018 年 10 月第 1 版　2018 年 10 月第 1 次印刷
ISBN 978-7-305-21124-9
定　　价 60.00 元

网　　址:http://www.njupco.com
官方微博:http://weibo.com/njupco
官方微信:njupress
销售咨询热线:025-83594756

《人口发展战略丛书》总序

《人口发展战略丛书》在南京大学出版社的出版，可喜可贺。丛书的主编，南京邮电大学社会与人口学院、人口研究院院长沙勇教授嘱我为丛书的出版写序，我欣然从命。

《人口发展战略丛书》选题十分广泛，从城镇化与碳排放到消费和环境，从农民工到失独风险，从农村老年健康到农村大龄男性，从大运河城市群到流动人口融入，从农村人口市民化到城市贫困人口，等等，反映了南京邮电大学的人口学者们的广阔的研究视角和广泛的研究兴趣，也反映了这套丛书的丰富内涵。

许多研究还强调了江苏的特色，给予江苏特别的关注，既符合情理，也很有意义。江苏是我国社会经济发展最先进的地区之一，江苏所面对的许多社会经济和人口方面的问题对江苏具有现实性，对全国具有前瞻性。因此，丛书的作者们的分析和阐述同样对于全国有着启发意义，也增强了这套丛书的学术价值。

改革开放以来，随着国家的发展、社会的需要和国际的交往，我国的人口研究也是蓬勃发展，涌现了大量出色的研究成果和优秀的研究人才，推动着我国人口研究事业向前发展，并赢得越来越大的国际影响。在这方面，南京一直是我国人口研究的重镇之一，南京众多的人口研究机构人才济济，成果累累。《人口发展战略丛书》的出版则是南京人口学界的又一大成果。

丛书的各位作者来自南京邮电大学的人口研究院、社会与人口学院、地理与生物信息学院、管理学院、经济学院的科研人员，部分老师是原来南京人口管理干部学院的人口研究方面的教学科研人员。南京人口管理干部学院作为当时国家计生委的直属院校，拥有许多长期从事人口学领域的教学和研究工作的优秀学者，许多老师包括丛书的一些作者都主持完成过国家社科基金人口学课题，参与过国家计生委众多的科研课题调研，熟悉基层人口与计划生育工作，参与过各种国际合作和交流。与南京邮电大学合并后，原南京人口管理干部学院在人口研究方面的传统科研优势得以传承，并与学校计算机信息科学、物联网等特色学科实现了有机结合。比如依托大数据研究院、物联网科技园，与国家原卫计委流动人口司合作建立了“国家流动人口数据开发中心”。学校新设立人口研究院，并重新整合了社会与人口学院，人口学科研骨干在人口大数据、贫困人口研究、人口与区域发展等多个领域取得了不凡的成绩，正迅速成长壮大为国内一支人口研究的有生力量。《人口发展战略丛书》的出版正是这支人口研究的有生力量的生动体现。今后如果能将人口学与其他学科进一步融合，优势互补，发扬光大，必将为我国的人口事业做出更为卓越的贡献。

丛书的作者有许多都是青年俊秀，他们的成果更值得嘉许。进入21世纪以来，我国人口态势呈现出生育率长期走低、老龄化不断加剧、城市化快速发展、人口流动日趋频繁的全新的局面。随着人口新常态的到来，必然涌现出许多前所未有的新特点和新问题，需要去探索，需要去回答，成为他们所要肩负的新时期人口研究的新发展的使命，任重而道远。因此，这套丛书的出版也标志着我国新一代的人口学者正在茁壮成长，我国人口学的发展后继有人，是非常令人欣喜的。

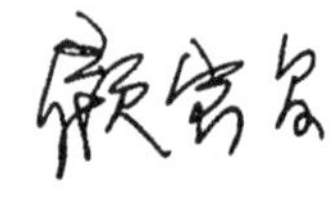

2018年5月

前　言

党的十八届五中全会上提出“创新、协调、绿色、开放、共享”五大发展理念，将绿色发展作为关系我国发展全局的重要理念，并作为“十三五”规划纲要的主基调，必将为推进美丽中国建设提供科学的理念指导和有力的政策支撑。中国碳减排问题越来越受到国际社会的关注，《巴黎协定》为2020年后全球应对气候变化行动做出安排，在巴黎气候变化大会上，中国政府承诺到2030年，单位国内生产总值二氧化碳排放量将比2005年下降60%—65%，中国对碳减排的量化行动目标做出了持续不懈的努力。

作为转型期的发展中人口大国，中国无论从资源的消耗还是从环境的污染角度来审视以往的发展道路，其经济增长方式始终没有绕过“高碳模式”。以江苏为例，改革开放以来，江苏经济社会发展较快，但江苏整体的生态环境面临着沉重的压力。随着新型城镇化的推进，必将产生大量的碳排放。要寻求城镇化进程中有效的碳减排措施，一个重要命题就是如何厘清过去一段时间城镇化与碳排放的关系问题。进一步地，我们试图追问，作为城镇化核心的人口因素又与碳排放之间有什么内在的关联呢？

基于对以上系列问题的深邃思考，本书以“区域人口城镇化与碳排放”为题。首先探讨基于人口变动的城镇化对碳排放的影响机制，并采用计量经济学的方法分别就江苏人口城乡结构的变动、人口空间分布变动、人口生产方式变动和人口生活方式变动对碳排放的影响进行定量研究，从而为科学评判江苏省碳排放的人口因素，找到制约当前江苏碳减排的主要因素，提出有针对性的对策，以增强江苏省的可持续发展能力提供决策依据，这具有十分重要的理论意义和现实意义。同时，本书的研究结果又可以丰富和完善碳排放的相关理论。

本书主要创新点如下：第一，构建了基于人口变动的城镇化对碳排放影响机制的研究框架。在分析城镇化对碳排放的影响机制基础上，结合城镇化的特点，进一步总结出人口城乡结构、人口空间结构、人口生产、生活方式四个方面对碳排放的影响，这就通过经济系统的生产、消费为纽带，构建城镇化进程中人口变动对碳排放影响的系统分析框架。第二，通过构建计量模型，量化江苏城镇化进程中碳排放影响因素的强弱，并解释了江苏城镇化对碳排放影响的时空异质性。第三，引入工具变量避免由于内生性所造成的估计偏误问题。在研究江苏人口空间分布变动对碳排放影响时，将城镇人口空间结构与碳排放量的交互项作为最优控制变量引入面板模型中，由于解释变量的交互项存在双向因果关系而产生的模型内生性的问题，本研究采用工具变量法很好避免了这一问题，使回归结果更加可信。第四，构建以人口集聚度为表征的城市人口空间结构变动指标。人口集聚度指标试图突破人口密度在刻画人口空间分布方面的局限性，更全面测度城市人口集疏、人口空间分布的态势以及演变规律。

杜运伟

2018 年 10

目 录

第1章　绪　论

1.1　研究背景与意义

在2009年的哥本哈根气候变化大会6年之后，2015年11月，在巴黎召开的“联合国气候变化框架公约”会议中，我国宣布将在2030年达到二氧化碳减排峰值[1]。《巴黎协定》是人类历史上应对气候变化的第三个里程碑式的国际法律文本，形成了2020年以后的全球气候变化治理格局。

由碳排放引起的全球气候变化是目前人类面临的最严峻的挑战之一。中国在“自主国家贡献”中提出将于2030年左右使二氧化碳减排达到峰值并争取尽早实现。争取2030年碳排放量在2005年的基础上降低60%—65%。工业革命在极大满足人类的物质需求同时，也给环境带来巨大灾难，其中化石燃料能源是推动工业革命的根本动力，化石燃料能源的大量使用导致二氧化碳排入大气层。目前，大量科学依据几乎可以确切地认定近一个世纪以来全球气候正在变暖，而气候变暖很可能是人类活动引起温室效应作用的结果，增加的温室气体可能是人类活动造成的[2]，并且研究全球气候变暖问题的科学界已基本达成共识——未来全球变暖可能更加明显[3]。联合国人口基金（UNFPA）发布了《2009年世界人口状况报告》[4]，指出温室气体的排放与人口总量增速、人口城乡结构、家庭规模、人口年龄构成、人口空间分布等因素有密切的联系。

正是由于全球气候变化问题的严重性与紧迫性，以及人类活动在气候变化问题中扮演的推波助澜作用，气候变化是目前国际社会普遍关注的重大全球性问题，对于气候保护问题的研究也变得日益重要。所幸这一问题已经得到各国学者、政府与公众普遍关心。

碳减排是世界各国解决全球气候变暖问题的根本出路。碳减排主要包括两个方面：生产过程的碳减排和消费过程的碳减排，由于生产与消费过程的碳排放主要是在城市中完成的，城市占据世界总面积的 2%，排出的二氧化碳却占世界的 75%[5]，因此，碳减排首先应该从构建低碳城市着手。世界观察研究所在出版的《地球白皮书 2007—2008：城市的未来》中指出，只有城市才是导致问题的所在，但同时也是解决气候问题的“钥匙”[6]。

城市是人口和经济活动的聚集地，也是能源和碳排放的集中地，城镇化进程中人口集聚效应、消费升级效应以及空间扩张效应对碳排放的影响是非常明显的，有学者研究表明，城市人口的人均能源消耗量是农村人口的 3.5—4 倍[7]。作为全球最大的发展中国家，中国在改革开放以后经历了高速的城镇化进程，1978 年我国城镇的人口约为 1.7 亿，2016 年，我国城镇人口近 8 亿城镇人口增长了 4.7 倍，但仍低于发达国家平均水平（78%）。未来 10—20 年，中国的城镇化进程将处于快速增长势头，城镇人口的进一步增加在促进经济增长的同时，也改变了人们的生产和生活方式，进而影响碳排放水平。

国家统计局发布数据称，2010 年起，中国超越美国成为世界上一次能源消费第一大国。2012 年一次能源消费量为 2 735 百万吨油当量，占世界总消费量 21.9%。2011 年国际能源署（IEA）[8]公布，我国化石燃料产生的二氧化碳排放 62.46 亿吨，占世界碳排放总量的 20.95%，首次超过美国成为全球第一大碳排放国，且全世界城市温室气体的排放量占到了全球温室气体排放量的 70%以上。作为一个负责任的发展中大国，中国政府在巴黎气候变化大会上承诺碳减排的目标，这使未来我国经济发展和碳排放承受着巨大的国际压力。我国目前调结构、转方式的主要目标就是尽快扭转能源消费结构的高碳化的局面，因此，相对于发达国家，我国碳排放仍有很大的下降空间。

改革开放以来，中国城镇人口的比重从 1978 年的 17.9%上升到 2016 年的 57.35%，预计 2020 年，中国城镇化水平也将达到 60%左右，但仍低于发达国家平均水平（78%）。城镇化往往与工业化同步进行，工业化发展使得城市是人口和经济活动的聚集地，因此也是能源和碳排放的集中地。城镇化进程提高意味着能源消耗增长较快。城镇人口的进一步增加在促进经济增长的同时也改变了人们的生产和生活方式，进而影响碳排放水平。学者研究表明，未来人口规模变动对碳排放的影响将进一步下降，相比之下，人口城镇化驱动背景下居民消费模式变迁对碳排放的影响将日益显著[9]。未来城镇化在快速发展的同时，能源需求快速增长的趋势不会改变，碳减排的压力日益增大。

人类若继续沿用目前的经济发展方式和消费模式，未来几十年全球温室气体排放将继续增加。应对全球气候变化带来的影响已成为全球经济低碳转型主要驱动力。发展低碳经济，是解决能源危机、化解我国高碳化压力和实现我国2030年二氧化碳减排目标的必然选择。中国作为世界上人口规模最大的发展中国家，正在加速推进工业化和城镇化。江苏作为中国东部沿海经济发达省份，既是人口大省，又是能源消耗大省，还是资源匮乏省份。随着国家“一带一路”、长江经济带建设战略的实施，特别是苏南现代化建设示范区和自主创新示范区、江苏沿海地区发展等国家战略在江苏交汇叠加，缓解资源环境瓶颈约束，减少碳排放、实现绿色发展已是江苏经济社会与人口资源环境可持续发展的必然要求。

基于以上的研究背景，本书以“区域人口城镇化与碳排放”作为选题，源于对当下中国新型城镇化进程中人口与环境关系问题的深邃思考，也是当今国际国内学者研究讨论的焦点和热点。本书试图通过研究城镇化进程中人口变动对碳排放的影响，力争从理论上探寻城镇化、人口、碳排放之间的内在逻辑关系，在实证中进一步验证人口变动对碳排放的影响机制。在人口增速得到有效控制的背景下，深入研究人口城乡结构变动、人口空间分布变动、人口的生产方式和生活方式变动对江苏碳排放的影响，这有利于正确把握和研判江苏碳排放压力中来自人口变动方面的因素，以期为政府在新型城镇化进程中实现碳减排和人口长期均衡发展提供决策支持，因此，具有重要的理论和现实意义。

1.2 国内外相关研究综述

1.2.1 人口变动对碳排放的影响研究

1.2.1.1 人口规模对碳排放的影响

城镇化对人口的影响首先表现为人口迁移这样一个量变的过程。在有限的生态承载力条件下，城镇化带来的人口大规模空间集聚，产生最直接影响就是碳排放及其他温室气体总量增加。大量研究表明，人口规模大是导致温室气体排放增加的重要因素，人口规模对碳排放的影响形式主要是通过人口在生产活动与个体或家庭在消费活动中体现出来，联合国人口基金2009年11月份发表的年度世界人口状况报告指出：“通过人口增长对全球二氧化碳排放量增长影响的计算，已经得出一致的结论，即过去很大部分的人口过快增长和人类的活动是导致温室气体总排放量增长40%—60%的主要原因”[10]。而与生产与消费活动密切相关的人口变动因素除了人口规模外，还有人口结构、人口迁移与分布等结构特征。

对于人口变动与碳排放之间的关系，早期的研究大多关注的是人口规模对碳排放的影响。历史数据显示全球人口增长与能源消费量和碳排放量的增长是同步的[11][12][13]。关于人口规模对碳排放的影响研究主要围绕三个方面：第一是对两者之间的因果关系和作用机制进行研究；第二是通过构建计量模型对二者的关系进行定量分析；第三是 IPCC 通过人口规模变动对温室气体排放的预测分析。

第一类关于人口规模与碳排放之间作用机制和因果关系研究中，Schelling T.[14]和 Birdsall 等[15]认为人口规模的不断扩大是影响温室气体排放的主要原因。Feng Kuishuang 等[16]研究美国二氧化碳排放量在 1997—2013 年间二氧化碳变化的来源，认为 2007 年前碳排放量的增加是由经济和人口规模增长驱动的。Knapp 等[17]运用格兰杰（Granger）因果检验方法研究认为全球人口与碳排放量之间不存在长期协整关系。Lantz 等[18]研究发现，人口总量、技术进步与碳排放都满足传统的环境库兹涅茨曲线（EKC）的“倒 U”形关系，人均 GDP 并不满足此关系。然而，也有相反的观点，认为人口增长并非是碳排放增长的主要原因，而会在一定程度上减少碳排放。Bin[19]认为人口规模增加会促进科技变革，从而会减轻对环境的负面影响。David Satterthwaite[20]则提出人口增长并非全球温室气体排放增长的主要驱动力。Tim Dyson[21]的研究表明人口规模对于全球气候变化具有重要影响，然而相对于人口规模对未来气候变化的影响，经济增长方式则更为关键。张毅瑜[22]通过面板数据模型分析了海峡西岸地区浙、赣、闽、粤四个省份的经济增长、人口规模和能源强度与碳排放的关系，研究表明，人口规模对碳排放水平的影响最大，经济增长则次之，而能源强度的影响最小。

第二类关于人口规模对碳排放的影响进行定量研究，主要采用两种模型定量方法开展研究。第一是采用 STIRPAT 模型，Ehrlich 和 Holdren[23]、Commoner[24]提出 IPAT 理论框架，该模型是研究人类活动对环境影响的常用模型，认为温室气体排放是人口、经济和技术变化三个主要影响因素共同作用的结果，P 为人口数量，A 为人均财富水平，T 为单位财富产生的环境影响，原始的 IPAT 模型的公式是 $I=P*A*T$。Bongaarts J.[25]和 Preston S. H.[26]基于 IPAT 模型的研究认为世界人口规模对全球碳排放总量增长的贡献大约在20%—60%之间。在具体的研究实践中，IPAT模型具有简单直观且易于运用的优点，但也存在着一些局限性，即只能保持其他因素不变的情况下，通过改变其中一个变量来考察分析问题，这样的结果是各解释变量对被解释变量的影响是等比例的，然而在实际中，人口、经济与技术对温室气体排放的影响是非等比例的。Dietz[27]等在IPAT模型基础上建立了改进的随机模型，即STIRPAT模型，并就温室气体排放对人口规模的变化进行了弹性分析，模型等式两边的对数方程形式还可以直接获得温室气体排放对环境影响因素的弹性，即影响因素变化1%所对应的温室气体变化的百分比。Dietz[28]、York[29]、Shi[30]、Rosa[31]和Cole[32]等对全球范围的数据分析表明，温室气体排放对人口规模的变化的弹性并不一致，但都在1左右。O'Neill[33]采用世界多个国家和地区的时间序列数据研究发现，人口规模对碳排放的影响仅仅表现为规模效应，并得出1%的人口规模增长导致1%的增加二氧化碳排放量的结论，相似的研究还有Ping[34]、Zhang[35]。我国学者彭希哲、朱勤[36]通过STIRPAT模型采用我国1980—2008年相关时间序列数据对碳排放的影响因素进行分析，得出碳排放的人口规模弹性在1.05—1.26之间（见表1.1）。洪业应等[37]以重庆市1996—2013年时间序列数据为基础，研究发现，人口规模对碳排放的驱动作用最为明显。王星、刘高理[38]采用扩展STIRPAT模型，利用甘肃省历年统计数据，对影响甘肃省碳排放的主要因素进行实证研究。结果表明，劳动年龄人口对碳排放的驱动力最为显著；产业结构和人口城市化水平分别为第二、第三驱动力；单纯的人口规模对碳排放的作用次之。田成诗等[39]基于面板数据，利用扩展的STIRPAT模型实证分析30—49岁年龄人口比重对我国碳排放的影响，结果显示，30—49岁年龄段人口比重、人口规模、人均GDP和城市化率对碳排放有显著正影响。马晓钰等[40]利用1999—2010年相关数据，采用STIRPAT模型，并通过静态与动态面板数据模型相结合的方法，全面客观地考察了人口因素对我国碳排放的影响，从影响程度来看，人口规模对碳排放影响程度最大。张丽峰[41]基于STIRPAT模型，构建了状态空间模型，定量研究了北京1980—2011年的人口规模、人口城镇化水平、消费水平等变量对碳排放的动态影响，结果显示，人口规模与人口城镇化率对碳排放影响的弹性系数波动幅度较小，影响比较平稳。童玉芬[42]采用了基于环境压力等式IPAT扩展形式的STIRPAT模型分析北京市人口及其他相关等因素对碳排放的影响，结果表明，以人均GDP为表征的财富变化率对北京碳排放的影响最大，而人口因素则排在第二位。但在诸多人口因素中，人口总规模成为最主要的影响因素，人口城镇化水平的影响并不是很突出。李国志、李宗植[43]利用STIRPAT模型，采用动态面板数据对我国东、中、西部区域的人口、经济、技术对二氧化碳排放影响研究，认为人口因素对碳排放的影响是双向的，一方面，东、西部地区人口增长对碳排放产生了压力，增加了能源消费，导致环境恶化；另一方面，中部地区人口增长会促进技术进步，这样会减轻对环境的负面作用。

表1.1 人口规模对碳排放影响的弹性系数

作　者	1%的人口增长产生二氧化碳增长的百分比（%）	研究时间
Dietz，Rose	1.15	1997
Shi	1.42	2003
York，Rose，Dietz	0.98	2003
Rose，York，Dietz	1.02	2004
Cole and Neumayer	0.98	2004
O'Neill Brian	1.0	2009
彭希哲，朱勤	1.05—1.26	2010

第二是采用Kaya恒等式确定了人类经济与社会活动同温室气体排放之间关系。日本教授Yoichi Kaya[44]最先提出Kaya恒等式，并通过对恒等式进行因式分解的方法，指出全球温室气体排放量主要由与人类活动相关的四个部分组成，即能源消费的温室气体排放强度、能源利用效率、经济发展水平以及人口规模。林伯强等[45]修正Kaya恒等式，引入人口城镇化变量，分析了碳排放和能源消费碳强度、人均GDP、能源强度、人口总量和人口城镇化水平之间存在长期均衡关系。王芳、周兴[46]基于美国、中国、日本等9国1961—2010年的面板数据进行了实证研究，结论是以上研究样本国家的人口规模对碳排放量均存在线性正效应。

第三类研究是IPCC整合不同评估模型在不同的经济社会发展模式、人口变动、技术变革条件下对温室气体排放的进行预测，在不同的方案下得出三个结论。一是快速的人口增长意味着更多的温室气体排放；二是不同的经济社会发展模式下，即使人口增长速度相同，温室气体排放结果不同；三是在一定的条件下，经济增长、技术变革对温室气体排放的影响比人口规模变动的作用更明显。人口对碳排放的影响主要是通过其生产与消费行为体现出来的，而与生产与消费行为密切相关的人口因素除了人口总量，还有人口城镇化水平、人口年龄构成、家庭规模等结构特征。蒋耒文[47]认为，几乎所有整合评估模型研究中，人口总量是其考虑到的唯一人口变量。这种对人口变量处理方式背后的假设是所有人口个体都有着相同的生产和消费行为。但是，这种假设显然是不准确的，因为发达国家与不发达国家人口之间、城市与农村人口之间、大家庭与小家庭成员之间、年轻人与老年人之间在消费和排放方式上都存在显著差异。因此，他主张在对人口规模对碳排放影响的研究中必须重视对人口结构因素的考察。

此外，洪刚等[48]将中国划分三大经济区域，运用泰尔指数法分解分析了以人口为权重和以经济增长为权重的中国区域碳排放量差异，通过对比分析人口因素和经济发展水平对区域碳排放差异的影响，提出具有针对性的节能减排对策。

从以上分析可以看出，人口规模对碳排放的影响不可忽视，虽然世界人口增长趋势在放缓，但由于基数太大，仍以每年 7 000—7 500 万的速度增长，尤其是在人口增长速度较快的发展中国家，面临的人口增长带来的碳排放压力要大于发达国家。我国作为人口大国，面临人口基数大和人口增长惯性大的双重压力，这将是我国碳减排过程中面临的一个挑战。

1.2.1.2 人口年龄结构变动对碳排放的影响

人口结构是指人口本身在一定地域、一定时点的内部组合状况及比例关系。按照人口群体的特点和运动方式，人口结构可以分为三大类：人口的自然结构、人口的空间地域结构和人口的社会经济结构，其中，人口年龄结构、性别结构以及二者相结合的性别年龄结构属于人口自然结构，它是人口自然属性的反映。而人口城乡结构和人口空间分布结构则是人口社会经济结构的研究重点，这将在下一节城镇化与碳排放关系的研究中做详细介绍。在本节中，重点探讨人口年龄结构变动对碳排放的影响。人口年龄结构主要包括劳动力年龄结构和老龄人口结构两个部分。

人口年龄结构变动对碳排放的影响是一种间接作用，不同的年龄结构群体对碳排放的影响存在差异。不同年龄段的人口也主要通过生产和消费两个领域对碳排放造成影响。体现在以下三个方面：

（1）不同年龄结构的人群生活消费模式和需求结构不同

Tonn[49]和Bin[50]研究认为个人在生命周期的不同阶段，由于消费习惯、生活方式不同，对各种消费品和服务的需求结构存在着显著差异，导致碳排放量的不同。Prskawetz等[51]认为人口老龄化会降低交通运输的需求而减少碳排放，但同时O'Neill[52]认为人口老龄化也可能增加住房取暖和空调的能源消耗而增加碳排放。Michael Dalton等[53]研究认为劳动年龄人口的增加会提高社会的整体消费水平。人口老龄化对长期碳排放有抑制作用，这是由于老年人的消费欲望相对较弱，人口老龄化可以通过降低居民消费水平，导致能源消耗和碳排放的下降。但Tobias[54]研究认为，人口老龄化对电力和取暖等能源需求上升，进而增加碳排放。魏一鸣等[55]实证研究发现，劳动年龄人口比重对碳排放的影响对中、高收入国家有负向影响，但对低收入国家有显著的正向作用，这表明劳动年龄人口在环保意识、能源效率和节能技术水平等主观意识方面对碳排放量有很大的影响。

（2）通过劳动年龄人口的生产和消费两个方面影响碳排放

Cole[56]和对全球范围的相关数据分析指出，劳动适龄人口由于生产和消费活动强度大于其他年龄组人口，因此这一年龄阶段人口在总人口中占比越大，全球的总能耗和碳排放越多。Liddle[57]将人口年龄划分为20—34岁、35—49岁、50—64岁和65—79岁共四个年龄段，基于STIRPAT模型研究了人口、财富和技术对环境的影响，研究显示，人口年龄结构对环境的影响显著，并分析了年龄结构对居民电力消费碳排放和运输能源消费碳排放的影响，认为人口年龄结构对于运输能源消费碳排放的影响呈现“倒U”形变化，即最低和最高的年龄组的影响系数为负，而20—34岁劳动年龄组对运输能源消费碳排放的影响系数为正；而人口年龄结构对居民电力消费碳排放的影响方向刚好与之相反。曲如晓、江铨[58]认为劳动年龄人口对碳排放具有显著的驱动作用，劳动年龄人口比重越大产生的碳排放越多。彭希哲等[59]认为劳动年龄人口在生产领域对碳排放的影响大于在消费领域对碳排放的影响。王钦池[60]认为在人口老龄化程度由较低向较高转变，也就是劳动年龄人口由供给充足向供给逐渐减少转变，社会则由“生产主导型”向“消费主导型”转变，人口年龄结构与碳排放之间可能存在一定的非线性关系，Fan[61]的研究指出，对中低收入水平国家来说，劳动年龄人口占比对碳排放存在显著的正影响，而在高收入水平国家则为负。田成诗等[62]将人口年龄划分为五个组别，基于扩展的随机STIRPAT模型考察了中国人口年龄结构对碳排放的影响，研究发现，30—44岁人口对碳排放的影响最大，15—29岁人口的影响不显著，60岁及以上人口比重对碳排放的影响为负。黄杰[63]在我国30个省（市）区2000—2012年碳排放绩效的基础上，通过随机效应面板数据的Tobit模型，分析了我国人口结构变动对碳排放绩效的影响，结果表明，劳动年龄人口数量对我国的碳排放绩效具有正向的驱动作用，家庭规模小型化、老龄化人口数量、人口城市化水平和经济增长对我国碳排放绩效的提高有阻碍作用。

（3）人口老龄化通过影响生产和消费而对碳排放产生间接影响

大部分学者研究认为人口老龄化会使碳排放的减少。Ross Guest[64]认为人口老龄化使劳动力年龄中位数不断提高，导致经济发展活力和劳动生产率下降；而Okada[65]、Menz等[66]都认为人口老龄化会降低国家整体能源消费和碳排放量。Tobias Kronenberg[67]研究表明，老龄化使家庭部门对交通工具的使用不再那么频繁，而对医疗、取暖设备等所需的能源需求上升，进而导致总能耗和碳排放的增长。Zagheni[68]对美国的研究表明，人口老龄化对商品的总需求有较少的下降，但对除汽油外的其他二氧化碳密集商品消费增加，从而导致对消费方面二氧化碳排放有较少的增长。York. R[69]认为人口老龄化是生育率下降的结果，带来了人口总量的减少，从而减少碳排放。傅崇辉等[70]对人口年龄结构对居民生活能源消费和碳排放影响的敏感性进行了分析，结果表明：年龄组（60岁及以上）对碳排放影响具有较强敏感性，人口老龄化是居民生活碳排放量减少的重要来源，缓解了人口规模效应对生活碳排放的推动作用。李怡涵等[71]研究表明现阶段老龄人口比例增加会引起家庭生活基本能耗和碳排放的增加。但随着老龄人口比例的增长，当其超过15%（或16%）时，对家庭生活基本能耗和碳排放起到抑制作用，而老龄人口增长较快的地区主要集中在消费水平和城镇化率都较低的地区，从全国角度而言，这种抑制作用则相对较弱。李飞越[72]研究认为人口老龄化和城镇化均与碳排放存在“倒U”形关系，即在人口老龄化程度较低阶段，由于“人口红利”的存在，碳排放会保持上升趋势，但长期来看，人口老龄化对碳排放会产生显著的抑制作用。陈婧[73]认为人口老龄化会促进家庭小型化从而导致能源消耗和碳排放的增长。

综合以上生产和消费两个方面，可以认为，在人口老龄化初期，由生育率下降和人口寿命延长，劳动年龄人口逐渐缩减，但依然存在“人口红利”，且能够促进经济增长。此阶段，由于劳动年龄人口的增加大于老龄人口，人口老龄化在消费方面对抑制碳排放的作用并不十分明显。但随着人口老龄化程度的进一步提高，劳动年龄人口供给在不断减少，老龄人口逐渐增多，相对于劳动年龄人口，老龄人口对消费具有一定的抑制作用。最终，人口老龄化程度的提升将会降低碳排放水平。

综上所述，人口年龄结构对碳排放的影响机制非常复杂，且得出的结论并不一致。特别是在人口老龄化对碳排放的影响方面，其导致能耗和碳排放的增加还是减少并不明确。人口老龄化是世界上大多数发达国家和部分发展中国家正在面临的问题，包括中国在内的许多发展中国家正在或即将转变为老年型社会。中国在过去 30 多年间所经历的人口年龄结构的变化对碳排放的影响由生产领域劳动力的丰富供应为主逐渐向消费领域过渡。可以确定的是人口老龄化一定会对碳排放带来影响，这需要给予特别关注。

1.2.1.3 人口性别结构对碳排放的影响

关于人口性别结构与碳排放的关系研究的相关文献较少，Raty 和 Carlsson Kanyama[74]研究发现，男性“碳足迹”比女性要高出许多，这主要源于女性和男性在消费理念和风险意识上存在差异。中国学者王钦池[75]认为女性既是气候变化中的弱势群体，同时女性的生活方式和理念对于碳减排可以发挥积极作用，与其他因素相比，性别结构相对稳定，但是碳排放对性别结构的变化比较敏感，碳排放量与女性人口比重显著负相关。随着社会进步，男性和女性之间的经济社会地位差异减小，因此性别差异对碳排放的影响趋于减小。当经济社会发展达到更高水平时，生活理念和方式成为影响碳排放的主要因素，性别差异对碳排放的影响又趋于增强。王芳、周兴等[76]研究发现各国历年的人口性别结构变化很小，与碳排放没有明显的相关性。郭文[77]研究认为人口性别结构变动对碳排放量变动无显著的影响。其他国内外关于性别结构对碳排放的影响的定量研究几乎没有。

1.2.1.4 城镇家庭碳排放方面的研究

人口消费大多以家庭消费方式展开，家庭规模与结构的变化是社会发展一种微观体现。以往参考文献对城镇家庭碳排放研究主要包括城镇家庭户规模与消费方式对碳排放的影响、城镇家庭碳排放特征及影响因素、城镇家庭碳排放的空间分布差异等三个方面。

（1）家庭规模对碳排放的影响

家庭规模对碳排放的影响主要是由于不同家庭规模在能源利用效率方面有差异。随着人口老龄化和生育率下降，家庭规模小型化已成为发展趋势。家庭小型化将产生更多的碳排放，主要有两个方面原因：

第一，家庭规模小型化产生规模不经济效应。由于以家庭为单位的消费需求涵盖了许多家庭成员共享的消费品与服务，家庭规模缩小，即意味着家庭消费的规模效应在减弱，从而导致了人均消费实际支出增加，能源消耗的规模经济效益降低，因此，小家庭户人均能源消费显著高于大家庭户[78]。Schipper[79]也认为规模较大家庭具有规模效应，而较小规模的家庭相应的能源利用效率降低。Cole[80]认为家庭在交通出行、制冷取暖等方面存在显著的规模经济效应，家庭小型化导致规模效应消失。Dalton 等[81]研究家庭规模变化对中国、美国、印度碳排放的影响，认为由于越来越多的人口将居住在小规模的家庭中，规模减小趋势带来的碳排放增加。Jiang Leiwen 等[82]研究也认为目前家庭规模存在小型化的趋势且小规模家庭占所有家庭户的比例大幅度增加，家庭消费的经济规模效应在减弱。

第二，在人口稳定增长情况下，人口规模增长的速度有可能低于家庭户数量增长的速度，加之家庭规模小型化的同向叠加效应，从而导致家庭人均碳排放量的增加；同时，尽管人口增长速度减缓，人口规模放缓对碳排放量增长的抑制作用有可能被家庭规模小型化对碳排放增长的驱动作用所抵消，但总的碳排放总量还是继续上升。Mac Kellar F.[83]研究认为在人口规模稳定增长的情况下，家庭规模缩小导致家庭户总量以较快的速度增长，成为过去几十年全球各地区碳排放增加的重要原因。彭希哲等[84]研究认为我国 1980—2008 年平均家庭户规模从 4.61 人降至 3.16 人，而家庭总户数的增幅（96.42%）远大于同期人口规模增幅（34.54%），这一变化导致家庭户消费需求的增长超过个体的消费需求，从而导致消费规模的扩张，对碳排放产生驱动作用。此外，王钦池[85]利用 2010 年中国家庭追踪调查（CFPS）数据，研究发现，家庭规模越大，家庭的总消费水平越高。随着家庭规模的增大，规模经济的边际效应具有递减特征。陈佳瑛等[86]认为家庭规模的变化与总户数对于碳排放具有较大解释力，以家庭户为单位包含较多的家庭消费行为模式，是比较合适的碳排放分析单位。

（2）家庭基本特征和能源消费方式对碳排放的影响

随着对消费者行为学研究的不断深入，家庭碳排放越来越受到学者的重视。从研究成果来看，研究更多以家庭个体消费的视角，如 Bina S.[87]等运用消费者生活方式方法（CLA）研究发现，美国超过 80%的碳排放是由居民的家庭消费行为产生的。美国学者研究发现，1997 年家庭消费行为占美国能源消耗的 28%以上，碳排放量占美国碳排放量的 41%；杨瑞华等[88]选择全国 9 个城市作为家庭碳排放跟踪调查区域，研究结论是沿海经济发达城市家庭的碳排放量高于经济欠发达城市和内陆城市的，家庭碳排放量与家庭成员受教育程度、家庭收入以及家庭人口规模呈显著的正相关关系。江海燕[89]通过对广州 33 个小区 2 045 户家庭的调查数据，定量研究城市家庭碳排放的影响因素，结果表明，住房面积、家庭人口数、区位、小区容积率、空调功率、小汽车数是碳排放量的主要影响因子。张艳[90]从家庭生活方式视角构建城市家庭采暖碳排放影响因素研究模型，研究生活方式与家庭采暖碳排放之间的关系，分析发现住房面积、采暖形式、采暖期长度、人口规模等因素对家庭人均采暖二氧化碳排放的影响程度较大。李建豹等[91]利用陕西、甘肃等西北 5 个省区 21 个市县的调研数据研究发现，家庭生活碳排放强度、人均收入、家庭总人口和人口年龄结构四个变量与家庭生活碳排放指数呈正相关。王勤花[92]认为家庭收入与消费水平是目前中国家庭生活碳排放的主要来源。

以上针对家庭碳排放的研究，尽管研究方法和评价体系不同，但结果都表明：家庭人口规模、居住特征、出行方式、消费模式对家庭碳排放都有显著影响。

（3）家庭碳排放的空间分布差异

Almond D.[93]等研究发现，由于冬季需要家庭集中供暖，在中国秦岭—淮河以北地区家庭碳排放量特别高。黄茹等[94]通过调查广州市不同社区家庭发现，城乡结合社区家庭碳排放最低，城市郊区家庭碳排放最高，而市区社区家庭碳排放居于两者之间。李治[95]利用 2002 年中国家庭收入调查的微观数据，考察了城镇化发展对不同城市家庭的碳排放的影响。研究发现，北方城市家庭的碳排放量明显高于南方城市；大城市家庭的碳排放量高于中小城市家庭碳排放量；家庭人口规模、收入、城市气温等因素对碳排放均有影响。黄经南等[96]以低碳武汉问卷调查为基础，以 GIS 为平台，运用空间自相关分析，探索武汉市家庭碳排放的空间分布特征。结果表明，生活碳排放较高的家庭更容易出现在城市中心区，而日常出行碳排放较高的家庭出现在郊区的概率更高一些。杨上广等[97]利用上海家庭碳排放的问卷调查结果，结合上海人口普查和经济普查等相关经济社会数据，研究发现，上海家庭出行模式受到家庭收入结构、年龄结构等影响，呈现出类似出行模式的“倒 U”形曲线。中心城区和远郊区为低碳区，高碳区呈环状分布于近郊区，家庭出行碳排放呈现高值聚集现象。荣培君等[98]利用 2015 年开封市居民家庭生活用能的问卷调查数据，采用探索性空间数据分析（ESDA）和标准差椭圆（SDE）方法，研究城市居住区家庭生活用能碳排放空间分布特征。结果表明，碳排放高值集聚发生在城市新建开发区和建成区向外扩张较快区域。家庭经济状况、城市发展的空间格局是家庭生活用能碳排放空间异质性形成的主要驱动因素。许志英等[99]在省际层面测度了我国 2003—2012 年城乡家庭部门直接能源消费碳排放，综合 STIRPAT 和 Kaya 模型各因素，构建动态面板数据模型进行实证分析。研究表明，高碳排放地区主要集中在中、东部地区，而西部地区的碳排放水平仍然较低。王莉等[100]基于 IPCC 表观消费量法和投入产出法，测算 1995—2011 年我国城乡居民家庭碳排放量，在此基础上对城乡家庭碳排放进行比较，研究结果表明，城乡家庭碳排放总量差距不断扩大，而人均差距减小；城镇逐渐以间接排放为主，农村仍以直接排放为主；人均家庭碳排放的城乡差异方面，东部发达省区较小，西部欠发达省区较大。

综上所述，家庭碳排放的研究视角从开始较多地集中在宏观层面逐渐转向家庭微观活动层面。但是国内较少在不同的城镇社区中研究家庭基本特征和消费行为对碳排放的影响差异。家庭碳排放对全社会的碳排放的影响应该受到重视，基于家庭消费视角研究城镇居民家庭特征、低碳消费意识与行为与碳排放的关系显得非常有必要。在未来的研究中，需要深入研究家庭碳排放的指标与模型以及家庭人口结构变化、人口消费行为的变化对家庭生活碳排放的影响。

1.2.1.5　人口消费水平对碳排放的影响

居民消费行为与碳排放的影响也是多方面的。居民消费在不同的历史时期及不同的居住区域表现为不同的消费水平与消费结构，其发展变化又受到经济水平、收入状况、社会文化等诸多因素的共同作用。在消费过程中人口与环境互动发展、冲突、协调的结果又反作用于经济和社会的发展，产生各种正负影响[101]，这又进一步增加了人口消费水平对碳排放影响的复杂性。人口消费水平对碳排放的影响主要表现在两个方面：一是居民生活消费对能源的直接消耗及其产生的直接碳排放，二是居民消费产生的间接碳排放，即支撑居民消费需求的整个国民经济产业发展对能源的消耗与对环境的影响。国外学者Satterthwaite[102]发现在人口规模增长推动碳排放增长的同时，随人口规模增长而增长的消费水平和消费规模对碳排放增长的贡献更大，李科[103]的研究也支持这一结论。Feng[104]、Yao[105]、Zhu 等[106]都以中国国家层面的时间数据为样本，研究发现消费规模的增长和消费水平的提高是碳排放增长的重要影响因素。Hi Chun Park 等[107]研究发现居民家庭消费支出的增加与能源需求的较快增长有关[108]。

国内学者研究的文献中，朱勤等[109]、黄芳等[110]、李国志等[111]的研究分别采用了改进的对数平均迪氏指数分解方法（LMDI）、CLA、STIRPAT 模型等方法，也得出了消费水平的提高是碳排放增长的重要影响因素的结论。周平[112]采用结构分解模型，对我国 1992—2007 年人口消费产生的间接碳排放进行分析，结果表明，人口消费水平、消费结构以及城乡消费比例是导致碳排放增长的重要原因，而技术进步则是居民消费领域碳减排的最主要因素。姚亮[113]也是基于结构分解分析（SDA）方法研究了我国消费碳排放的影响因素，研究发现，人均消费水平是引起碳排放量迅速增加的主要因素，碳排放强度对减缓居民消费碳排放量一定促进作用，居民消费结构的变迁对碳排量的增加有驱动效应。曲建升等[114]研究认为，近年来的经济增长会带动居民人均生活碳排放的增长。随着收入水平的提高，生活质量的改善，生活能源消费量会持续增加，并产生更多的碳排放[115]。

1.2.1.6 人口空间分布结构对碳排放的影响

城镇化进程中，大规模的人口从农村迁移到城市，从偏远乡村和不发达地区转移到发达城市，劳动力资源等各种生产要素在城市快速集聚，城市面临公共绿地减少、生态空间被挤占、城市生态环境恶化等压力，人口迁移和空间分布对城市碳排放的影响越来越明显。

纵观国内外研究，学术界对城市人口以及城市内部人口空间分布结构对碳排放影响的研究近年才刚刚起步，还是一个有待开拓探究的新领域。从国外研究来看，日本内阁官房通过对各环境样板城市的研究，发现城市人口规模与民生部门、交通部门的人均排放量存在负向关系。规模较大的城市，民生部门、交通部门的人均碳排放量较小；而规模较小的城市，民生部门、交通部门的人均排放量反而比较大。美国学者 Antonio M. Bento[116]研究发现，城市人口越集中，铁路里程越多，公路密度越低，这些因素可以导致开车上班的频率降低。因此，人口聚集度、工作地与住宿地的平衡、城市形状、公路密度等因素对每年汽车里程数有着显著的影响。而汽车里程数的减少，自然有利于减少二氧化碳的排放。Edward L. GIaeser[117]和 Kahn[118]通过对美国 66 个大城市的研究发现，如果人口规模和收入不变，人口空间分布也是温室气体产生的重要因素。人口密集的城市中心地区，人均碳排放量较少，人口密度低的郊区则人均碳排放量较多，城郊碳排放差异在老城区则更加明显。日本学者的研究结论与此相同，如前桥市和高知市，两个城市面积和人口规模都大致一样，但前桥市可住地面积占 85%，人口呈分散型分布结构，其客运部门人均年间碳排放量为 1.2 吨；而高知市可住地面积占 39%，人口呈紧凑型分布结构，其客运部门人均年间排放量为 0.87 吨，只有前桥市的 4 成。Kahn M[119]还认为经济活动在美国的地理分布对温室气体减排具有重要意义，如果家庭集中在加利福尼亚州的城市而不是潮湿的南方城市，平均家庭碳排放将更低，因为这些家庭的电消费量更少，而且发电厂的发电设备更清洁。Svirejeva Hopkinsa 等[120]的研究则是从土地利用的角度出发，基于人口密度分布模型研究并探讨了全球 8 个地区人口城市化进程对区域碳排放的影响，并在最后模拟测算了 2050 年区域城镇化水平及其对碳排放影响的发展趋势。

回顾国内学者对这一领域的研究发现，已经有学者涉猎这一领域，周勇[121]研究中国农民工与城市生态环境间的关系时发现，农民在城乡之间的迁徙担当基于生态福利和经济收益的中国非农产业调整的均衡稳定器角色。可见，人口在农村和城市间的区域流动和空间分布会对城市生态造成显著的影响。郑思齐等[122]测算了 1999—2006 年我国 254 个地级及以上城市的居住碳排量及其结构，认为中国人口的南北、东西区域分布也会影响不同区域城市的碳排放，南北截然不同的供暖体制使得北方城市的户均碳排放水平明显高于南方城市，东部城市居民的较高收入和消费水平使得东部沿海地区的户均碳排放水平高于内陆城市。秦波等[123]通过对北京 1 188 份家庭碳排放问卷进行统计分析，发现人口密度与家庭建筑碳排放存在负向关系，由于人口集聚、规模效应的作用，紧凑型城市内增加等量的人数所带来的家庭碳排放增量，明显低于在松散型城市增加等量人数所带来的碳排放增量。黄经南[124]以武汉两个社区作为研究对象，通过对家庭出行冷热点比较分析，发现城市郊区化造成通勤距离的增加和交通能耗的增大；公共交通的发展速度明显滞后于城市土地的扩张速度，是郊区家庭出行碳排放增长的主要原因。

从总体来看，人口空间分布结构对碳排放影响关系的系统研究，目前国内尚未很好地开展。此外，还有学者就人口素质对碳排放影响开展研究，如 Katircioğlu S. T.[125]以土耳其能源消费为背景，研究表明，不论是长期或短期，高等教育的发展水平和人口素质的提升都将推动电力消费和石油消费的增长。王曾[126]指出，人口素质提高对生态环境改善是具有促进作用的，人口素质的提高，有利于二氧化碳排放的减少。肖周燕[127]以经济增长为突破口，详细探讨了我国人口素质与二氧化碳排放量之间的关联，并利用面板数据的聚类分析方法发现，我国人口素质与二氧化碳排放量之间并不是简单的线性关系，人口素质往往通过经济发展情况间接影响二氧化碳排放量。

综上所述，关于人口因素与碳排放的关系研究，早期学者关注较多的是人口规模对碳排放的影响。然而在人口增长速度得到有效控制的背景下，越来越多的学者更加关注人口结构变动对碳排放的影响，且人口的结构因素对碳排放的影响愈加显著。因此，在研究人口家庭变动与碳排放量的关系时，提倡理性的家庭低碳消费模式，从而更有效地控制家庭因素对碳排放增长的影响。

尽管有部分文献已经联合考虑了人口结构变动等对碳排放的影响，但人口结构变动指标仍不够全面，忽视了人口性别结构变动、人口教育结构变动和人口职业结构变动的影响。同时，对碳排放产生影响的人口因素，从人口学视角，包含两个方面：一是人口的自然属性，即人口规模、结构等因素；二是人口的社会属性，即人的活动与许多社会因素共同作用，即经济增长、城镇化、技术进步等[128]。在城镇化背景下，城市人口、空间、经济规模急剧扩张的同时，人口的生产、生活方式发生了变动，导致对城市碳排放产生巨大的影响。

1.2.2 城镇化对碳排放的影响研究

1.2.2.1 城镇化的内涵界定

“城镇化”一词起源于拉丁文 Urbanization 的概念，称为城市化或都市化，这一概念由西班牙工程师 A. Serda 在 1867 年发表的《城镇化基本理论》一书中首次提出，迄今已有一百多年的历史。1970 年代后期，Urbanization 一词被引入中国学术界并被接受。但是由于城镇化过程本身的复杂性和城镇化研究所需要的多学科性，对其内涵的界定一直未有一个能被学术界所共同接受的定义。

由于研究对象和研究出发点的不同，不同的学科对城镇化内涵的理解也不尽相同。经济学将城镇化定义为农村和城镇之间经济结构的转换过程，也就是农业活动向非农业活动转换的过程，尤其是生产要素（资本和劳动力）流动在城镇化进程中的作用。社会学以人际关系网的密度、广度和深度作为研究对象，认为城镇化是城镇社会生活方式的发展和转变过程，强调社会生活方式的主体从乡村向城镇集聚并纳入城镇生活组织的转化过程。地理学将城镇化定义为人口在地域空间的转移过程，其中包括农业区发展为新的城镇区，关键是城区中原有城市空间与布局的高度集约化。人口学则认为城镇化就是农村人口向城镇转移集聚的过程。尽管各个学科对城镇化的理解不同，但都是相互关联、相互补充的。

我国 1999 年施行的《城市规划基本术语标准》（GB/T 50280—98）将城市化定义为：人类生产和生活方式由乡村型向城市型转化的历史过程，表现为乡村人口向城市人口转化以及城市不断发展和完善的过程。王一鸣等[129]认为，城镇化进程中，除了人口和产业向城市集聚以外，还包括生产生活方式向市场化、规模化、集约化、社会化方向转换。孙中和[130]认为城镇化不仅仅是农业人口向非农业人口转变、城镇在区域空间上的扩张、在数量上的增多以及公共基础设施上的完善，还包括城镇居民的生活方式以及城市文明广泛向农村传播渗透的过程。石忆邵[131]认为城镇化既是城镇人口比重不断提高的过程，又是居民消费水平不断提高和产业结构转换升级的过程。项继权等[132]认为城镇化不是某一方面的城镇化，而是人口、产业、社会形态相互协调、统一发展的过程。

尽管对城镇化的定义各不相同，但可以看出，城镇人口占总人口的比重始终是测度城镇化的一个最为重要的指标，至今国内外也大都用这个指标来衡量一个国家或地区的城镇化水平。随着城镇化的不断发展，一些学者在强调人口迁移的同时，也把研究转向城镇化进程中人口生产、生活方式的变动以及城市文明的扩散过程当中。

综上所述，城镇化在内涵本质上包含着广义和狭义两种。从广义上来讲，随着人口和经济社会活动在城市的聚集，城镇化强调经济、社会、制度以及文化因素的多重变化过程。而狭义的城镇化则强调城镇本身的物理性扩张，包括城镇人口的增多和城镇地理空间区域的扩大[133]。因此，综合起来，城镇化就是城镇人口比重不断提高、产业结构转变、居民消费水平不断提高、城市文明不断发展并向广大农村渗透和传播、人的整体素质不断提高过程的协调与融合“五个过程”的统一。

1.2.2.2 城镇化的度量

基于对城镇化内涵理解的不同，学者们对城镇化水平度量所选取的指标也不同。城镇化水平方面研究主要采用人口结构变量表征。姜爱林[134]对城镇化水平的五种测算方法分析总结，认为城镇化水平的测算方法可以分为三大类，即单一指标法、综合指标法和其他指标法，并分析了每种方法的利弊。单一指标法又称为主要指标法，选择某一对城市化表征意义最强、又便于统计的指标来描述城镇化水平。人口比重指标法是用来衡量人口城镇化水平比较常用的单一指标法，它包括城镇人口比重法和非农人口比重法。城镇人口比重指标法是指某一个国家或地区的城镇人口占其总人口的比重。这种方法简单易用，城乡人口比较容易区分且在统计上比较便利，在统计年鉴中多采用此方法。非农人口比重指标法是指用某一国家或地区的非农业人口占其总人口的比重。非农人口比重指标能够体现出人口的分布结构和经济结构，因此，可以较为准确的把握人口城镇化的内在动力和经济含义，但是这一方法的前提条件是能够较为精确的界定非农业人口与农业人口。学者卢祖丹[135]、陆铭和陈钊[136]使用此方法进行测算城镇化水平与碳排放的关系。

还有些学者，如叶裕民[137]、李振福[138]采用综合指标法，将区域产业结构指标、经济增长指标与城镇化水平指标综合起来描述地区城镇化水平，也就是考察城镇化的“质量”。刘梦琴、刘铁俊[139]认为由于有相当一部分非农就业人口并未被计算进城镇人口之中，仅用城镇人口比重来衡量城镇化水平并不能反映真实情况。因此，为了避免单个指标测度城镇化水平时存在误差，他们采用城镇人口占总人口比重、非农就业人口占总人口比重、城市城区面积占城市总面积的比重这三个指标构建城镇化水平的综合指数研究中国城镇化发展与碳排放关系。

1.2.2.3 城镇化阶段性规律研究

一般将城镇化发展进程划分成两个阶段：集中式的发展型城镇化和分散式的发达型城镇化。分散式的发达型城镇化是在集中式的发展型城镇化基础上发展起来的城镇化发展的更高级阶段。

(1) 人口向城市的聚集：集中式的发展型城市化

此阶段人口从农村向城市高度集中，根据城镇化发展阶段性规律，美国城市地理学家诺瑟姆（Ray M. Northam）[140]通过对世界各国城镇化发展轨迹的研究，提出了城镇化发展遵循一条S形曲线的轨迹，将城镇化进程大致划分为三个阶段：起步阶段（低于30%）、中期阶段（30%—70%）和后期阶段（高于70%）。每个时期都有其阶段性特征。在起步阶段，城镇人口增长缓慢，农业占据产业的主导地位。城市化的中期阶段是城镇化速度最快的阶段，这一阶段由于农业生产率提高，工业化进程的加快，大量的农村剩余劳动力从农村向城市转移。当城镇化发展水平达到70%左右时，城镇化发展进入后期阶段，这个阶段，新的城镇人口增加缓慢，城镇人口郊区化，城镇化速度放慢，社会经济发展渐趋成熟，城市人口保持平稳。谢文蕙等[141]利用部分国家城镇化发展水平的数据进行计量分析，结果发现，诺瑟姆“S”形曲线在各个国家城镇化进程中普遍存在。

诺瑟姆曲线在国内城镇化研究中也具有较大的影响，但国内学者研究结果与之不尽相同。陈彦光[142]借助数学方法推导出城镇化水平的Logistic曲线方程，对诺瑟姆曲线进行适当的修正，得到一个四阶段的划分，即将诺瑟姆曲线的中期阶段细分为加速阶段（19%—50%）和减速阶段（50%—80%）。叶裕民[143]以城镇人口系数K（城镇人口增长规模与总人口增长规模比值）为衡量标准，将城镇化过程划分为五个阶段：前城镇化阶段（$K<0.5$）、城镇化前期阶段（$0.5<K<1$）、城镇化中期阶段（$K>1$）、初步的城镇社会阶段（城镇化水平高于50%）和成熟的城镇社会阶段（城镇化水平高于65%）。徐安[144]认为集中式的发展型城镇化的典型特征是人口向城镇的聚集，当城镇化发展水平接近75%时，城镇化发展进入一个相对稳定的阶段，城镇化由此进入了以扩散趋势为主的郊区化和逆城镇化发展阶段。

(2) 郊区化和逆城镇化：分散式的发达型城镇化

到城镇化发展的后期阶段，城镇化发展进入一个相对稳定的阶段，此时，集中式的发展型城镇化阶段基本完成。一系列的“城镇病”问题促使人们由城镇向郊区农村迁徙，如城镇住房条件、城镇环境的恶化，便捷的公共交通工具降低了交通成本，使得市内与市郊往返便利，引起更多就业机会的厂商市郊化；当城镇化水平趋于饱和，投资方向自然会从大城镇转移到小城镇和郊区，使得人口也由大城镇向小城镇和郊区回流。城镇化由此进入了集中与分散趋势并存、并以扩散趋势为主的郊区化发展阶段。Berry[145]最早提出“逆城镇化”的概念，还考察了郊区化阶段之后更分散的城镇化现象。郊区化和逆城镇化导致城镇规模明显的萎缩，城镇人口数量和就业率都会有所降低，进而导致经济增长减缓。与此对应的是，乡村和小城镇经济迅速发展起来以及人口数量和就业机会不断增加。

1.2.2.4 城镇化动力机制研究

从国外研究来看，Decressin[146]、Banerjeel[147]，Borjas[148]，Spibmbergo[149]分别从迁移者收益最大化、劳动力供给效用最大化和企业利润最大化等不同的微观经济学视角研究了人口由农村向城镇迁移的动力因素和障碍因素。Hansen 和 Prescott[150]基于经济周期理论，利用递归方法，分析了发展中国家工业化和城镇化的关系，指出工业化是城镇化的根本原因。Ben Porath[151]、Daveri[152]则是从宏观经济学视角研究了传统农业部门向现代工业部门转移对农村迁移人口产生的影响。

从国内研究来看，蔡防[153]研究了中国城乡二元结构，分析了农村剩余劳动力向城镇转移的障碍因素，研究了我国户籍制度对农村劳动力转移的影响。郭克莎[154]的研究表明，城镇化水平与工业产值比重的相关度较低，与非农产业的就业人口比重的相关度较高，阻碍城镇化进程的重要原因是中国的非农产业就业比重偏低。程名望[155]研究认为农业对民工的吸引力相对变弱，推力变强，而城镇的人口拉力尤其是工业化是农民工进城的最根本动因。杨新华[156]运用融合分工原理、复杂系统理论和演化分析方法，研究新型城镇化的本质及其动力机制，认为中国目前新型城镇化的本质包括人的自然本质、人的异化以及人的全面发展三个层次，城镇化动力源于个体自组织与政府他组织的耦合。涂正革[157]采用 2004—2013 年中国 283 个地级及以上城市数据，运用固定效应的面板数据分析人口城镇化的动力机制和发展模式，研究发现，工业化是中国推进城镇化的首要动力，尤其对于非城市群城市，第三产业正在成为中国推进城镇化的新兴力量，城镇化发展模式逐渐由工业化主导转向第三产业主导。楚静[158]认为不同阶段、不同地区城镇化的动力机制存在差异。要使我国城镇化动力机制有效运转，要以改革创新为动力，搞好科技创新及相应政策创新的配套跟进，充分发挥市场和农民的双主体作用。

1.2.2.5　城镇化与碳排放关系研究

城镇化和碳排放的关系研究是研究城镇化对碳排放影响的基础性工作。在国外较早就受到研究者的关注。早在经典的配第-克拉克定理中体现了城镇化与经济发展之间高度的相关性，并通过经济发展与资源环境之间的关系理论建立起城镇化与资源环境的关系。国外开始关注此项研究是在 20 世纪 90 年代，城镇化与环境的关系研究的萌芽产生于 1990 年泰勒·米勒提出关于人口与环境关系的三要素模式。据泰勒·米勒的分析，当人口和工业高度集中于城市时可能产生严重的空气污染和水污染，而且城市排放的污染物还会被带到人口较少的乡村地区。目前，城镇化和碳排放的关系问题已经成为国内外学者研究的热点。随着研究的深入，基于不同的计量模型、研究方法以及研究视角，得出的结论也不尽相同，主要有以下几种研究结论：

第一，大部分学者认为城镇化通过工业化大生产和城镇生活性能源消费的增加以及土地利用方式的改变等导致碳排放增加，即城镇化对碳排放起到显著的正向作用。具体来说，在城镇化进程中，人们生活方式的改变产生的消费升级效应，城市基础设施和住宅建筑推动的水泥行业的生产与消费，土地使用类型发生改变，耕地、林地由“碳汇”变成“碳源”，这些都对碳排放起到正向的驱动作用。

国外学者国外学者 York[159]发现，城市化在带来能源消费增长的同时，也产生了更多的碳排放，Alam 等[160]基于 STIRPAT 模型实证研究了巴基斯坦城镇化和碳排放的关系，表明城镇化的程度越高，碳排放量也会越多。Jorgenson 等[161]采用面板数据，运用固定效应模型，对 1975—2000 年 39 个不发达国家的城镇化水平对碳排放的影响进行了研究，研究结论为城镇化水平与样本国家的碳排放水平有显著正相关关系。Liu[162]研究表明由于产业结构的优化和技术进步的原因，城镇化对碳排放的驱动作用有减弱的趋势。Poumanyvong Phh 和 Kaneko S.[163]采用 99 个国家 1975—2005 年的面板数据，通过 STIRPAT 模型进行分析发现，城镇化水平对于研究对象碳排放量都起到了促进作用，尤其以中等收入国家最为突出。Zhu 等[164]、Knight 等[165]等诸多学者则发现城镇化水平能显著地影响国家整体碳排放量。ALmuladi[166]以中亚和北非地区为研究对象，结果表明，城市化在增加能源消费和碳排放方面发挥着重要作用。

国内学者彭希哲、朱勤等[167]采用我国相关时间序列数据，利用扩展的 STIRPAT 模型和岭回归方法，对人口、消费、城镇化水平及技术因素对碳排放的影响进行了计量分析，认为人口城镇化对我国碳排放总量增长的影响显著。唐李伟等[168]研究发现，城镇化对生活碳排放存在收入门槛效应。阳玉香、谭忠真[169]以湖南为研究对象，运用主成分分析和回归分析方法，结果表明人口城镇化水平对人均碳排放具有正向作用。刘耀彬[170]研究发现我国城镇化水平与能源消费之间存在单向的 Granger 因果联系。孙慧宗、李久明[171]采用我国 1978—2006 年的相关统计数据对城镇化与碳排放量进行协整分析，得出结论：中国的城镇化水平与碳排放之间不具有双向因果关系。周葵等[172]利用 1978—2009 年间的统计数据运用格兰杰因果关系检验和协整方法，得出结论，我国的城镇化水平对碳排放量存在长期的驱动效应。杨晓军[173]等运用中国 1997—2009 年的省级面板数据，根据 STIRPAT 模型、EKC 模型和混合模型全面考察了经济全球化和城镇化对碳排放的影响，认为城镇化水平对碳排放具有显著的正效应，并且存在长期稳定的均衡关系。关海玲、陈建成[174]采用 1978—2011 年的相关数据利用格兰杰因果检验和协整关系模型对我国城镇化水平与碳排放之间的关系进行研究，发现两者之间存在长期均衡关系。周五七[175]在研究中也认为中国的人口城镇化对碳排放的显著促进作用。在城镇化进程中，人们生活方式的改变产生的消费升级效应，城市基础设施和住宅建筑推动的水泥行业的生产与消费，土地使用类型发生改变，这些对碳排放起到驱动作用。张腾飞等[176]基于中国 2000—2012 年省际面板数据，从人力资本积累和清洁生产的角度研究了城镇化和碳排放之间的作用机制，研究发现城镇化对中国碳排放的影响为正效应。

第二，越来越多的学者认为城镇化对碳排放的影响呈非线性关系，即城镇化不同阶段对碳排放的影响呈现差异性特征。如 Martine Zarzoso 等[177]利用 1975—2003 年 88 个发展中国家的面板数据对城镇化与碳排放的关系进行检验，发现城镇化进程中两者存在“倒 U”形的非线性关系，低收入组国家的碳排放对城镇化的弹性高于 1，而中高收入组国家的弹性系数则为负值，中低收入组国家的弹性为0.72。Dong和Yuan[178]在分析中国城镇化进程中温室气体的动态效应指出，城镇化对于温室气体排放具有一个驼峰效应，从短期内来看，中国温室气体排放量的减少必须以降低经济增长的速度为代价。

国内学者孙昌龙等[179]选取全球76个国家1980—2007年的面板数据，使用STIRPAT模型评估城镇化不同演化阶段各因子对碳排放的影响，结果表明，城镇化对碳排的作用是驱动和制动的双重作用，随着城镇化的提高，对碳排放的驱动作用是先增大后较少。张鸿武等[180]基于中国省际面板数据，考察了城镇化与碳排放之间的动态变化关系，研究表明，在经济发展的不同阶段，不同城镇化阶段城市化对碳排放的影响存在明显差异，随着城镇化阶段的演进，城镇化对碳排放的驱动作用越来越小，抑制作用日益增强，二者之间呈现“倒U”形关系。王钦池[181]则认为在城镇化初始时期，城镇化通过能源消费的规模效应提高了能源利用效率，随着城镇化水平提高，城镇化通过工业化和生产、生活方式的改变产生大量的碳排放；当经济发展达到较高水平时，城市发展模式改变和技术进步又有助于减少碳排放。王芳、周兴[182]采用Kaya恒等式基于面板数据对中国、美国等9国城镇化水平与碳排放之间的关系进行分析，研究认为，城镇化水平与碳排放两者之间存在“倒U”形关系。刘华军[183]利用中国1952—2009年时间序列数据和省际面板数据，分别以碳排放总量、人均碳排放量和碳排放强度三类碳排放指标，使用多种估计方法实证检验了城镇化对碳排放的影响，动态面板数据的估计发现，城镇化对碳排放总量存在显著的负影响，而静态面板数据的估计表明，城镇化与碳排放行了之间存在“U”形的非线性关系。赵钊、于寄语[184]基于潜在类别的STIRPAT模型，运用我国1997—2012年的省级面板数据，分析了城镇化水平对碳排放的影响。结果表明，随着城镇化水平的进一步提高，碳排放对于人均GDP和能源使用强度的弹性呈现出“倒U”形。

阚大学等[185]利用空间计量经济学模型方法研究发现，我国短期内城镇化水平对碳排放的影响在增强，但从长期来看，城镇化能够提高能源利用效率，从而降低碳排放。林伯强、刘希颖[186]认为中国碳减排政策制定必须正视目前中国城镇化这一特殊发展阶段，目前所处的经济发展阶段从根本上决定了中国碳排放将持续增加，这一点不能脱离社会发展的阶段性规律，而发达国家早已走过了城镇化、工业化进程，二者不可同日而语。

从以上文献可以看出，越来越多的学者分析认为城镇化不同阶段对碳排放存在影响差异，并专注于如何在城镇化进程中缓解由大量化石能源利用带来的碳排放问题。随着城镇化的进一步发展，产业结构优化升级、科技创新以及城市文明程度不断提高，对碳排放会产生抑制作用。因此，城镇化对碳排放的影响表现为驱动和制动双重作用，在城镇化发展的不同阶段，这两种作用共同影响，此消彼长。最终得出城镇化对碳排放影响存在差异性和阶段性特征，而这一结论在城镇环境变迁理论中得到印证，城市环境变迁从城市发展的角度解释了不同的经济发展阶段面临的城镇环境变迁历程是不一样的。在城镇化发展初期，经济发展的迫切性忽视了其对环境的影响，工业的蓬勃发展带来一系列环境污染问题，基本上所有经历过此阶段的国家都绕不过“先污染后治理”的老路。随着城镇化发展水平的上升，能源消费结构的优化、技术创新、政府环境投入、产业结构转换升级、环境意识觉醒等因素对环境改善逐渐产生作用，这期间，环境污染问题会有所好转，EKC 曲线就是最好的例证。但随着城镇化发展的进一步提升，城镇居民生活方式转变、消费升级效应带来的生态环境问题出现反弹，尤其是城市居民商品房、交通公共基础设施建设等方面刚性需求会上升，从而引起碳排放的显著增加。

第三，还有部分学者认为城镇化水平的提高有助于碳减排。Parikh 和 Shukla[187]利用发展中国家的面板数据研究发现，人均能源消费量对城镇化水平的弹性系数为 0.47，而碳排放对城镇化的弹性系数则更小，仅为 0.03。蒋耒文和考斯顿等[188]则认为城镇化增加土地使用强度，这些都可以抑制或者减少碳排放。Jones[189]利用 1980 年 59 个发展中国家的截面数据，研究了城镇化对能源消费的影响。研究发现，在人均收入和工业化水平保持不变的条件下，城镇人口每增加 10%，会使人均现代能源消费增加 4.5%—4.8%。Gottdiener 和 Budd[190]认为城镇化通过高度集中的人口和经济活动形成能源消费的规模效应。Fan 等[191]以发达国家为研究对象，应用普通最小二乘估计方法，研究发现，城镇化对碳排放存在负向影响。Sharma[192]利用 1985—2005 年的 69 个国家的相关数据，采用动态面板模型分析发现，城镇化水平对于碳排放产生负影响，并进一步得出城镇化水平对高、中、低三组面板数据国家的碳排放都有显著的抑制作用。Martine[193]认为城镇化可以降低人口出生率，Brown 和 Southworth[194]认为城镇化可以促进环保技术创新。Jiang 和 Hardee[195]认为人口城镇化通常会带来经济规模扩大、技术革新、信息传播、土地和能源使用效率以及生育率下降，以上都可以导致长期的能源消耗和温室气体排放的减少。Chen 等[196]认为城镇化能够提高公共设施和公共交通的使用效率，进而降低能耗和碳排放。赵红、陈雨蒙[197]利用 1978—2010 年的数据实证研究了我国城镇化进程与碳排放的关系，结果表明，在长期中，城镇化对碳排放有负向影响；在短期中，城镇化对碳排放有较强的正向影响。目前阶段我国城镇人口的消费水平高于农村人口的消费水平，人口城镇化必然会提高其消费水平，从而导致碳排放的增长。然而由于能源消费结构、利用效率等因素，但未必会导致人均碳排放的必然增长。

第四，还有少数学者认为城镇化对碳排放的影响不显著。Sadorsky[198]基于 1971—2009 年 16 个新兴国家的面板数据，发现城镇化对碳排放的影响不显著。国内学者吴殿廷等[199]以世界 112 个独立经济体截面数据为依据，利用统计分析和计量经济学方法，考察了人均收入、城镇化率等对人均碳排放、单位 GDP 碳排放的影响，结果表明，随着社会经济的发展，碳排放强度存在某种程度上的收敛趋势。卢祖丹[200]采用 STIRPAT 模型研究了我国城镇化对碳排放的影响，认为城镇化水平与碳排放之间呈现显著的负相关，并按中国东、中、西三大经济区域进行划分，研究发现中、西部地区的城镇化较东部地区更有利于减少碳排放。曲如晓等[201]研究认为在人口结构变量中城镇化水平对碳排放的影响不显著。姬世东等[202]利用中国 32 个城市 1999—2011 年的面板数据，分析中国城镇化水平和外贸易发展水平对碳排放的影响，结果表明，城镇化水平对碳排放的影响并不显著。丁翠翠[203]利用 STIRPAT 模型和环境库兹涅茨曲线（EKC），基于 1999—2011 年的中国省级面板数据考察目前中国城镇化对环境污染的影响。结果发现，城镇化对环境污染的影响不具有显著差异。

第五，有部分学者对城市空间利用效率对碳排放的影响研究。刘修岩等[204]利用 2004—2013 年中国南方城市面板数据研究发现，城市蔓延显著提高了城市家庭的居住碳排放水平，而且这种碳排放的提高效应在小城市表现得更为明显。城市空间结构的紧凑化和土地利用的集约化是实现城市低碳化发展的有效途径。王桂新、武俊奎[205]利用数据包络（DEA）分析方法测算我国 227 个地级市城市空间利用效率，并建立分析模型，验证城市规模、空间结构与碳排放强度之间的关系及作用机制，研究表明，土地财政推动土地非农化，导致城市规模大范围扩张，户籍制度阻碍劳动力城镇化导致城市空间结构不合理，这降低了城市空间利用效率，提高城市单位空间的能源消耗量，进而使碳排放强度快速上升。

第六，还有学者研究认为城镇化对碳排放的影响是正向和负向影响综合作用的结果。刘耀彬[206]认为资源环境不仅为城镇化发展提供经济发展所需的各种自然要素和能源资源，而且决定着城镇化发展的基本形态。城镇化与资源环境通过相互作用形成复杂的非线性的多重反馈系统。方创琳[207]对城镇化与生态环境效应进行了深入细致的研究，认为城镇化与生态环境之间客观存在着极其复杂的交互胁迫和动态耦合关系，提出了城镇化进程中驱动力与制动力转换理论，城镇化与生态环境交互耦合过程必须遵循的六个基本定律。秦耀辰等[208]从宏观与微观视角将城镇化对碳排放的影响机制进行系统总结。郭珺珺、刘成玉等[209]指出，总体来看，城镇化是通过人口集聚效应、消费升级效应、产业结构转换效应、空间扩张效应来影响碳排放的，且这种影响是通过各种影响因子正反两个方向的力量共同作用的结果。具体来说，在城镇化进程中，人们由农业为基础的农村向以工业、服务业为主的城市转移，人们生活方式的改变产生消费升级效应，城市基础设施和住宅建筑推动的水泥行业的生产与消费，土地使用类型发生改变，耕地、林地由“碳汇”变成了“碳源”，这些都对碳排放起到正向的驱动作用。吴禅丹、陈昆仑[210]也认为，城镇化带来的人口集聚效应有利于居民经济活动形成能源消费规模效应，从而人均能源利用效率大大增加，而大规模公共交通的发展又减少了人均碳排放。Madlener R. 和 Sunak Y. [211]研究指出城镇化的演进发展还促进产业结构优化升级、能源结构改善、环保科技进步和低碳文明的传播，这些都会对碳排放起到反向的抑制作用，而驱动和抑制这两种作用的双向性是由研究区域城镇化发展阶段和此阶段的经济发展特征所决定的。因此，城镇化发展的不同阶段以及不同城镇化阶段的经济发展特征对碳排放的影响呈现出差异性。

以上学者采用不同数据指标、计量模型和估计方法分析城镇化水平与碳排放的关系，现有研究多是采用国家层面的时间序列数据或者面板数据，而对区域或更小范围层面的城镇化水平与碳排放之间关系的研究较少。同时，得出的研究结论不一致性充分表明城镇化与碳排放之间关系的复杂性。综合判定，可以认为城镇化对碳排放的影响与研究区域的经济发展阶段、产业结构情况以及城镇化所处的阶段有密切关系。

1.2.3 产业结构调整对碳排放的影响研究

城镇化不仅是传统生活方式向现代生活方式的变革，也带动了生产方式的变动，主要表现为产业布局和产业结构变动以及人们的消费观念、产品结构需求变化所导致的能源强度和能源消费碳强度发生变化，进而影响碳排放水平。因此，碳减排不仅仅是一个缓解气候变化的经济学中的外部性问题，更是一个产业结构转型问题，任何碳减排政策和措施最终都会涉及产业结构。工业化进程的实践表明，产业结构的优化升级是减缓碳排放快速增长的最有效途径。

国外学者研究表明产业结构演进是降低碳排放的主要影响因素，如Grossman 和 Krueger[212]研究显示，经济增长可以通过规模效应、结构效应和技术效应影响环境。Radoslaw L. Stefanski[213]对英国的产业结构及碳排放数据进行数据模拟，研究发现产业结构演进是造成碳排放呈“倒 U”形的关键因素。Debabrata Talukdar[214]利用 44 个发展中国家 1987—1995 年的数据研究发现，第一产业的发展减少了碳排放，而第二产业比重的增加却明显增加了碳排放。Zhaohua Wang 等[215]研究认为，城镇化、产业结构等因素对居民消费间接碳排放有促进作用。

国内学者采用不同的研究方法，普遍认为第二产业为主的产业结构是碳排放增加的主要原因，产业结构优化升级对降低碳排放是显著的。如籍艳丽等[216]基于投入产出模型对我国碳排放强度进行因素分析，认为第二产业的转型升级是碳排放降低的主要原因。朱永彬等[217]采用动力学模型对中国能源消费与碳排放进行预测分析，认为第二产业仍将是未来中国能源与碳排放的主要来源。徐国泉等[218]运用 LMDI 分解法，通过对 1995—2004 年 10 年间中国人均碳排放与能源结构以及经济发展等因素的关系进行定量分析，结果显示：产业结构与能源消费结构对我国人均碳排放量的影响是呈现“倒 U”形。李健、周慧[219]运用灰色关联分析方法从产业结构角度探讨了我国碳排放强度与三次产业结构之间的关系，也得出相似的结论。徐成龙等[220]采用 LMDI 分解方法定量分析了 1994—2010 年山东省产业结构调整对碳排放的影响，得出结论：产业结构的调整有助于减少碳排放。仲伟周等[221]从横向和纵向两个角度分析了我国产业结构对碳排放强度的影响，结果表明，产业结构和能源消费结构对碳排放强度的变动有较大影响，第二产业所占的比重高或煤炭消费占有较大比重的省区其碳排放强度也较高，但通过调整和优化产业结构和能源消费结构可以有效达到降低碳排放强度的目的；第二产业对整个社会的碳排放强度的贡献率较大，其内部结构变化对碳排放强度变化有较大影响。原嫄等[222]在建立产业结构对区域碳排放的影响模型基础上，在全球尺度下进行计量分析，实证结果说明，第二产业份额对碳排放的影响强度为恒正值，而服务业的影响强度逐步降低，产业结构升级对于中高等发展水平国家的减排效率明显高于极高发展水平国家，且中等发展水平国家将在更早的发展阶段迎来碳排放高峰。唐得才、吴梅[223]采用江苏历年经济统计数据及能源消费数据运用灰色预测 GM（1，1）模型多项式组合进行碳排放预测，并对预测数据进行 LMDI 分解分析，结果表明，产业结构的优化升级对抑制碳排放增长的作用愈发显著。

以上文献多集中于国家层面产业结构、能源消耗与碳排放的相互关系，而省级区域尺度下研究成果比较欠缺，不同地理空间范围的产业结构、能源消耗以及碳排放在时间尺度上展开的过程与作用机理值得深入探讨。

1.2.4 综合评述

以上国内外参考文献从人口规模、人口年龄结构、人口性别结构、家庭碳排放、人口消费水平、人口空间分布变化、人口的城乡结构以及产业结构等多角度对碳排放的影响进行卓有成效的研究，通过梳理和总结国内外现有相关文献可以发现，由于研究样本经济社会发展基础和自然资源条件存在差异，研究方法的多样性，现有文献关于城镇化、人口变动对碳排放影响的研究结论不一致性充分表明城镇化—人口变动—碳排放是一个宏大的复杂系统。一方面，人口变动对碳排放的影响是包含经济社会发展、技术创新、制度政策等诸多因素综合作用的结果；另一方面，人口变动自身也是一个复杂的变化过程，它不仅包含人口规模增减、人口结构的变化，还包括人口的生产、生活方式的变动。国内外学者都认识到人口变动在城镇化进程中对碳排放影响的重要作用，并且利用在相关领域取得丰硕成果，但是在系统性、深层次研究城镇化进程中人口变动对碳排放的影响机制和实证研究方面还有待扩展和补充。

第一，现有研究区域主要集中在国家或省际层面，而对相对微观的省域层面的面板数据研究较少。因此，关于人口变动与碳排放的关系研究迫切地需要增加更多的区域性研究，拓展中微观区域的研究案例，探索更加适合区域特色的研究模式与框架，并从中总结出带有规律性或普遍适用性的结论。

第二，现有研究较多关注人口变动中的人口规模、年龄结构、家庭结构等人口自然变动对碳排放的影响，而对城镇化进程中人口的社会变动即人口生产方式变动和人口生活方式变动对碳排放的研究关注很少。在我国新型城镇化背景下，人口的生产、生活方式的变动对碳排放的影响将越来越显著，因此，需要更加予以关注。

第三，现有研究中有少量学者研究人口变动对碳排放量的影响机制，也有少量学者研究城镇化对碳排放的影响机制，但很少有学者将人口变动纳入城镇化的进程中对其影响的作用机制进行系统深入研究。问题不是城镇化能否导致能源消费增长或碳排放增加，而是在城镇化的不同阶段人口变动对碳排放会产生怎样的影响差异？这些问题，理论界涉及不多，必须做更深的探讨。

第四，文献较多关注城镇化进程中能源消耗、经济增长等显性、易量化指标，而最能反映城镇化本质特征的人口的迁移与空间结构变动对碳排放的影响鲜有研究。厘清城镇化进程中人口迁移与分布变动与经济发展之间的关系，不仅为学者继续深入研究人口变动对碳排放的影响奠定了基础，而且对未来一段时期内城市人口政策的制定与城市规模边界的确立具有重大参考价值。

以上这些不足，赋予本研究的意义与价值，当然，现有研究成果也为本书奠定基础。基于以上分析，本书选择东部地区经济发达的人口大省江苏作为研究对象，在系统研究基于人口变动的城镇化对碳排放的影响机制基础上，运用相关数理模型和计量经济学方法对城镇化背景下人口城乡结构变动、人口空间分布变动、人口生产方式变动对碳排放的影响进行系统全面分析，同时对基于微观消费视角的人口生活方式变动对碳排放的影响进行城镇家庭问卷调查，对城镇家庭碳排放的结构、特征、影响因素做全面的微观分析。上述研究视角、研究方法的运用为城镇化进程中的人口变动对碳排放影响提供一个新颖的分析视角。

1.3 研究内容及技术路线

本书共分八章，主要研究内容如下：

第一章 绪论。本章首先阐述了本书的研究背景，明确了本书的研究目的和研究意义，在此基础上，系统地梳理和归纳了人口变动、产业结构、城镇化等方面对碳排放的影响的国内外相关文献，并对研究文献进行综合评述。最后对本书研究技术路线、研究方法、研究内容和创新点做出说明。

第二章 城镇化对碳排放的影响机制。本章遵循从一般到特殊的分析方法，首先从人口、经济、文化、制度四个因素阐述了城镇化对碳排放的一般性影响，接着聚焦众多因素中人口这个根本性因素，分析了人口变动与碳排放的关系和城镇化对人口变动的影响，最后重点从人口城乡结构、人口空间结构以及人口生产、生活方式的四个方面深入研究了基于人口变动的城镇化对碳排放的影响机制，为后面章节实证研究做研究基础和理论铺垫。

第三章 江苏人口发展与碳排放概况。从江苏人口年龄结构、人口性别结构、人口城乡结构、家庭规模等六个方面阐述江苏人口发展概况；在测算江苏的碳排放基础上，对江苏碳排放总量、人均碳排放量与全国及长三角省份进行对比分析。通过综合比较，分析江苏省 2000—2016 年碳排放的阶段性特征、影响因素以及变化趋势。

第四章 江苏人口城乡结构对碳排放的影响。考察江苏城镇化的发展历程、区域差异以及与全国、省际之间比较，并对江苏城镇化对人口城乡结构的影响进行了分析。采用江苏 2000—2016 年时间序列数据，利用 Kaya 碳排放恒等式研究江苏人口城乡结构对于碳排放的影响。选取江苏省辖 13 个地级城市 2000—2016 年的面板数据，通过 STIRPAT 模型研究不同城镇化阶段对碳排放的影响差异，在此基础上，综合时间序列数据和面板数据两个方面综合研究江苏人口城乡结构对碳排放的影响。

第五章 江苏城市人口空间分布变动对碳排放的影响。本章引入城市人口集聚度的概念刻画人口空间分布，并计算江苏人口集聚度。接着构建计量模型，引入最优控制变量，同时引入工具变量解决内生性问题，并进行弱工具变量检验和过度识别检验，采用二阶段最小二乘法（TSLS）对包含不同工具变量的模型进行回归分析，研究江苏城市人口空间分布对碳排放的影响。

第六章 城镇化进程中人口的生产方式变动对碳排放的影响。本章首先分析城镇化对生产方式的影响，选择产业结构作为生产方式变动的指标，基于江苏 2000—2016 年的相关数据，在 EKC 模型的基础上建立模型，并运用计量检验方法分析城镇化进程中产业结构变动对碳排放的影响。

第七章 城镇化进程中城市家庭生活方式变动对碳排放影响。以选取的江苏 3 个城市 1 350 户微观家庭活动的调查数据为基础，基于消费者生活方式方法，研究江苏城市家庭碳排放的结构特征和区域差异性，并分别对调查城市家庭的基本特征、家庭成员低碳消费行为与家庭碳排放的相关性做回归分析，最后从定量角度对江苏城市家庭碳排放影响因素进行分析研究。

第八章 主要研究结论与展望。对全书研究结论进行总结，并结合相关研究结论提出碳减排的政策建议，最后指出本书的不足之处和未来研究展望。

本书的技术路线可以由图 1.1 来表示，主要包括理论研究、影响机制研究和实证研究三个层面。

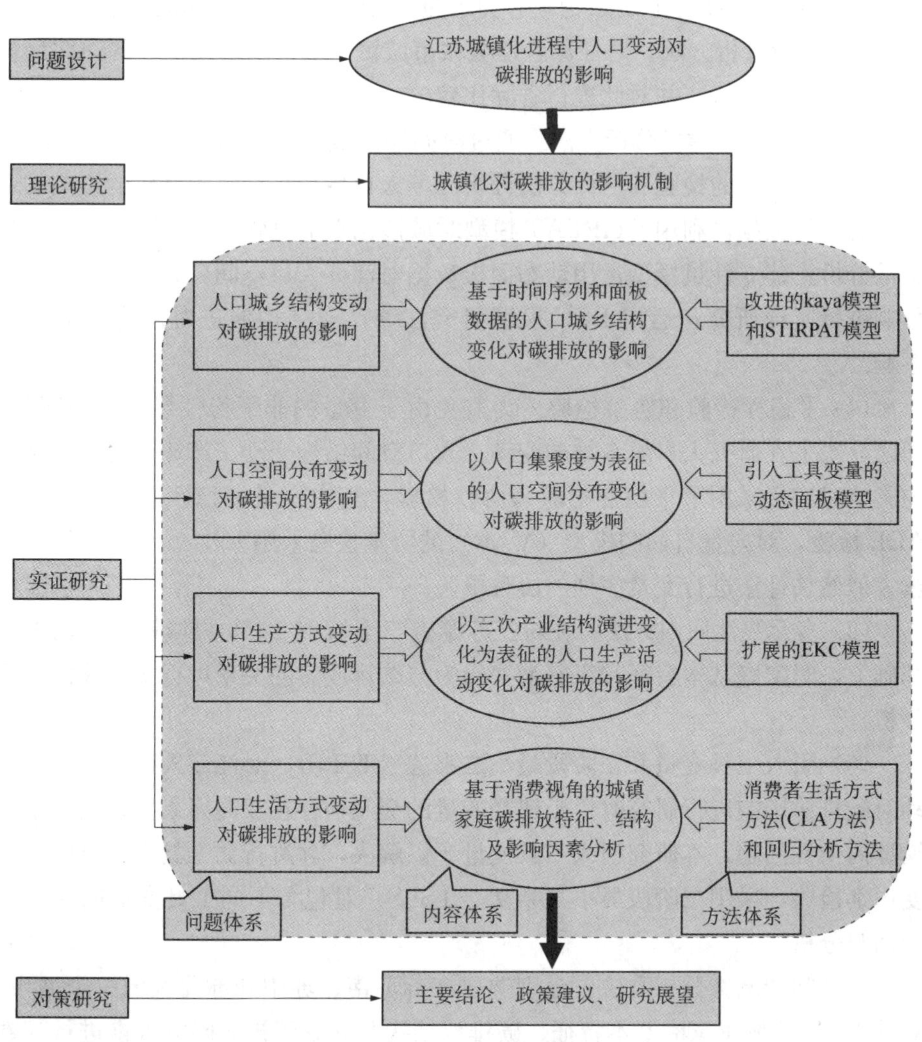

图 1.1 技术路线图

1.4 研究方法

在借鉴前人相关研究的基础上，结合江苏人口发展状况、城镇化发展历程和碳排放实际情况，主要采用理论研究与实证检验相结合、定性研究与定量分析相结合并以定量为主的研究思路。具体来说：

(1) 文献分析方法。对城镇化、人口变动、产业结构与碳排放的关系相关参考文献资料进行梳理、归纳和总结，力求为本书的研究打下坚实的理论基础。

(2) 比较分析方法。对江苏各地级城市城镇化水平以及碳排放的南北区域差异进行比较分析，并对此进行省际比较。

(3) 计量经济建模分析方法。通过时间序列数据，运用改进的 kaya 模型，采用计量经济学的检验和估计方法分析江苏人口城乡结构对碳排放的影响；运用动态面板数据，利用 STIRPAT 模型对城镇化水平对碳排放的影响差异进行定量分析；建立计量模型运用动态面板数据对江苏人口空间分布变动对碳排放影响进行实证研究；运用 EKC 模型研究江苏产业结构演进对碳排放的动态影响。

(4) 平稳性检验和协整检验。为避免由于变量的非平稳性导致“伪回归”问题，本书在研究人口城乡结构变动、人口空间结构变动、产业变动对碳排放的影响时广泛采用了平稳性检验和协整检验，其中变量平稳性检验主要采用 ADF 检验，对向量自回归模型（VAR）的协整检验采用 Johansen 多变量系数极大似然估计法进行变量序列的协整检验。

(5) 多元线性回归方法。在对江苏调查三个城市 1 350 户城镇家庭调查的基础上，对家庭基本特征和家庭消费行为与碳排放量的关系进行多元线性回归分析。

(6) 引入工具变量和二阶段最小二乘法（TSLS）。对江苏人口空间结构变动对碳排放影响进行研究时由于解释变量的交互项存在双向因果关系而产生的模型内生性问题，本研究引入工具变量予以解决，并进行弱工具变量检验和过度识别检验，采用二阶段最小二乘法（TSLS）对包含不同工具变量的模型进行回归分析。

(7) 问卷调查分析方法。分别选取江苏苏南、苏中和苏北区域三个城市，对其 1 350 户城镇家庭基本特征、碳排放结构及家庭碳排放影响因素进行问卷调查。

（8）实证分析方法。本书广泛收集各级各类统计年鉴以及政府相关部门的资料，通过对这些数据的分析以期对江苏城镇化进程中人口变动与碳排放之间的关系做一个真实准确的研判。

1.5 创新点

第一，揭示了人口变动、城镇化与碳排放三者之间的有机联系。在分析城镇化对碳排放影响机制的基础上，结合城镇化的特点，进一步总结出人口城乡结构变动、人口空间结构变动、生产方式变动和人口生活方式变动四个方面对碳排放的影响，通过经济系统的生产、消费为纽带构建城镇化进程中人口变动对碳排放影响的分析框架，更加清晰、完整地表示出人口变动、城镇化作用于碳排放的影响机制。

第二，量化了江苏城镇化进程中碳排放影响因素的强弱表现，并解释了江苏城镇化对碳排放影响的异质性。采用 Kaya 模型通过时间序列数据分析得出对江苏碳排放影响前三位的分别是能源强度、人均 GDP 以及人口城镇化率。采用 STIRPAT 模型，利用面板数据分析得出江苏城镇化对碳排放的影响同时驱动和制动效应，这两种效应综合作用的结果表现在不同的城镇化阶段对碳排放影响存在差异性。

第三，将流动人口与城市人口密度相结合构建以人口集聚度为表征的城市人口空间结构变动指标。现有的城市人口密度指标为计算城市流动人口，且默认人口是均匀分布，人口集聚度指标突破这方面的不足，更全面测度城市人口集疏和人口空间分布的态势以及演变规律。

第四，修订消费者生活方式方法，丰富和完善了家庭碳排放的理论和实践。以江苏苏南、苏中和苏北区域城镇家庭第一手问卷调查数据为基础，通过修订后的消费者生活方式方法，基于家庭碳排放的微观视角研究江苏城镇家庭碳排放结构、特征和影响因素，为制定国家、省级家庭碳减排行动计划提供决策参考。

第 2 章　城镇化对碳排放的影响机制

在城镇化进程中，人口由以农业为基础的农村迁移到工业、服务业为主的城市，人口分布的生产、生活方式的随之发生改变，由此产生的人口集聚效应、消费升级效应、产业结构转化升级效应等对碳排放产生巨大的影响。城市基础设施和住宅建筑推动的水泥行业的生产与消费，土地使用类型发生改变，耕地、林地由“碳汇”变成了“碳源”。与此同时，城镇化带来的人口集聚效应有利于居民经济活动形成能源消费规模效应，从而人均能源利用效率大大增加，大规模的公共交通的发展又减少了人均碳排放；城镇化的演进发展还促进产业结构优化升级、能源结构改善、环保科技进步和低碳文明的传播，这些都会对碳排放起到抑制作用。因此，城镇化作为一种综合的社会经济现象，其对二氧化碳排放的影响机理非常复杂。

本章的研究首先从城镇化对碳排放的一般性影响机制分析着手，接着分析了城镇化对人口变动的影响，最后着重从基于人口变动的城镇化对碳排放的影响进行机制阐释。

2.1　城镇化对碳排放的一般影响分析

城镇化对碳排放影响机制可以从三个方面做出解释：

一是生态现代化理论。生态现代化理论从国家的层面阐述了城镇化影响二氧化碳排放的机理，生态现代化理论认为城镇化是社会转变的过程，是现代化的重要指标，生态现代化理论不光强调经济的现代化，还强调公共生态意识的转变推动了环境现代化的进步。在经济发展的初级阶段，环境问题比较突出，随着全社会逐渐意识到环境保护的重要性，政府管理者将通过技术创新和产业结构转变等方式降低环境危害。

二是城镇环境变迁理论。城镇环境变迁理论是从城市发展的层面讨论了城镇化发展带来的环境变迁历程、城市环境问题及其发展变化特征，该理论认为不同的经济发展阶段面临的城镇环境问题是不一样的。在城市发展初级阶段，城市管理者在发展工业化的同时，也会带来一系列工业环境污染问题，但随着城镇化发展水平的持续上升，由于环境政策、技术创新和产业结构调整等因素的作用，工业污染问题逐步得以解决，同时，随着城镇发展阶段的提升，消费升级带来的环境问题也会出现，城市的消费类型和生活方式更趋向于资源密集型，城市基础设施、交通等方面需求将会上升，能源消费和碳排放变得显著。

三是紧凑型城市理论。紧凑型城市理论主要从城市发展的层面分析阐述了紧凑城市带来的环境收益。该理论认为城市密度增加会带来规模经济效应，一方面是基础设施、交通和水供应方面的便利；另一方面是减少了对交通工具的依赖和降低了不需要的通勤距离，这些都有利于减少能源利用和二氧化碳的排放。

这三种理论对理解城镇化影响二氧化碳排放的机理提供了很好的思路，但是每种理论侧重角度各有不同。

2.1.1　城镇化对碳排放影响分析框架的确定

从第一章的广义城镇化的内涵界定可以看出，城镇化对碳排放的影响机制是一个极为复杂的问题，从一般性影响分析来说，涉及人口因素、经济因素、制度因素和文化因素等多个方面（见图 2.1）。这四种因素对碳排放的影响既有正向作用通道，也有负向作用通道，如经济增长、消费升级、土地利用方式改变等驱动因素对碳排放的正向作用，而产业结构转换、人口和产业的集聚效应、城市文明的传播、技术进步等制动因素对碳排放产生负向作用。至于某一区域城镇化对碳排放影响方向则通过驱动与制动因素正负方向的力量综合作用的结果。

下面具体从经济增长、产业结构转型、消费升级、生态文明、土地利用方式转变等方面分析城镇化对碳排放的一般性影响。

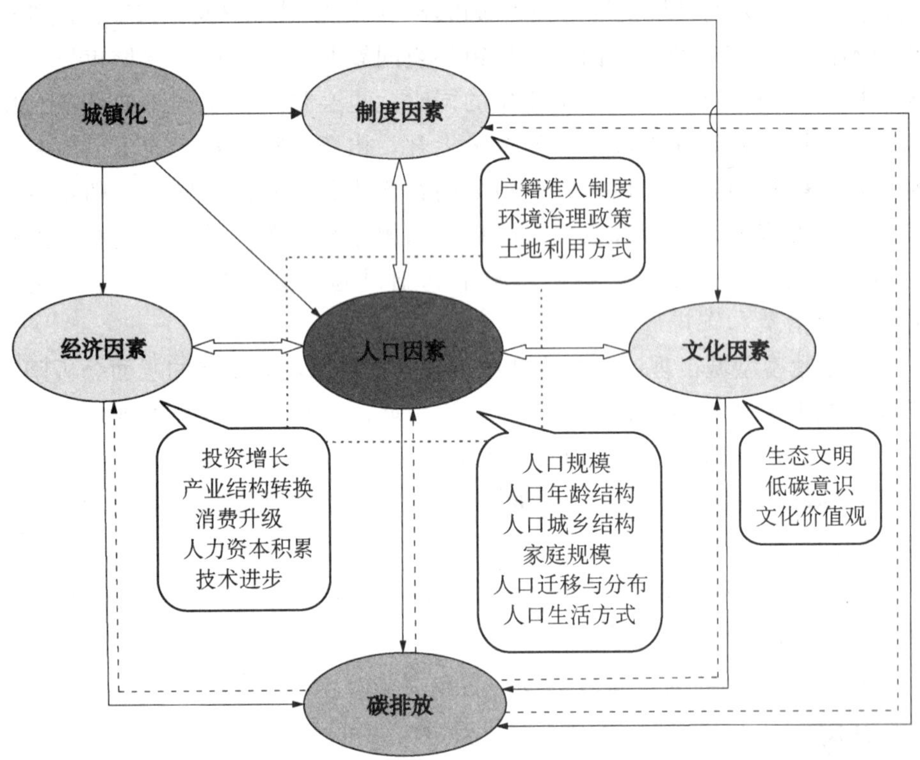

说明：图中实线箭头为正向作用通道，虚线箭头为负向作用通道，双向箭头表示相互作用。

图 2.1 城镇化对碳排放影响分析框架

2.1.1.1 城镇化进程中的经济增长效应对碳排放的影响

城镇化是经济增长的各生产要素在空间上的聚集过程，城镇作为非农产业主要的空间载体，城镇化的发展与非农产业的集聚规模、发展水平高度相关。因此，城镇化主要通过影响投资增长、人力资本累积和技术进步等途径来影响经济增长，进而影响碳排放。下面从决定经济增长的主要因素来分析城镇化对碳排放的影响。

(1) 城镇化进程中的投资增长效应对碳排放的影响

首先，城市是生产要素和产业集聚地，城市工资要高于农村，城镇化具有收入增加效应，增加的收入转化为居民储蓄和居民消费，从而导致更多的投资供给和居民消费需求。城镇化进程中，农村人口不断向城镇转移提高了对交通等公共基础设施的需求，同时，城镇化往往伴随着大量住宅投资建设，居民消费需求和城镇住宅、基础设施投资需求刺激了钢铁、水泥消费量的急剧增长，进而影响碳排放。其次，大规模的基础设施投资项目在建设中需要消耗大量的能源资源，而基础设施投资在拉动经济快速增长的同时，大幅提高了劳动者的收入，进而又提高居民的消费水平，最终导致能源消费和碳排放的快速上升。最后，城市还是资本、人力资源等各种生产要素的聚集地，城镇化具有收入增加效应，各种生产要素的报酬率高于农村，增加的收入转化为居民储蓄和居民消费，从而导致更多的投资供给和居民消费需求。

（2）城镇化的人力资本积累效应对碳排放的影响。首先，城市具有人力资本形成优势，一方面，城市产业众多，对人力资源的需求旺盛，尤其是对具有专业特长的高级专业技术人员，这促使城镇居民加大对人力资本的投资意愿，进而使得城镇居民收入增加，尤其是人力资本收入大幅度提高，直接刺激人们投资教育的欲望，促进人力资本的形成和积累。另一方面，城市具有较好的教育基础设施，城市居民受教育机会增多，产生的知识外溢效应，从而促进了教育方面人力资本投资的增加。其次，现代经济增长的速度与效益，主要取决于人力资本的丰裕程度。人力资本最主要优势在于能够应用专业技术知识驾驭现代生产设备、从事高效益社会经济活动，高级专业技术人员既能通过提高劳动效率、推动技术进步、发现和创造替代品等途径改善能源消费结构，又能在生产活动中发挥专业优势提高能源使用效率。最后，人力资本还可以直接提高和改善物质资本产生的效果，减少生产过程中的能源浪费现象并降低能耗强度，促进经济增长由粗放型向集约型转变。最终，人力资本集聚有利于降低能源强度和提高能源利用效率，从而减少碳排放。

（3）城镇化进程中的技术进步效应对碳排放的影响

首先，城镇化会促进技术进步，城镇人口、经济活动的集聚效应为技术的进步提供必要的环境。一是城镇具有人才优势。城镇化会使教育资源增加，对教育水平的提高具有重要作用。丰富的交易资源增加了居民受教育的机会，提高了人力资本的综合素质，促进了人力资本优势的形成，而人力资本优势的形成有助于技术的创新。二是城镇具有专业化优势，城镇化进程中的社会分工细化对专业化优势形成具有重要作用，社会分工程度的加强提高了人才的专业化水平，使得那些有一技之长的人才能够专门研究一项技术，促进了技术的创新。三是城镇具有更广阔的信息获得渠道。信息的传递对技术的进步具有重要作用，在城镇中信息的获得渠道丰富且成本较低，有利于彼此之间的沟通，降低了生产成本和交易成本，这会降低技术研发过程中的成本，促进了技术的创新。

其次，技术进步会影响碳排放。技术的进步对碳排放的影响存在驱动和制动双重机制。其一，技术的进步对碳排放具有制动作用。技术的进步能提高能源的利用效率，降低单位产品的能耗，从而降低碳排放量；技术的进步还能改进能源的利用方式，研发出清洁能源来替代传统的化石能源如太阳能、风能的研发；其二，技术进步对碳排放量起到驱动作用，促进碳排放量增加。如工业革命带来工业技术进步的同时大大提高了煤炭等化石能源消耗；与资源开采和使用有关的技术往往会提高人类攫取能源的欲望，对人类浪费资源具有激励作用。技术的进步提高了人类界攫取资源的能力，这种攫取能力的提高和对生活质量的追求会增加能源的消耗。从长期趋势来看，科技创新、技术进步对碳减排起到促进作用。城镇化会改进原有的生产技术，是一个资本、劳动力以及知识不断集聚的过程，在这个过程中会引起产业结构的转型和使用技术的调整与进步。

最后，从竞争优势理论角度看技术进步的碳排放效应。内生增长理论认为，技术进步节约和循环利用了自然资源，提高了自然资源的利用效率，导致在既定产出水平下资源消耗减少，从而减少碳排放。美国哈佛大学波特教授经过近 20 年的研究，提出了著名的竞争优势理论。核心观点是企业在严格的环境规制的压力下，被迫进行技术创新，即生产清洁产品的创新。生产清洁产品的创新既包括生产过程的创新，也包括技术环节的创新活动。创新活动能够减少能耗，减低排放，从而减少了企业的环境成本，有利于增强企业的竞争力。无论以怎样的目的实施创新活动，最终结果都是有利于少投入、少排放、少能耗，这也体现了技术进步的正效应。波特假说认为环境规制将激励企业进行技术创新，鼓励企业采用更富效率的技术和设备等提高企业效率，从而减少成本和提高产出。因此，环境规制不仅减少了污染排放，也通过创新创造了质量改进型的产品，形成了产品补偿效应；环境规制也降低了能耗，提高了能源的利用效率。

2.1.1.2 城镇化进程中的产业结构转换升级效应对碳排放的影响

城镇化进程也是一个产业结构不断调整升级的过程。工业化成为城镇化典型的特征，并随着城镇化的发展而不断扩大。由于不同行业能耗和碳排放强度存在差异，三次产业的碳排放各不相同；同时城镇化进程中工业的规模化、集约化生产特点，又为碳减排提供可能。此外，第二产业为主的产业结构是碳排放增加的主要原因，但是产业结构优化升级对碳减排是非常显著的。

在城镇化发展初期，第一产业农业对碳排放影响较小，农业既是“碳源”又是“碳汇”，农业既通过生产方式和生产结构的变化增加“碳源”，又通过土地整治和集约利用增加“碳汇”，“碳源”方面主要包括农业机械化普及推广、化肥农药的使用、农产品深加工、农产品储存与运输等。“碳汇”方面主要包括耕地、牧草地和森林等。城镇地区产业结构以工业和服务业为主，农村地区以农林牧渔业为主，其属于碳排放相对较少的产业，并具有天然的“碳汇”作用[224]。随着城镇化水平的进一步提升，第二产业逐渐成为碳排放的主体。工业产业发展会不断壮大，第二产业比重增大会提高对电力、煤炭、石油等能源的需求，出现能源利用率不高的现象，从而促进了能源消耗的增加，大规模的制造业和化石燃料的大量消耗使碳排放快速上升，工业总量的增加同样会引起能源消耗及碳排量的上升。

当城镇化发展到较高阶段后，城镇化高级阶段为提高能源使用效率、促进清洁能源使用的新技术提供一定的经济基础，为实现低碳生活提供了可能。第二产业由劳动密集型逐步向资本和技术密集型转变，产业结构的升级、生产技术的进步和资源的优化配置会降低能源的消耗，使碳排放的增速减缓并最终下降。中国城镇人口的比重从 1980 年的 19.39%上升到 2016 年的 57.35%，随着城镇化的发展，工业化已经处在逐渐摆脱粗放型生产的阶段，已经进入了调结构、转方式的时期。依据 Grossman 和 Krueger[225]对环境影响的因素分解研究，产业结构效应对碳排放有重要影响。我国第二产业的比重在逐渐下降，第三产业快速发展，并逐渐占据主导地位，服务业和高新技术产业的发展会降低能源的消耗。

2.1.1.3　城镇化进程中的消费升级效应对碳排放的影响

城镇化进程导致人口由乡村向城镇集中，城镇化地区的人口密度不断增大，人们消费水平不断提高，相应的生活方式发生改变，包括住宅、交通、娱乐等个人消费方式的改变，这将增加对能源的消耗。从经济学的角度讲，消费与生产是紧密联系的，消费行为在很大程度上影响国民经济各部门商品和服务的生产。如果将国民经济系统看作一个经济代谢过程，那么一国的国内最终消费则是该过程中的最末端环节，它通过对商品和服务的最终需求而直接影响着其在生产过程中所耗费的各种物质资源及其污染物排放。

城镇化是居民生活方式发生改变并且人口消费水平不断提高的过程，居民消费水平作为衡量一国居民富裕程度的重要指标，其对碳排放的影响主要表现在以下两个方面：一是直接碳排放，主要是满足居民日常生活消费对能源的直接消耗及其产生的碳排放，如照明、制冷取暖、做饭等；二是间接碳排放，即支撑居民的衣、食、住、行等消费需求的产业发展所引致的间接碳排放，这部分是隐含在商品的生产和消费各环节的碳排放。同时，居民消费结构的变化对碳排放影响也不可忽视，人口消费需求从主要集中在衣、食为主的基本生活型消费向住、行、乐等享受型消费升级，与之相应的能源消费和碳排放也随之升级，进而对碳排放产生了深刻的影响。

当然，从城镇化的集聚效应来说，人口集聚、产业集聚使得人均能源利用效率大大增加，如私家车的普及改变了居民出行方式，造成碳排放大量增加，而公共交通又使人均耗能也相应减少，进而抑制碳排放。

2.1.1.4 城镇化进程中城市生态文明的传播对碳排放的影响

生态文明是以人与自然、人与人、人与社会和谐共生、良性循环、全面发展、持续繁荣为基本宗旨的文化伦理形态。生态文明的基本含义包含生态意识文明、生态制度文明、生态行为文明。城镇化进程会伴随着生态文明提高，城市生态文明的传播对碳减排产生积极的作用。黄金川、方创琳[226]研究认为，城市化与生态环境的交互耦合规律为双指数曲线。当城市化低于某个水平时，生态环境随城镇化的发展呈指数恶化状况，一旦城市化达到某个水平，生态环境随城市化的发展将出现指数改善状况，而这正是城市生态文明的重要体现。

城市生态文明在其中起到不可或缺的作用，主要体现在以下两个方面：第一，随着城镇化的发展，经济增长会不断满足居民的物质需求，而且也能够创造对良好环境的需求，居民的环境意识随之不断提高。第二，城镇化进程中，当经济发展到一定程度时政府会更加关注生态环境，加大对生态环境治理技术方面的投入，尤其是资金投入。由于随着城镇的发展，城镇生态文明程度不断提高，居民环境意识增强，政府加大对环境的投入力度，环境治理技术不断进步，城镇“碳汇”能力也逐渐增强，城镇环境得到改善，以上这些与城镇化带来生产和生活的集聚效应和规模效应相互叠加，使得原本高碳化的消费模式逐渐得到扭转，从而碳排放产生一定的制动作用。

2.1.1.5　城镇化进程中土地利用方式变动对碳排放的影响

人类活动对碳排放的影响在很大程度上是通过改变土地利用方式来实现的。土地利用方式变化会改变能源消费的格局，如耕地、森林或草地转化为城镇用地，土地“非农化”可能引起土地由“碳汇”到“碳源”的转变，并进一步影响区域排放结构。城镇化的特征之一为城镇数目的增加和城镇地域空间范围的不断扩张，这些都需要大量土地作为支撑，而各类土地所产生的碳排放是不一样的。赵荣钦和黄贤金[227]研究发现不同土地利用类型的碳强度由高到低为：居民点及工矿用地＞交通用地＞未利用地及特殊用地＞农用地和水利用地。

城镇化通过破坏原有的土壤和植被进而改变土地利用方式，减少了“碳汇”，造成了环境中碳收支失衡。具体来说土地利用方式发生改变主要通过两个途径：第一是城镇空间规模的扩张，这体现在城镇数目和地域范围方面。城镇地域的扩大使大量农耕用地转化为城镇用地，一方面使“碳汇”缩小，农业植被遭到破坏；另一方面“碳源”扩大，城镇空间区域的扩张势必导致对房地产、基础设施投资需求的增加，从而带来原材料和水泥生产的增加，这种“碳汇”缩小和“碳源”扩大的情况造成了碳收支严重失衡。同时城市地域空间的急剧扩张，引发城镇无序蔓延的发生，这种空间上表现为郊区化和“逆城镇化”的现象已被认定为碳排放的主要驱动因素[228]。第二是城镇化进程中消费需求的不断扩大，这体现在资源的开采和环境的破坏两个方面。一方面，随着城镇化的发展和经济的增长，居民对物质方面的需求越来越大，为了满足日益增长的物质需求就需要不断扩大资源的开采。在对煤炭、原油等资源开采过程中，经常会出现将原有的林地、海洋改为工业用地的情况，并占用了周边大量的农业用地和森林用地，即使开采过后这些土地也遭到了破坏，无法再种植植物，这严重缩减了“碳汇”量。另一方面，城镇化进程伴随工业化的迅猛发展，很多重工业的发展都是以破坏生态环境为代价的。如工业发展过程中会大量排放酸性气体，这造成了酸雨的形成，严重破坏了土壤和植被，从而降低了大自然的环境自净能力。

2.1.2　对研究框架的进一步理论阐释

通过图 2.1 可以看出，在城镇化对碳排放的众多影响因素中，人口因素处于中心地位，是最根本的因素，是其他影响因素的基础和归依，其他影响因素都与人口因素有直接关系。本书有必要对于本研究理论框架的构建以及变量之间内在机制进行更深层次的说明和阐释。

从第一章的参考文献综述部分可以看出，目前学术界对于碳排放的研究主要是围绕两个方面展开：一是经济增长与碳排放量之间的关系，经济增长主要通过规模效应、结构效应以及技术效应对环境产生影响，主要是借助库兹涅茨曲线（EKC）进行研究，有用一次回归方程形式刻画的，也有用二次方程的，目前还有用三次曲线形式研究，所得结论也完全不一致，有线性的、“倒 U”形甚至是“N”形关系。这里需要指出的是，由于研究区域经济发展阶段性差异，目前学术界并没有获得两者关系的一致意见。另一条研究路线则是着重探讨碳排放的各种驱动因素。这主要包含有人口规模、人口年龄结构、家庭规模、人口城乡结构、人口空间分布、人口消费水平和消费方式对碳排放的影响，也有经济增长、产业结构、能源消费结构、技术进步对碳排放的影响，还有制度变迁、环境政策以及人口素质、文化价值观对碳排放的影响。上述这些因素更多的是从计量经济学角度进行分析展开的，追本溯源，研究人口与环境之间关系最基本的模型则还是 Ehrlich 和 Holdren[229] 提出的环境压力方程 IPAT 模型以及改进的 STIRPAT 模型。具体说来，是将经济社会中所有对环境的影响（Impacts）归纳为人口因素（Population）、财富因素（Affluence）和技术因素（Technology）三个最根本因素。而本书的研究更加关注的是其中人口因素（Population）对碳排放量的影响机制问题。

为何本书选择人口变动因素作为碳排放影响因素的研究对象？其实，人口因素对碳排放量的影响研究可以进行如下简单的推论：

$$\text{Impacts}=\text{Population}\times\frac{\text{Affluence}}{\text{Population}}\times\frac{\text{Impacts}}{\text{Affluence}} \tag{2.1}$$

接着对上式同时取对数，并对时间 t 求导，易得：

$$\frac{\text{Impacts}}{\text{Impacts}}=\frac{\text{Population}}{\text{Population}}+\frac{\text{Affluence/Population}}{\text{Affluence/Population}}+\frac{\text{Impacts/Affluence}}{\text{Impacts/Affluence}} \tag{2.2}$$

根据以上模型，结合当前江苏经济社会的实际发展情况，在不能减缓经济增长速度的前提之下如何实现碳减排的目标，这是需要迫切考虑的问题。因此，只能从人口和技术创新两个因素进行研究。按照美国经济学家索罗和英国经济学家斯旺提出的理论观点[230]，即新古典增长模型（索罗-斯旺模型），针对一个经济体而言，如果没有持续的技术创新，那么，当其收敛于稳定增长状态时，人均收入、产出和资本比率不会发生变化，总产出只会是依赖于人口增长率的增长而增长，这时人们的生活并不会有效得到改善。也就是说，技术进步成为独立的、经济增长因素中最有意义、贡献最大的因素。

新古典学派经济增长理论中用“全要素生产率”来衡量纯技术进步在生产中的作用，通常也叫作技术进步率。从张永军[231]的研究成果可以清楚发现，江苏 1978—2008 年的全要素生产率（TFP）是在 0.941—1.163 之间徘徊，这一数值远远小于同等时期发达国家的全要素生产率值。改革开放 30 年来，江苏省 TFP 指数平均增长率为 2.3%，进入 2000 年以后，江苏的全要素生产率出现了下降，年均下降 2.4%。他认为江苏如果要获得持久、快速的增长，必须通过提高全要素生产率来释放本地区的生产力。也就是说，目前试图通过技术创新来拉动经济的可持续增长并非上策，特别是通过技术创新来“熨平”经济快速增长带来的碳排放问题是难以实现的。此外，从图 2.1 可以看出，对碳排放影响的经济因素、制度因素、文化因素都与人口因素关系密切，因此，人口因素是最根本性的、最需要关注的因素。

正是基于上述讨论，本书试图从人口变动的角度来研究和探索江苏碳减排的可循路径问题。然而，在现实情况下，界定人口变动对碳排放量的精准关系是一件非常具有挑战性的任务。因为人口变动所涵盖的内容本身就非常宽泛，而且人口因素对碳排放量的影响大多数是通过贸易、技术、生产和生活等间接作用影响碳排放量。此外，人口系统、经济系统、资源系统和环境系统之间还存在耦合互动关系，这就使得人口变动与碳排放量之间的关系更加复杂。

然而，这并非在具体实证研究中很难通过数据—模型—结论的框架模式来刻画他们之间的动态关系。目前，学术界已经通过大量规范的实证研究得出了较多的有意义、有价值的结论，具体可以参考第一章的文献综述部分，这里不再赘述。而我们的研究则是试图在众多人口变动因素（涉及人口规模、结构、家庭模式、人口消费结构、人口生产生活方式等）中找到新的、有价值的学术创新的切入点。在前人的研究中，大多都涉及人口的规模、人口年龄结构等人口的自然变动因素对碳排放的影响，而在城镇化背景下，对人口的迁移与空间分布以及由于城镇化带来的人口生产、生活方式改变对碳排放的影响的研究较少，特别是对针对某一省域的研究。特别是目前我国还正处在经济社会的巨大转型中，快速的人口城镇化进程中，使我国的人口变动每年都发生着较大的重构。基于以上考虑，本书构建了一个人口变动和碳排放相关研究框架，然后试图通过基于人口变动的时间序列数据和面板数据来找到他们之间的动态变化相关关系，进而为我国新型城镇化进程中人口变动对碳排放的影响机理做出一点贡献。

2.2 城镇化对人口变动的影响

在具体分析基于人口变动的城镇化对碳排放的影响之前，有必要研究的城镇化对人口变动的影响，本书主要从人口的自然变动、人口迁移与分布、人口社会变动三个部分展开。

2.2.1 人口变动的概念界定

中国大百科全书（社会学）中将人口变动定义为人口状况受社会、经济、人口自身等各方面因素的影响，随着时间推移而不断发生的变动，可分为自然变动、迁移变动和社会变动[232]。人口变动是指随着时间和所处地区社会经济条件的变化，人口状态受到多方面因素的影响和制约发生不同程度的变化。人口变动的三种形式分别反映人口自然属性和社会属性的不同方面，具有自身特殊的规律。

人口自然变动是指由人口的出生和死亡引起的人口数量的增减和人口性别、年龄构成变化的过程，人口自然变动是人口作为一个生物群体所必然引起的变动，既受人类生理因素制约，又受一定社会经济、文化、政治及自然等环境因素影响。

人口迁移变动包括暂时的迁移和改变居住地的移动。人口迁移使人口空间结构发生变动，进而引起人口城乡结构和人口密度的变动。在农业社会，人口迁移与分布主要受地理环境和资源分布等自然因素的影响。在现代工业化社会，城镇化的发展、新工业基地的建设和政治经济文化中心的转移等是引起人口迁移的主要原因。

一般意义上的人口社会变动是指人口从一个社会集团转入另一个社会集团的变动，不同的人口社会集团是根据一定社会的人口所具有的社会标志和经济标志来划分的[233]。人口社会变动根源于社会经济条件的变化，它又将改变人口的行业构成、职业构成和文化程度构成等，是人口社会属性的反映。城镇化进程是以农业为主的传统乡村型社会向以工业（第二产业）和服务业（第三产业）等非农产业为主的现代城市型社会逐渐转变的历史过程，在此进程中，人口的生产方式和生活方式发生了深刻的变革，因此，本书所指的人口社会变动还包括人口的生产方式和生活方式的变动。

这里需要特别强调的是，本书人口的生产方式变动与传统意义上的人口生产与再生产的定义有所区别。人口生产是指为了维持和延续人类自身而进行的生产，即现有劳动力生产与再生产，新增人口的生命生产与再生产。人口再生产是指新一代人口不断出生、成长，老一代人口不断衰老、死亡这样一个世代更替、不断繁衍的连续过程。本书所指人口的生产方式变动是指城镇化进程中产业结构转换优化升级的演进过程。

由于本书是研究城镇化背景下人口变动对碳排放的影响，而城镇化的最本质特征就是农村人口向城镇人口迁移，以及由此带来的人口生产、生活方式的变动，而人口的自然变动对碳排放的影响较小。基于以上考虑，本书定义的人口变动主要是指城镇化进程中人口的城乡结构变动、人口空间结构变动以及人口的生产、生活方式变动四个部分。

2.2.2　城镇化与人口自然变动

(1) 城镇化与人口规模变动

城镇化就是农村人口迁移到城市转变为城市人口，或者农村地区逐步转变为城市地区，使农村人口转变为城市人口，由此使城市人口规模增大、城镇人口比重提高的过程。城镇人口的变动通常有四条路径：一是新城镇的建立，或某些老城镇撤销建制；二是城镇辖区范围变动；三是城镇人口自然增长；四是乡村人口通过迁移转化为城镇人口，这种变动一般称为迁移增长或自然增长。

在城镇化的早、中期，以上各条路径的变动都相对活跃。在城镇化的早、中期，以上各条路径的变动都相对活跃。城镇化与工业化相伴相随，工业化使农村人口离土离乡到城市就业，农村人口大量流入城市变为城市人口，不仅使这些国家最终摆脱了小农经济的社会结构，实现了传统农业向现代农业的转变，并且还利于地区人口城镇化和工业化的发展。

城镇化进入成熟期后，城镇建制及辖区范围趋于稳定，自然增长和迁移增长成为影响城镇人口规模的两个主要因素。从自然增长的角度来看，城镇化水平与这一地区人口自然增长率有密切的关系，城镇化水平越高，人口自然增长越缓慢，反之，城镇化水平越低，人口自然增长率越快。我国部分城市户籍人口增长率下降也充分印证了这一观点，原因主要是：第一，农村人口转移到城市，人们的文化价值观念发生了改变，更加关注个人价值的实现和生活品质的提高。第二，城市住房、教育、医疗等压力提高了生育子女的经济社会成本，这不同于以往的小农经济，这在很大程度上有助于减缓总人口的增长速度。

(2) 城镇化与人口性别、年龄结构

城镇化导致人口迁移与分布，进而引起迁出区人口减少和迁入区人口增加，这种此消彼长关系对人口地理的改变作用，往往远比人口自然变动迅速而强烈。一般来说，城镇化进程中的人口迁移以青壮年男性为主，使迁入区性别比上升，抚养比下降，老龄化推迟，迁出区则相反。人口迁入后因年龄结构的特点而具有较高的自然增长率，将对迁入地的人口规模产生长时期的助长作用。另外，城镇化进程中，家庭性迁移则以女性为主，故迁入区性别比下降，迁出区则上升，但此类迁移对年龄结构影响不大。

2.2.3 城镇化与人口迁移、分布

人口迁移的原因多种多样，它会受到政治、经济、军事、文化、环境等诸多种因素的影响。对人口迁移最早开始研究的一篇论文，是在 1885 年由英国地理学家拉文斯坦发表一篇题为《人口迁移律》的论文，文中归纳了 7 条规律[234]，其中与城镇化密切相关的就有 4 条，一是人口迁移有偏远乡村向城市郊区再向城市中心迁移的阶梯性；二是城市居民比乡村居民有较少迁移的倾向差异；三是城市交通工具和工商业发达促进人口迁移；四是人口由农村向城市迁移主要以经济动机为主。此外，还有 20 世纪 60 年代广为流行的解释个体迁移成因的“推拉理论”，该理论认为：迁入地有某些“拉力”因素把外地居民吸引进来，迁出地有某些“推力”因素把当地居民推出居住地。“推力”因素诸如农村劳动力过剩、较低收入、自然资源枯竭等，“拉力”因素如较高的工资、较多的就业机会、较高的生活质量和较完善的文化娱乐设施等。因此，人口的迁移行为是各种因素综合作用的结果。

综合来看，城镇化引起人口迁移与空间分布主要包括以下四个方面：

第一，城镇化进程中社会化大生产是人口迁移的基本前提。社会化大生产以社会分工为前提，社会分工的精细化和专业化需要大量劳动力资源，而城镇化为原来定居在乡村，主要从事农业生产的农村人口转移到城市转向非农产业提供大量就业机会，从而引起人口迁移。

第二，城镇化进程中经济收益是引起人口迁移的重要动因。而城镇化进程中，人口迁移主要是经济性迁移，因为城镇的就业机会多，实施过程中的迁移

成本包括交通、住宅、食物等支出以及迁移时失业的机会成本、迁移的时间成本以及与亲人朋友分离的心理成本，而收益则包括迁移后的收入增加以及个人价值实现的心理满足等。当迁移收益大于成本时，迁移就会可能发生。该理论很好地解释了经济性迁移以及解释经济性迁移的年龄选择性。

第三，城镇化进程中工业化发展是人口迁移的根本动力。城镇化总是伴随着工业化而不断发展，工业生产规模性和集中性，决定了工业生产必然向城镇集聚，进而引起生产力的地域空间发生变化，而产业结构和生产布局的改变，必然会通过人口迁移来实现。因此，伴随着工业化的发展，人口的空间分布随之改变，引发人口迁移流动。

第四，城镇化进程中农业现代化是人口迁移的必要条件。适度规模经营是发展现代农业的必然选择，这将带来农业劳动生产率的提高，造成农村劳动力过剩，最终会驱使农村人口流向城市，带来人口外迁效应。因此，农业供给侧结构性改革提高了农业现代化，显著提升了农业生产的组织化、专业化、标准化、社会化程度，提高了农业劳动生产率，把农民从土地里解放出来，并能自由流动，为城镇化和人口迁移提供必要的前提条件。

2.2.4　城镇化与人口的社会变动

城镇化是以农村人口向城市迁移和集中为特征的一种过程，最主要表现在人口的空间地理位置的转移和人口生产与生活方式的演变。城镇化的过程是实现新型工业化、农业现代化所经历社会变迁的一种反映。城镇化的发展改变原有的生产方式，将农村社会的发展完全推进到现代城市发展的轨道上，随着人口向城镇的不断聚集，农村劳动力从事工作类型逐步从第一产业向第二产业过渡，最后向第三产业转移，在这个过程中产业结构也会随之发生改变，引发产业结构转化效应。尽管技术创新等因素也会导致产业结构的调整，但人口向第二、三产业的聚集是重要原因。

城镇化带动生活方式变化，主要体现在居住方式、交通工具、消费行为等方面。同时，随着城镇化的快速发展，城镇居民消费结构和消费观念也发生了改变，对非农产品的需求不断增加，居民除了日常生活中基本的吃、穿、用消费外，城镇消费的多元化使得对商品住宅、家用轿车、休闲旅游、娱乐健身、文化教育等消费需求越来越旺盛。人口城镇化导致现代化生活方式替代传统的生活方式，使得城市人口消费结构提档升级。

2.3 基于人口变动的城镇化对碳排放的影响

通过前文分析可知，人口变动对温室气体排放的影响是客观存在的，人口变动、经济增长和技术进步等都是人类影响气候变化和碳排放的决定因素，但其他因素归根到底都与人口因素有关。因此，本书以人口变动为研究视角，深入研究基于人口变动的城镇化对碳排放产生的影响。

2.3.1 基于人口变动的城镇化对碳排放影响的分析框架

在研究人口变动对碳排放影响时，需要准确厘清人口变动、城镇化和碳排放三者之间的关系。

一般而言，变量与变量之间的因果关系有三种：直接因果关系、间接性因果关系和调节性因果关系。所谓间接因果关系就是当引入中间过程变量时，通过该过程的自变量和因变量产生因果关系。所谓调节性因果关系就是当引入调节性过程变量时，通过该过程的自变量和因变量之间因果关系的作用强度或方向发生变化。Chikaraishi 等[235]基于变量间因果关系的三种模式对人口变动、城镇化水平与碳排放量之间的关系进行深入分析，图 2.2 描述了人口变动、城镇化水平与碳排放三个变量之间的五种因果关系。这五种因果关系分别为：一是城镇化和人口变动作为影响碳排放的直接变量构成直接因果关系（图 2.2 中 A）；二是人口变动作为城镇化与碳排放的中介变量，即城镇化引起人口变动，进而影响碳排放（图 2.2 中 B）；三是城镇化作为人口变动与碳排放之间的中介变量，即人口变动引起城镇化水平的变化，进而影响碳排放（图 2.2 中 C）；四是人口变动作为城镇化与碳排放之间的调节变量，即人口变动会影响城镇化水平与碳排放之间因果关系的作用强度或方向（图 2.2 中 D）；五是城镇化作为人口变动与碳排放之间的调节变量，即城镇化影响人口变动与碳排放之间因果关系的作用强度或方向（图 2.2 中 E）。

中介变量和调节变量对因变量的影响机制在本质上是不同的，其角色和作用不是根据研究个案的统计计量检验与分析结果来确定，而是应该由研究者根据已有文献的研究成果进行梳理、归纳和判定。尽管第一章中大量文献对城镇化与碳排放之间的相关性进行有力的论证，但如前所述，城镇化对碳排放的影响机制非常复杂，因为城镇化对碳排放的影响更多的是通过间接方式进行，而单纯的城镇化并不能对碳排放产生影响。陈飞[236]，宋德勇[237]、黄芳[238]等学者的研究成果都印证了城镇化与碳排放之间存在间接因果关系。曲如晓和江铨[239]、郭珺珺和刘成玉[240]、任海军[241]等学者的研究也印证了城镇化对碳排放存在调节作用，即城镇化不同阶段对碳排放产生的差异性影响。

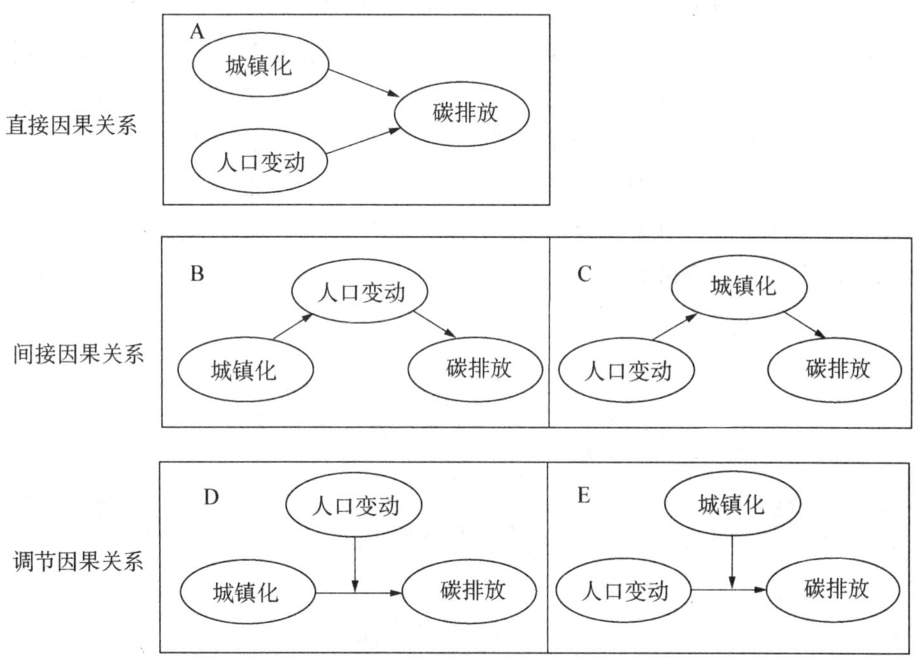

图 2.2 人口变动、城镇化与碳排放的不同因果关系模式

本书认为，图 2.2 中 A、C、D 三种关系并不符合实际情况，本书从大量的参考文献的研究成果中归纳出城镇化与碳排放之间可能的因果关系体现在两方面：一种是间接因果关系，即城镇化会对人口变动产生影响，而人口变动又进一步引起碳排放的变化（图 2.2 中的 B）。在间接因果关系框架下，城镇化进程中人口的变动会引发经济增长、产业结构、人口生产、生活方式等领域的变化，进而影响碳排放。另一种是调节作用，即城镇化改变人口变动与碳排放之间作用强度和方向（图 2.2 中的 E）。在调节关系框架下，在城镇化的不同演进阶段，经济增长、产业结构的环境效率、能源效率对碳排放的影响强度也会产生不同的影响，从而人口变动对碳排放影响强度和弹性存在差异。

全面考察城镇化进程中人口变动与碳排放的关系并不是一项简单的工作，因为人口的变动包括人口自然变动、人口迁移与分布以及人口社会变动，是三个方面综合作用的结果。一方面，人口的自然变动是人口的固有属性，不仅包括人口规模的变动，还包括人口结构（人口年龄结构、性别结构、家庭规模、结构和家庭户数量等）；另一方面，人口的迁移与分布主要受经济因素、社会因素和制度因素的影响，在不同时期和不同的人口政策背景下，人口迁移与分布对碳排放的影响可能有所不同。此外，城镇化背景下人口的社会变动对碳排放的影响，更是一个复杂的过程，主要由人口的生产方式和生活方式的变动引起的，生产方式的变动主要是经济增长方式转变、产业结构转型升级以及技术进步等，生活方式变动则引起的家庭耗能、居住方式、通勤方式、消费水平等变化，所有这些都将对碳排放产生影响。下面用图 2.3 表示城镇化进程中人口变动对碳排放的影响机制。

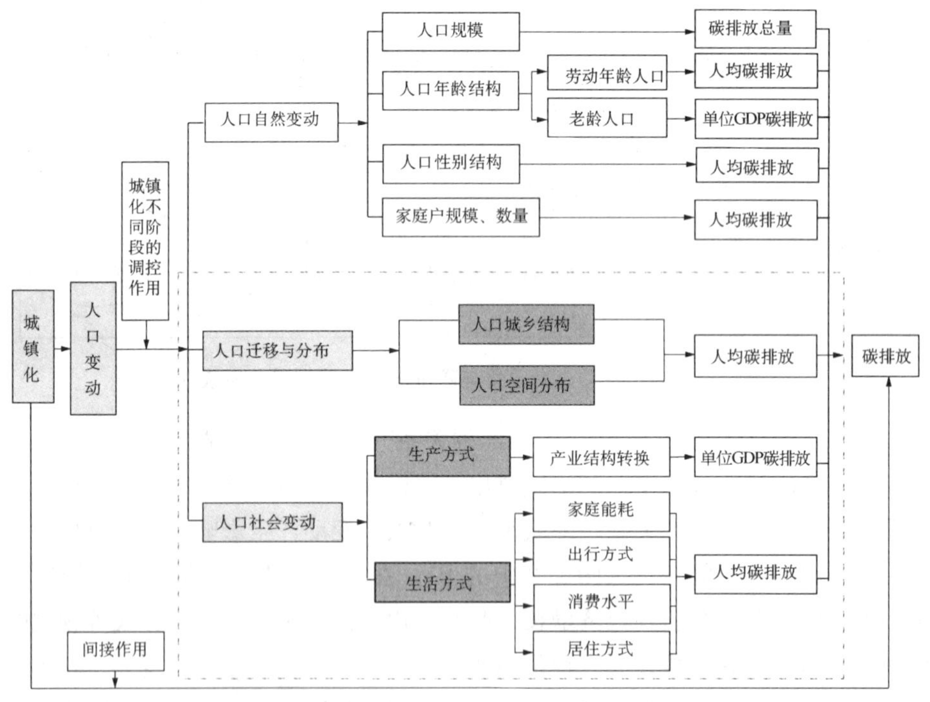

图 2.3 城镇化进程中人口变动对碳排放的影响机制

从图 2.3 可以看出，人口自然变动、人口的迁移与分布以及人口的社会变动是人口变动对碳排放影响的三个方面。人口自然变动是人口变动的重要组成部分，但是，在人口自然增长率持续走低、人口增长速度得到有效控制的情况下，同时，在新型城镇化背景下，人口迁移与分布、人口的空间结构变动、人口的生产、生活方式变动对碳排放的影响更应该是关注的重点。因为，随着经济发展和社会进步，人口对自然的依赖程度在不断下降，而人口的社会经济活动对气候变化的影响越来越强烈。人口迁移与分布、人口空间结构变动对土地利用方式的改变直接导致碳排放增长，城镇化进程中人口由农村向城市迁移必然带来生产生活方式改变，所有这些都会导致碳排放总量快速上升。

前文在人口变动的概念界定中已经明确了本章研究的人口变动主要包括人口迁移与分布和人口的社会变动，即图 2.3 的虚线框内部分，因此，本节重点论述在城镇化作为人口变动与碳排放之间关系的间接作用和调节作用框架下人口城乡结构变动、人口空间分布变动、人口的生产方式变动以及人口生活方式变动四个方面对碳排放的影响机制，为后面第三、四、五、六章的实证部分研究奠定理论基础和理论铺垫。

2.3.2　人口城乡结构变动对碳排放的影响

城镇化进程通常伴随着人口的大规模迁移和集聚、技术进步以及人们生产生活方和消费模式的改变，进而产生大量的碳排放。人口城乡结构的变动对碳排放的影响主要表现为人口城镇化进程中人口生产与消费行为变化对碳排放的影响。从影响碳排放的来源来看，人口城乡结构的变动所产生的碳排放主要有三个方面：

第一，化石能源燃烧产生的二氧化碳排放。城镇化与工业化同步，在城镇化发展的初期，工业化、高碳化是其主要特点。工业化的蓬勃发展带来了巨大的生产性能源消费，同时，工业化生产又产出大量的废水、废气、废渣，造成大量污染物排放，因此，人口城乡结构变动推动了碳排放的增长。

第二，水泥制造过程中化学物质分解产生的二氧化碳排放。城镇化的推进使得城镇商品房住宅和市政交通等公共基础设施的建设需求上升，导致水泥消费急剧增加，排放大量的二氧化碳。

第三，城镇化进程中由于土地利用方式的变化造成耕地、林地等“碳汇”资源减少而引致的碳排放。城镇化进程中，随着城市规模的扩张和蔓延，公共交通和商品住宅等需求使得许多耕地、林地和牧草地被建筑用地取代，土地利用方式发生巨大变化，从而导致的“碳汇”减少，“碳源”相应增加，这个方面在前文已阐述。

2.3.3 人口空间分布变动对碳排放的影响

城市空间是城市经济活动的载体，城市空间结构形态是城市内部人口分布状态的表现形式。城市人口空间结构对碳排放的影响主要通过以下三个方面：

首先，城镇化进程中人口空间分布变动表现为城市人口规模的扩张。城镇化过程中，如果城镇人口规模大于人口容量，则说明城镇人口规模对资源生态环境系统的压力已超出系统的最大承载能力。如果城镇的人口规模小于城镇人口容量，则说明人口规模还有一定的扩张空间。城镇化发展的初期，人口规模较小，虽呈扩张趋势，但扩张速度较慢；进入城镇化中期，城镇人口规模迅速扩张并达到较大规模，城镇人口规模扩张对环境的污染影响较为严重；进入城镇化后期，城镇人口规模仍然维持在较高水平，但增长势头基本趋于停滞状态；城镇规模达到一定程度后，人口对生态环境的要求不断提高并积极采取措施保护环境，人口集聚所形成的规模优势、城镇规模扩张有利于环境改善。

其次，城镇化进程中人口空间分布变动表现为不仅仅是城市人口比重的提高，还包括土地利用集约化、基础设施现代化、消费水平高端化和产业结构高级化等。土地集约利用，城市公共交通、供水、供电、供暖等基础设施建设提高能源的利用效率，与此相联系是人口消费水平和产业结构的升级。这些造成能源消费和碳排放的双向效应，即一方面人口消费升级效应提高导致温室气体排放不断升高，碳排放强度表现出更高水平；另一方面，土地集约利用效应、能源供应等方面的规模效应、产业结构升级效应、公共基础设施共享效应对碳排放产生一定的抑制作用。城市人口密度提高有利于推动技术创新、提高能源的利用效率，减少对交通工具的依赖和降低不要的通勤距离。

最后，城镇化进程中人口空间分布变动还表现为城市内部空间结构的改变。合理的城市内部人口空间分布就是在有限的城市空间上设置较高密度的产业和人口，单位城市用地面积就有较高的产出，这种集约型、紧凑型的城镇化模式实现城市形态上最佳密度和土地混合使用[242]。这样就提高城市空间利用效率，同时，这种紧凑型城市空间结构形态可以减少居民的通勤时间和距离，减少交通成本和能源消耗，降低公共设施投入，发挥规模效应。而低密度的、松散的摊大饼式城市蔓延会大大减低城市空间利用效率，造成能源利用效率的下降，进而产生更多的碳排放。

2.3.4 人口的生产方式变动对碳排放的影响

城镇化在生产领域对碳排放的影响主要表现在城镇化进程中生产方式的变

动间接地影响碳排放。配第-克拉克认为，城镇化推动产业结构布局的优化升级，在经济发展过程中，产业结构优化升级遵循着由第一产业向第二产业再向第三产业逐次转移的过程。发达国家的城镇化发展道路也证实了上述观点。同时，城镇化发展还有利于发挥产业的聚集效应和规模效应，从而不断加速产业结构的优化升级。

从具体的产业结构类型来看，不同产业的性质决定了其在生产过程中能源消耗和碳排放存在很大差异性。第一，作为物质生产部门，农业属于低能源密集型产业，而工业属于能源密集型产业，两者碳排放的差异非常明显。同时，在产业结构优化升级过程中，生产要素一般会从资源粗放型产业向资源集约型产业转移，这会带来碳排放的显著变化。第二，作为知识、技术、劳动密集型的第三产业，能吸纳更多的剩余劳动力就业。从这个角度说，第三产业的发展将逐渐取代工业成为城市产业发展的主要推动力，并将成为城镇化后期发展的必然趋势，而第三产业具有低碳高效、技术含量高等特点，从而能促进碳减排。

2.3.5　人口的生活方式变动对碳排放的影响

城镇化进程中人口生活方式的变动产生的碳排放效应主要通过城镇居民消费升级导致碳排放总量增加或人均碳排放量增加。这种消费升级效应主要表现在城镇化改变人口的消费结构、消费观念和影响消费的“城乡差异”两个方面。

首先，城镇化改变了人口的消费结构和消费观念。我国城镇居民的恩格尔系数是持续降低的，这表明城镇化水平提高过程中，城镇居民将更多的消费支出投入到非食品消费方面，如投入到休闲旅游、文化教育、娱乐健身、衣着消费、改善住房条件等。城镇化在提高居民生活质量的同时必然导致生活能耗快速增长，这直接加剧了城镇化进程中的碳排放量。消费观念也会受到城镇化带来的收入水平、物价水平以及生活环境等因素的影响，表现出与农村截然不同的消费方式。

其次，城镇居民与农村居民在能源消费方面存在较大差异。何晓萍等[243]研究表明，城镇人均能源消耗比农村人口高出 3.5—4 倍，这是主要由城镇居民与农村居民在生活方式上的差异性造成的。农村居民生活相对比较单一，农业生产活动对能源依赖性不及城镇居民，而且农村居民长期形成的生活方式更低碳化，而城镇居民在水电气等家庭耗能方面明显增多，尤其是城镇化进程中，城镇居民出行的通勤方式发生了改变，普通家庭拥有私家车的数量在不断增加，提高能源的消耗。

此外，人口的生产方式变动和生活方式变动对碳排放的影响是相互作用、互相促进的。城镇化的发展带动生产方式变动，推动产业布局和产业结构调整，同时给人们的生活方式、消费观念带来改变，从而导致碳排放迅速增加，增加了环境压力。

2.4 本章小结

城镇化作为一种综合的社会经济现象，其对影响二氧化碳排放的影响机制非常复杂。本章对城镇化对碳排放的影响机制研究主要通过由一般到特殊、由浅入深的研究方法和思路。

首先，从城镇化对碳排放的一般性影响分析入手，从人口因素、经济因素、制度因素和文化因素四个方面构建城镇化对碳排放的研究分析框架，进一步从经典的IPAT模型中三个因素中提炼出人口因素这个最具有根本性的因素，并逐步聚焦到人口变动对碳排放的影响。

其次，从人口自然结构变动、人口迁移与分布、人口社会变动三个方面分析城镇化对人口变动的影响，为后文的基于人口变动的城镇化对碳排放的影响奠定基础。

最后，构建了基于人口变动的城镇化对碳排放的影响机制。从城镇化与碳排放之间存在间接因果关系和调节作用这两种关系入手，结合城镇化背景下人口变动的特点，重点阐述了人口城乡结构变动、人口的空间结构变动、人口的生产方式变动、人口的生活方式变动对碳排放的影响机制，为后面章节的实证研究做理论铺垫。

第 3 章　江苏人口发展与碳排放概况

3.1　江苏人口发展状况

2017 年末，江苏常住人口总量超过 8 000 万人，达到 8 029.3 万人，较 2016 年末增加 30.7 万人，增长率为 0.38%，其中城镇人口 4 889 万人，乡村人口占江苏总人口的 38.1%，其中男性 3 962.67 万人，女性 3 903.42 万人。全省人口密度增加到每平方公里 749 人。目前，江苏市人口的平均预期寿命为 76.64 岁，并且女性平均预期寿命比男性预期寿命多 4 岁。

以下具体从几个方面阐述江苏人口发展状况。

3.1.1　人口自然增长

20 世纪 70 年代末期以来，江苏开始全面推进计划生育，实行晚、稀、少的生育政策，从图 3.1 可以看出，大体可以分为三个阶段：

第一阶段（1978—1995 年），即严格控制人口增长阶段，全省实行人口指标管理，严格考核制度，层层落实人口与计划生育目标管理责任制，全省人口出生率从 1978 年的 15.63‰下降到 1995 年的 12.32‰，人口自然增长率（除了 1990 年、1991 年、1992 年有波动以外）由 1980 年的 8.12‰下降到 1995 年的 5.76‰，实现了人口再生产类型的历史性转变。

第二阶段（1996—2005 年），即稳定低生育水平阶段，这一阶段，我省以农村部分计划生育家庭奖励扶助制度为主的利益导向机制逐步建立，稳定和坚持现行生育政策，低生育水平始终得到稳定。全省人口出生率从 1996 年的 12.11‰下降到 2005 年的 9.24‰，人口自然增长率从 1996 年的 5.53‰下降到 2005 年的 2.21‰。

第三阶段（2006—2016 年），即稳定低生育水平、统筹解决人口问题、促进人的全面均衡发展阶段，2016 年全省人口出生率 9.76‰，人口自然增长率为2.73‰。

在"十二五"期间，江苏全省常住人口总体呈低速增长态势，年均增长0.27%，远低于2000—2010年间的年均0.72%增长速度。分年看，常住人口增长逐年下降的态势明显，2011—2015年的常住人口增长率分别为0.37%、0.27%、0.25%、0.26%、0.20%。常住人口增量中，自然增长人口是主因，因省际人口流动带来的人口增量较小。自然增长人口在全部增加人口中的比重，2011年为69.86%，2012—2015年均超过90%，分别为91.50%、98.77%、93.92%、99.08%。

2016年，江苏人口再生产继续保持"低出生、低死亡、低自然增长"趋势，生育率稳定在低水平上。全省常住人口出生率9.05‰，出生人数72.11万人，死亡率7.03‰，死亡人数56.02万人，人口自然增长率2.02‰，自然增长人口16.09万人，增长率继续稳定在3‰以下。与上年比，全省出生人口减少3.02万人，人口出生率下降0.4个千分点，死亡人口增加0.21万人，死亡率上升0.01个千分点，人口自然增长减少3.23万人，自然增长率下降0.41个千分点。全省育龄妇女比2010年减少200多万人。处于生育旺盛期的育龄妇女（20—29岁）减少约50万人。江苏虽然自2014年实施单独二孩生育政策，且20世纪八九十年代出生的独生子女还处在生育期，但不足抵消生育旺盛期育龄妇女人数减少带来的影响。

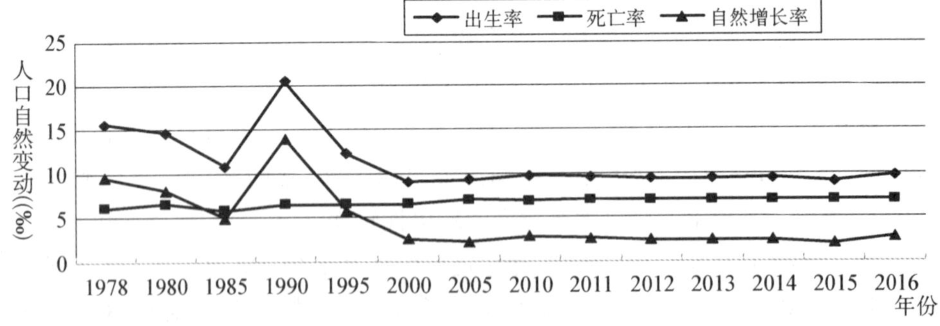

图3.1 1978—2016年江苏省人口出生率、死亡率和自然增长率

表3.1显示，从总体上看，20世纪80年代，江苏人口增长了829万人，90年代在较高的人口基数情况下，增长不到540万人，2001—2016年，人口继续保持低速增长，人口规模增长640万；20世纪八九十年代以及2001—

2016 年，人口平均年增长率分别是 13.15‰、7.67‰、7.16‰。江苏人口死亡率比较稳定，出生率明显下降，自然增长率呈现更加显著的下降趋势，是江苏人口增长速度减缓的主要原因。

表 3.1　1978—2016 年江苏省人口基本情况

年份	年末总人口（万人）	出生数（万人）	死亡数（万人）	自然增长数（万人）	自然变动系数		
					出生率（‰）	死亡率（‰）	自然增长率（‰）
1978	5 834.32	91.19	35.53	55.66	15.63	6.09	9.54
1980	5 938.19	86.90	38.87	48.03	14.69	6.57	8.12
1985	6 213.48	99.42	36.35	30.76	10.84	5.87	4.97
1990	6 766.90	137.96	43.86	94.10	20.54	6.53	14.01
1991	6 843.70	116.03	44.23	71.80	17.05	6.50	10.55
1992	6 911.20	108.04	46.49	61.55	15.71	6.76	8.95
1993	6 967.27	96.94	45.87	51.07	13.97	6.61	7.36
1994	7 020.54	96.38	47.98	48.40	13.78	6.86	6.92
1995	7 066.02	86.77	46.20	40.57	12.32	6.56	5.76
1996	7 110.16	85.84	46.64	39.20	12.11	6.58	5.53
1997	7 147.86	81.47	48.76	32.71	11.43	6.84	4.59
1998	7 182.46	78.60	49.01	29.59	10.97	6.84	4.13
1999	7 213.13	75.58	49.95	25.63	10.50	6.94	3.56
2000	7 327.24	66.01	47.40	18.61	9.08	6.52	2.56
2001	7 358.52	66.31	48.61	17.70	9.03	6.62	2.41
2002	7 405.50	67.69	51.60	16.09	9.17	6.99	2.18
2003	7 457.70	67.18	52.24	14.94	9.04	7.03	2.01
2004	7 522.95	70.78	53.93	16.85	9.45	7.20	2.25
2005	7 588.24	69.81	53.12	16.70	9.24	7.03	2.21
2006	7 655.66	71.34	53.96	17.38	9.36	7.08	2.28
2007	7 723.13	72.05	54.36	17.69	9.37	7.07	2.30
2008	7 762.48	72.32	54.51	17.81	9.34	7.04	2.30

续表

年份	年末总人口（万人）	出生数（万人）	死亡数（万人）	自然增长数（万人）	自然变动系数		
					出生率（‰）	死亡率（‰）	自然增长率（‰）
2009	7 810.27	74.36	54.43	19.93	9.55	6.99	2.56
2010	7 869.34	75.89	53.64	22.37	9.73	6.88	2.85
2011	7 898.80	75.75	55.13	20.58	9.59	6.98	2.61
2012	7 919.98	74.76	55.36	19.38	9.44	6.99	2.45
2013	7 939.49	74.95	55.66	19.27	9.44	7.01	2.43
2014	7 960.06	75.13	55.81	19.32	9.45	7.02	2.43
2015	7 976.30	72.11	56.02	16.09	9.05	7.03	2.02
2016	7 998.60	77.96	56.15	21.81	9.76	7.03	2.73

资料来源：江苏省第六次全国人口普查资料、历年《江苏统计年鉴》

3.1.2 流动人口

根第六次全国人口普查数据，江苏省 2010 年按户口登记地分共流入 1 822.68万人，其中流入城市 1 157.43 万人，流入镇 313.44 万人，流入农村 352.82 万人。江苏省内流入占 45.47%（不含市辖区内人户分离）。其中流入江苏城市和镇的人口中，省内流入分别为 64.61%和 62.81%，农村的省内流入占 42.81%。从流出来看，江苏跨省流出共 284 355 人，其中农村流出 211 819 人，占跨省流出的 74.49%，城镇居民跨省流出的比重较低。从江苏省省内流出来看，2010 年，江苏省省内流出共 1 019 218 人，其中农村流出 543 952 人，占省内流出比重为 53.37%。流入江苏城市、镇和农村的人口比重分别为 63.50%、17.20%和 19.30%。可见，流动人口以江苏省内流动为主，农村人口流出占近四分之三，主要流向城市和镇。

2016 年，随着江苏产业升级转型步伐加快，苏南地区对低端人力资源需求下降，一些劳动密集型产业向相对落后地区转移，流动人口也陆续转向原来相对落后地区，出现流动人口回流增多、省际流入人口减少、本地转移人口增加的新现象。当年全省省际流动人口仅增加千余人。从省内区域看，苏北地区人口外流处于低水平，全年净流出人口不足 2 万人。2016 年末，苏南、苏中、苏北地区常住人口分别达 3 324.08 万人、1 642.52 万人、3 009.7 万人，分别占全省常住人口的 41.67%、20.59%、37.73%。与上年比，苏南、苏中、苏北地区常住人口分别增加 5.28 万人、1.07 万人、9.89 万人。苏北地区常住人口总量，已经连续三年增长最多。

3.1.3　人口年龄结构

(1) 劳动年龄人口比重下降

第六次全国人口普查显示，江苏劳动年龄人口 5 226.61 万人，比 2000 年增加 526.6 万人，增长 11.2%，年平均增长 52.66 万人，年均增长 1.06%，高于全省人口增长速度，但低于 1990—2000 年 1.11%的年平均增长速度。

2016 年，全省 0—14 岁少儿人口 1 164.13 万人，15—64 岁劳动年龄人口 5 770.13万人，65 岁及以上老年人口 1 133.04 万人，占常住人口的比重分别为 14.55%、72.14%和 14.17%。与上年比，少儿人口、老年人口比重分别上升 1.21 个、1.64 个百分点，劳动年龄人口比重下降 1.99 个百分点。若以 15 岁年龄段为一组来看江苏全省劳动年龄人口（按 15—59 岁，共分 3 个年龄段）分布：2010 年，15—29 岁青年人口占 34.12%，20—44 岁青壮年人口占 35.63%，45—59 岁中年人口占劳动年龄人口 30.25%，与 2000 年“五普”相比，青壮年人口下降 4.45 个百分点，青壮年人口和中年人口占比上升 0.92 和 3.54 个百分点。可见，中年人口上升明显，劳动年龄人口结构发展趋向老化。

(2) 人口老龄化程度加重

2010 年第六次全国人口普查数据显示，随着人口再生产类型的转变，江苏省人口年龄结构也发生了较大的变化。妇女生育水平稳定下降，出生人口逐年减少，使得全省常住人口中，0—14 岁人口为 1 023.02 万人，占总人口的 13.01%；15—64 岁人口为 5 986.20 万人，占 76.10%；65 岁及以上人口为 856.78 万人，占 10.89%。从表 3.2 看出，同 2000 年第五次全国人口普查相比，0—14 岁少年儿童人口呈显著减少态势，比重下降 6.64 个百分点，平均每年下降 0.8 个百分点；15—64 岁人口的比重上升 4.51 个百分点；65 岁及以上人口的比重上升 2.13 个百分点，2000—2010 年 10 年间，老年人口比重上升速度进一步加快，平均每年上升 0.3 个百分点。

2016 年，65 岁以上老龄人口比重达到 12.6%。少儿抚养比由上年的 18%升至当年 20.18%，提高 2.18 个百分点，老年人口抚养比由 16.9%升至 19.64%，提高 2.74 个百分点，总人口抚养比则由 34.9%升至 39.8%，提高 4.9 个百分点。劳动年龄人口总量的绝对减少、老年人口的绝对增加，造成少儿扶养比、老年人口抚养比持续上升，全省人口老龄化程度加重。

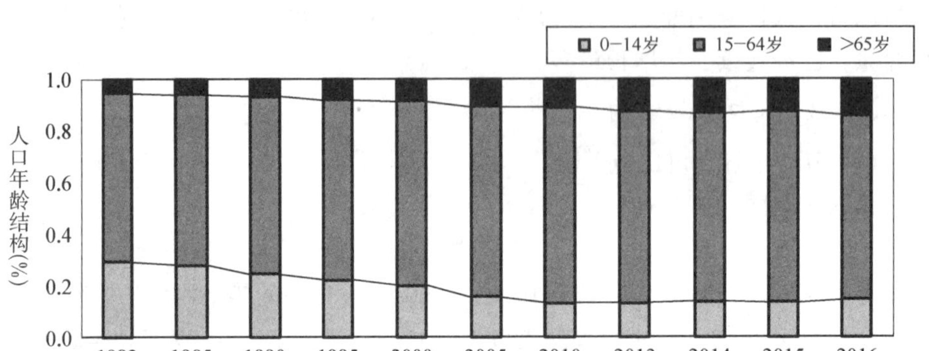

图 3.2 1982—2016 年江苏省人口分年龄结构趋势图

从图 3.2 可看出，江苏省 1982—2016 年年龄结构趋势：江苏 0—14 岁少年儿童人口减少，比重稳定下降，65 岁以上老年人口逐渐增加，增长速度逐步加快，比重逐步上升；21 世纪 90 年代中期，江苏老年人口比重达到老年型人口的标准，人口年龄构成开始向老年型发展，此后江苏省人口老年化程度逐渐上升。进入 21 世纪以后，江苏全省人口年龄结构类型不仅完全进入了老年型，而且老化程度日益上升，对整个经济社会发展产生一定的影响。因此，从全省实际出发，构建完善的社会养老保障体系，发展老年社会服务事业，全面提高老年人口的生活质量，依法维护老年人合法权益，已成为政府和社会的共同的责任。

表 3.2 江苏省历次人口普查分年龄组人口情况

年份	合计（万人）	各年龄组人数（万人）			占总人口的百分比（%）		
		0—14 岁	15—64 岁	>65 岁	0—14 岁	>65 岁	15—64 岁
1953	3 767.29	1 414.86	2 183.21	169.22	37.56	57.95	4.49
1964	4 452.21	1 772.66	2 514.48	165.07	39.82	56.47	3.71
1982	6 052.11	1 753.75	3 962.69	335.67	28.98	65.47	5.55
1990	6 705.65	1 592.47	4 657.90	455.28	23.75	69.46	6.79
2000	7 304.36	1 434.20	5 224.32	645.84	19.64	71.52	8.84
2010	7 865.99	1 023.02	5 986.19	856.78	13.01	76.10	10.89

资料来源：江苏省第六次全国人口普查资料、历年《江苏统计年鉴》

3.1.4 人口性别结构

(1) 出生人口性别比处于较高水平

根据自然规律，联合国将出生人口性别比的正常值设定在103—107。也就是说每出生100个女孩，相应出生103至107个男孩。但在人类繁衍过程中，由于男孩的夭折率比女孩高，到婚育年龄，男女数量便趋于均衡。越高龄、生活环境越好的国家，因为高龄女性人口增多，性别比也越低，例如，日本2002年的性别比只有95.5，而新生儿的正常性别比约为105。从江苏情况来看，出生人口性别比自1982年人口普查之后开始逐渐偏离正常区间范围，到1990年“四普”时，全省出生人口性别比快速上升，达到114.40，至2000年，继续上升至116.51，但上升速度明显下降。2010年第六次全国人口普查显示，全省出生人口性别比为116.24，较2000年下降0.27，虽然这是我省近30年出生人口性别比首次下降，但数值仍偏离正常区间，处于较高水平。

(2) 总人口性别比基本稳定

自新中国成立以来，江苏总人口性别比呈现出从稳中有升到稳中有降的波动变化（见图3.3和表3.3），1953年“一普”是为最低点（100.6），之后呈现逐步上升态势，至1990年“四普”达到高峰（103.6），2000年“五普”时，全省总人口性别比为102.6，下降了1.0，2010年江苏省第六次全国人口普查显示，在全省常住人口中，男性人口为3 963.02万人，占50.38%；女性人口为3 902.97万人，占49.62%，总人口性别比为101.52，与2000年相比下降1.1。与历次全国人口普查资料相比来看，江苏总人口性别比始终低于全国平均水平，且基本趋于稳定性变化。

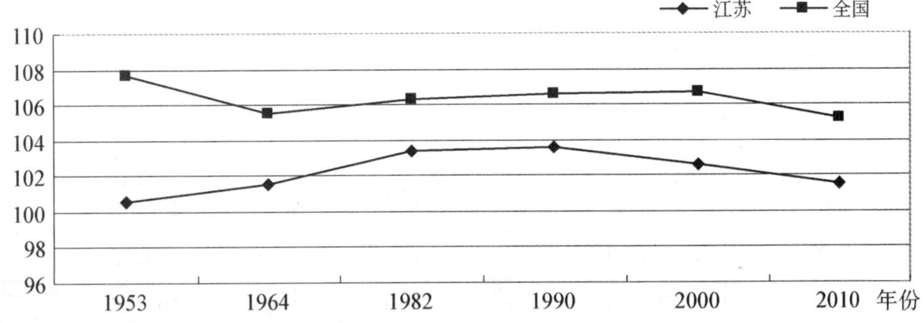

图3.3 江苏与全国历次人口普查总人口性别比变化比较

资料来源：全国及江苏历次全国人口普查资料

2016 年，全省常住人口中男性人口为 4 025.66 万人，占 50.33%；女性人口为 3 972.94 万人，占 49.67%，人口性别比是为 101.37。

表 3.3 1978—2016 年江苏省人口性别结构

年份	男性比重（%）	女性比重（%）	性别比（以女性为 100）
1978	50.56	49.40	102.43
1980	50.60	49.43	102.29
1985	51.00	49.00	104.08
1990	50.89	49.11	103.62
1991	50.44	49.56	101.78
1992	50.40	49.60	101.61
1993	50.43	49.57	101.73
1994	50.34	49.66	101.37
1995	50.80	49.20	103.25
1996	50.78	49.22	103.17
1997	50.76	49.24	103.09
1998	50.72	49.28	102.92
1999	50.69	49.31	102.80
2000	50.64	49.36	102.58
2001	50.62	49.38	102.51
2002	50.67	49.33	102.72
2003	50.62	49.38	102.51
2004	50.67	49.33	102.72
2005	50.02	49.98	100.08
2006	50.02	49.98	100.08
2007	50.02	49.98	100.08
2008	50.03	49.97	100.12
2009	50.04	49.96	100.16
2010	50.38	49.62	101.53

续表

年份	男性比重（%）	女性比重（%）	性别比（以女性为100）
2011	50.36	49.64	101.44
2012	50.35	49.65	101.41
2013	50.34	49.66	101.37
2014	50.34	49.66	101.37
2015	50.33	49.67	101.33
2016	50.33	49.67	101.33

资料来源：江苏省第六次全国人口普查资料、历年《江苏统计年鉴》

3.1.5 人口城乡结构

城市化水平是反映人口城乡结构的一个主要指标，通常城市化水平被表示为城镇人口与总人口的比值。2016年末，江苏城镇人口5 416.65万人，占总人口比重67.70%。与上年比，城镇人口增加110.82万人，城镇人口比重上升1.2个百分点。

江苏全省城镇人口比重一直保持稳定上升态势，主要得益于江苏经济进入新的发展格局，工业化、城镇化、国际化进程持续推进，特别是全省城镇化战略实施，苏南工业化、城镇化水平提升和苏中、苏北地区发展崛起，城市经济快速发展，直接带动城镇人口增加；江苏作为全面纳入国家新型城镇化综合试点的省份之一，全省城镇化区域调整仍在继续；江苏从2004年6月提出的"工业向开发区集中、人口向城镇集中、住宅向社区集中"用地思路，大量乡村人口集中到小城镇居住，使得不少原自然村逐渐消失，减少居住在乡村地域人口。

从图3.4中可以直观看出，20世纪80年代以来，江苏省的人口城市化率一直处于上升过程，这一过程可以分为两个阶段：

第一阶段1980—1998年，城市化水平由1980年的15.2%增长到1998年的31.5%，近20年间翻了一倍。江苏省经过几次撤乡建镇和撤县建市的行政区划调整，这一时期的人口城市化是依托乡镇企业发展而进行的小城镇建设，伴随着乡镇企业大发展为主要内容的"苏南模式"的兴起，以小城镇化为核心的城市化进入一个超常规的发展阶段，大批人口进入城镇。

第二阶段为1998以后，江苏省的人口城市化率快速上升，江苏利用自己沿海的独特地理优势和深厚的经济文化底蕴，通过投资环境的优化运作，形成了新的城市化阶段。这一阶段是通过中心城市的经营、城市群的规划而进行的，这一时期，工业化已不再是主要因素，相反，第三产业比重的持续上升成为人口城市化水平提高的主要动力，第三产业的发展吸引了大量外来人口。

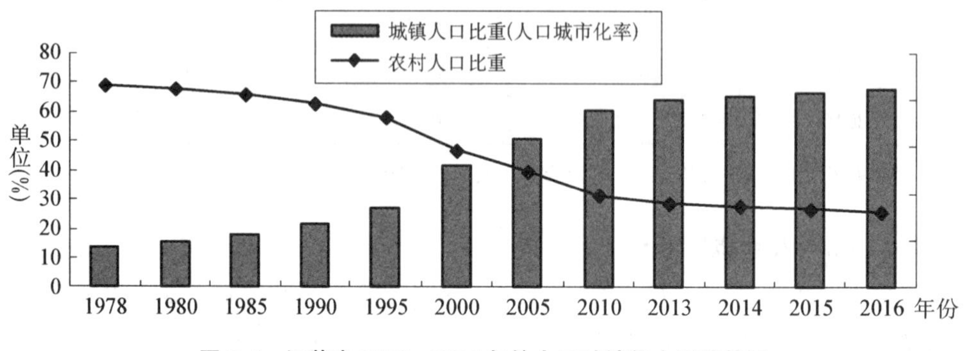

图3.4 江苏省1978—2016年的人口城镇化水平趋势图

3.1.6 家庭规模结构

从图3.5可以看出，1982—2016年间，江苏全省家庭规模不断减小。2016年，江苏共有2 621.2个家庭户，全省常住人口中，平均每个家庭户的人口为3.05人，与2010年第六次全国人口普查相比下降0.02个百分点。

江苏省第六次全国人口普查资料显示，全省常住人口中，家庭户2 564.59万户，家庭户人口为7 869.34万人，其中二人户、三人户占近60%，平均每个家庭户的人口为3.07人，比2000年第五次全国人口普查的3.30人减少0.23人，比1990年的3.75人下降了0.68人（1953年、1964年、1982年平均家庭人数分别为4.19人、4.09人和3.91人）。与全国平均水平3.1相比，江苏省的户均人口规模比全国低0.03人，这表明计划生育对家庭规模的影响在持续，且对江苏的影响较为明显，江苏的家庭规模更小，也反映了家庭生育观念的变化。户均人口规模减小的另一个原因是随着时代发展，年轻人要求个性独立，年轻人与父母分开居住的家庭结构越来越普遍，过去常见的联合家庭持续减少，而丁克家庭、单身不婚族越来越多。另外，离异家庭、老年丧偶家庭增多，从政策上支持了家庭规模的缩小，又直接造成生育子女数量的减少。

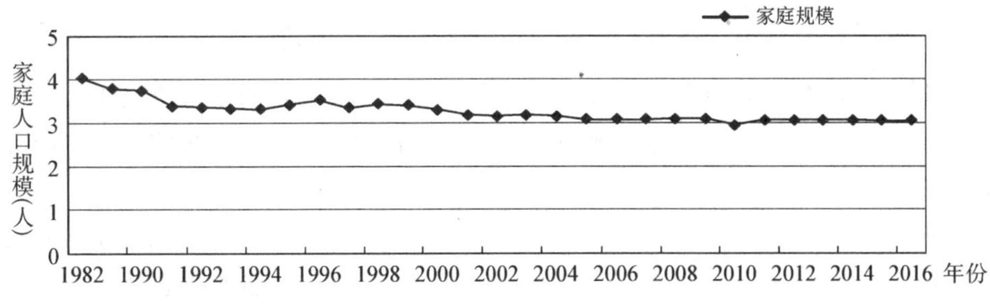

图 3.5　江苏省 1982—2016 年家庭规模变化趋势

3.2　江苏省碳排放概况

为了全面准确测算分析江苏的碳排放情况，本章将江苏省碳排放总量、平均水平与全国及长三角省份进行对比分析。在本章中，碳排放的测算分别包括全国、江苏、长三角其他省市（浙江、上海、安徽）2000—2016 年的碳排放的总量和平均水平。通过综合比较，分析江苏省 2000—2016 年碳排放的阶段性特征、影响因素以及变化趋势。

3.2.1　碳排放计算方法

从现有的文献来看，因为我国尚未公布碳排放量，因此，研究我国低碳经济中，一个很重要的课题就是要估计我国的碳排放量。根据学者们的相关研究，碳排放量估算方法主要有模型估算法和指数估算法两种。

（1）模型估算法

模型估算法分为两类：一类是宏观模型，是研究碳排放总量的指标，主要包括 ERM－AIM 能源排放模型、MARKAL 模型和系统动力学模型；另一类是微观模型，它主要包括生命周期模型和投入产出模型。用生命周期模型分析碳排放量是从整个产品的生命周期提出来的，即在产品的整个生命周期内从原材料的获取，产品的生产、使用直至产品使用后的处置过程中，估算对环境产生的碳排放量。这种分析方法被形象称为一种“从摇篮到坟墓”的方法。投入产出方法是由里昂惕夫于 1936 年首创的一种分析方法，他以投入产出表为基础，运用线性规划构建数学模型，通过各种系数表述各个部门、产业间的关联关系。后来在 1970 年他把投入产出应用于环境经济学中，认为污染是经济的副产品。从此以后，投入产出法被广泛应用于资源环境经济学的研究领域中。

（2）指数估算法

指数分解法被用到经济的领域，可以追溯到 19 世纪 70 年代，主要分析产品产量和价格对企业销售额的影响。直到 20 世纪 70 年代石油危机发生后，该方法才逐渐被用到能源环境领域的研究中。随着对全球气候变暖问题的广泛关注，该方法用于碳排放方面的研究也越来越多。

从目前的文献来看，指数分解法主要包括 Laspeyres、Divisia、Paasche、Fisher、Marshall - Edgeworth 等多种，每种方法可能有许多种的表达形式。其中，最为常用的是 Divisia 指数分解法，但是和其他方法一样，该方法的缺陷为有一个剩余项。后来，许多学者对该方法进行了改进，以期解决缺陷问题。也有学者对不同指数分解方法做对比研究，认为指数分解方法是所有方法中有“比较优势”的。从此以后，该方法在碳排放的经验研究中得到了广泛的应用。

（3）IPCC 估算法

IPCC 估算法借助碳排放系数计算方法，计算出各类化石能源的碳排放系数（见表 3.4）。再根据碳排放系数估算该区域的碳排放量，具体计算公式如下：

$$C_i = \sum_i E_i \times NCV_i \times CEF_i \times COF_i \times \frac{11}{3} \tag{3.1}$$

其中，C 表示碳排放量，单位为万吨碳；E 为能源消耗量；i 表示能源种类。碳排放量的能源化石燃料包括七种，即煤炭、焦炭、柴油、汽油、煤油、燃料油和天然气，原油排除在外，原因在于《中国能源统计年鉴》在分地区能源消费的数据中既包括初级燃料原油，又包括次级燃料柴油、汽油、煤油和燃料油，考虑原油是次级燃料油的原料，而电力和热力未包含在内是由于二者都是由其他能源生产出来的。为了避免重复计算，通常只测算以上七种化石燃料所产生的碳排放量。NCV 为低位发热量，CEF 为有效碳排放因子，COF 为碳氧化因子，i 表示七种化石燃料。

表 3.4 折标准煤系数及碳排放系数

化石燃料类型	煤炭	焦炭	煤油	汽油	柴油	燃料油	天然气
折标准煤系数	0.714 6	0.971 4	1.471 4	1.471 4	0.457 1	1.428 6	1.330 0
碳排放系数	0.755	0.854	0.574	0.559	0.592	0.618	0.448

注：（1）折标准煤系数单位为 10^4 tSCE/10^4 t，碳排放系数单位为 10^4 tC/10^4 tSCE；（2）数据来源于《中国统计年鉴》（2017）和 IPCC（2006）。

由上述估算碳排放的方法可知，模型估算法要构建估算模型，IPCC 估算法需要的数据比较详细，而指数分解法相对不复杂，所以，指数分解法相对来说有应用的空间，只不过估算精度没有前者高。

(3) 本书使用的估算方法

本书利用因素分解法，估算出研究区域的碳排放量，然后用碳排放量除以人口数，进而可以得到人均碳排放量。

该方法依据扩展的 Kaya 恒等式，把影响碳排放的因素分为规模、结构和技术三类，此公式是 1989 年由日本教授 Yoichi Kaya 在联合国政府间气候变化专门委员会（IPCC）研讨会上最先提出的。Kaya 恒等式通过一种简单的数学公式将经济、政策、人口等因素与人类活动产生的二氧化碳建立起联系，等式的一侧将主要碳排放驱动因素分为乘法因子，而另一侧对应于二氧化碳排放量。根据该恒等式，碳排放量主要由人口、经济发展水平、能源使用强度以及碳排放强度决定的。

碳排放基本公式为：

$$C=\sum_i \frac{E_i}{E}*\frac{C_i}{E_i}*E=\sum_i S_i*F_i*E \tag{3.2}$$

其中，C 是碳排放总量，E 表示能源消费总量，C_i 为 i 种能源消费的碳排放量，E_i 为 i 种能源的消费量，S_i 表示 i 种能源在能源消费总量中的所占比重，F_i 表示各类能源的排放系数（强度），即第 i 种能源的碳排放量。

由 3.1 式可知，要算出碳排放量，关键要确定各类能源消费的碳排放系数。目前主要各研究机构的能源消费的碳排放系数，但并不一致。为了增强数值的准确性，最终以他们确定的各类能源消费的碳排放系数的平均值作为计算依据（见表 3.5）。这样就可以估算出研究区域的碳排放量，进而也可以计算出人均碳排放量。

表 3.5　不同能源的碳排放系数

数据来源	各种研究结构的碳排放系数			
	煤炭	石油	天然气	水电、核电
日本能源经济研究所	0.756	0.586	0.449	0
DOE/EIA	0.702	0.478	0.389	0

续表

数据来源	各种研究结构的碳排放系数			
	煤炭	石油	天然气	水电、核电
国家科委气候变化项目	0.726	0.583	0.409	0
国家发改委能源研究所	0.748	0.583	0.444	0
平均值	0.733	0.558	0.423	0

从以上公式 3.1 可以看出，影响碳排放量有五个要素：

第一是能源结构因素，即 i 种能源在一次能源消费中的比例，能源消费结构直接影响碳排放量的大小，根据徐国泉等对各类能源的碳排放系数研究结果可知：F_i 煤炭 $>F_i$ 石油 $>F_i$ 天然气 $>F_i$ 电力，煤炭的碳排放系数最大，且远超过石油和天然气，电力（主要指水电、风电和核电）的碳排放系数为 0，由此可知，碳排放的强度在很大程度上取决于能源消费结构，如中国目前的能源消费结构中煤炭消费比例高，则碳排放量也相对较高。

第二是能源消费碳强度，即能源消费碳强度主要受上述能源结构的影响，反映了能源质量问题，因为每种能源的碳排放系数不等，清洁能源在能源结构中所占的比例越高，单位能源消费产生的温室气体排放量就越小。此因素对碳排放量没有明显的直接作用，因为每种类型的能源其碳排放强度是固定的，其作用只能是通过各类型能源在能源消费总量中的比例不同而间接对碳排放量起到影响作用，所以该因素对碳排放的影响也是通过能源消费结构起作用。

第三是能源强度因素（能源强度），即单位 GDP 生产过程中的能源消费量。能源强度越高，即单位 GDP 能耗越高，能源利用效率越低，则对碳排放产生驱动作用。单位 GDP 的能耗与产业结构和产业技术密切相关，产业不同，如农业、服务业，其能源强度差别很大，同一行业中，技术水平越高，其能源强度越低。在目前的城市化阶段，我国经济增长过程中体现出较为明显的工业化特点，单位 GDP 生产需要消耗大量的能源。因此，减缓气候变暖要从转变能源结构、提高能源效率、控制能源总量入手。

第四是经济发展因素，人均 GDP 能够代表一个经济体大致所处的经济发展阶段。能源是人类进步和社会发展的物质基础，经济增长需要能源作动力，在一定的技术发展水平下，经济规模越大，能源需求越多，碳排放也越高。中国目前处于城市化与工业化的快速推进阶段，经济发展速度快，不但能源需求总量大，增速也快，而且呈刚性特征。

第五是人口因素。人口越多，碳排放也越多，中国作为人口大国，其碳排放量已经成为全球最多的国家。

3.2.2　江苏能源概况

2012 年以来，江苏积极推进能源供给侧结构性改革，实施绿色低碳发展战略，能源生产和消费发生了较大变化。煤炭等传统能源生产下降，新能源生产快速增长，能源发展动力由传统能源增长向新能源增长转变。能源消费结构不断优化，能源清洁低碳化进程加快。进入“十三五”时期，江苏在全社会各领域进一步加大能源节约力度，尤其是针对能源消耗量大的工业企业，采取强有力的政策措施，淘汰落后产能，主要工业产品单位能耗下降，能源利用效率进一步提高，节能降耗成效显著。

3.2.2.1　能源生产增速回落，新能源生产快速增长

(1) 传统能源生产下降

2012—2016 年，江苏能源生产发生较大变化，煤炭等传统能源生产增速回落明显。2016 年，江苏一次能源生产量为 0.2 亿吨标准煤，比 2012 年下降 10.2%。2013—2016 年，一次能源生产量年均下降 2.7%，增幅比 2009—2012 年的年均增幅回落 5.2 个百分点。2016 年，原煤生产量为 1 367.9 万吨，比 2012 年下降 35%。2013—2016 年，原煤生产量年均下降 10.2%，增幅比 2009—2012 年的年均增幅回落 6.7 个百分点。原油生产量为 166 万吨，比 2012 年下降 14.7%。2013—2016 年，原油生产量年均下降 3.9%，增幅比 2009—2012 年的年均增幅回落 5.3 个百分点。

(2) 新能源生产快速增长

2016 年，江苏发电装机 1 亿千瓦，比 2012 年增长 34.7%。2013—2016 年，装机年均增长 7.7%。2016 年，新能源发电装机 1 232 万千瓦，比 2012 年增长 282.1%。2013—2016 年，新能源发电装机年均增长 40.7%。2016 年，新能源发电装机占全省发电装机的比重为 12.1%，比重较 2012 年提高 8 个百分点，已成为江苏发电装机的重要组成部分。2016 年，江苏新能源发电量 226 亿千瓦时，比 2012 年增长 168.7%。2013—2016 年，新能源发电量年均增长 28%。新能源发电量占发电量的比重为 4.8%，与 2012 年相比，比重提高 2.8 个百分点。

(3) 能源生产结构持续优化

如表 3.6 所示，在一次能源生产总量构成中，2016 年原煤生产量占能源生产总量的比重为 40.9%，与 2012 年相比，比重下降 16.5 个百分点；原油生产量占能源生产总量的比重为 9.6%，与 2012 年相比，比重下降 0.5 个百分点；天然气生产量占能源生产总量的比重为 0.7%，与 2012 年相比，比重提高 0.4 个百分点；一次电力生产量占能源生产总量的比重为 36%，与 2012 年相比，比重提高 12.4 个百分点。煤炭生产比重的持续降低和清洁能源比重的不断提高，表明江苏能源生产结构持续优化。

表 3.6　2012—2016 年江苏一次能源生产构成 (%)

项目	2012	2013	2014	2015	2016
原煤	57.4	54.7	51.5	52.1	40.9
原油	10.1	10.6	9.5	9.4	9.6
天然气	0.3	0.2	0.2	0.2	0.7
一次电力	23.6	24.2	28.4	26.8	36.0
其他能源	8.7	10.3	10.4	11.5	12.8

数据来源：江苏统计年鉴 (2013—2017)

3.2.2.2　能源保障能力增强，能源供给结构优化

2012 年以来，江苏优化能源供给结构，能源保障能力不断增强。2016 年，江苏能源净调入量为 2.8 亿吨标准煤，比 2012 年增长 11.8%。2013—2016 年，能源净调入量年均增长 2.8%。2016 年，煤炭净调入量占能源净调入量的比重与 2012 年相比，比重下降 5.9 个百分点；天然气净调入量占能源净调入量的比重与 2012 年相比，比重提高 2.4 个百分点，清洁能源净调入比重上升。

3.2.2.3　能源消费增速放缓，消费结构呈现低碳化

伴随着经济增长、供给侧改革及结构调整的推进，江苏全社会能源消费方式不断变革，能源消费总量增速放缓，能源消费结构逐步呈现低碳化、清洁化。

(1) 能源消费增速放缓

2016 年，江苏能源消费总量为 3.1 亿吨标准煤，比 2012 年增长 11.6%。2013—2016 年，能源消费总量年均增长 2.8%，增幅比 2009—

2012 年的年均增幅下降 4.4 个百分点。2016 年，第二产业能源消费量为 2.4 亿吨标准煤，比 2012 年增长 6.9%。2013—2016 年，第二产业能源消费量年均增长 1.7%，增幅比 2009—2012 年的年均增幅下降 4.7 个百分点。2016 年，第一产业能源消费量为 0.05 亿吨标准煤，比 2012 年增长 37.1%，第三产业能源消费量为 0.4 亿吨标准煤，比 2012 年增长 29.2%。2013—2016 年，第一产业和第三产业能源消费量年均分别增长 8.2%和 6.6%，增幅比 2009—2012 年的年均增幅分别下降 2.8 个百分点和 4 个百分点。能源消费总量增速进一步放缓。

（2）清洁能源消费占比提高

2016 年，江苏煤炭消费量占能源消费总量的比重为 63.4%，比 2012 年下降 5.6 个百分点；一次电力消费量占能源消费总量的比重为 2.9%，比 2012 年提高 0.5 个百分点。在发电领域天然气对煤炭的替代作用越来越显著，2016 年发电投入天然气的比重占发电能源投入量的 5.8%，所占比重比 2012 年提高 1.6 个百分点。

由于城市和乡镇天然气的进一步普及，社会环保意识的加强，煤炭在终端能源消费中的比重缓慢下降，天然气和电力的消费比重不断提高，能源消费结构逐步呈现低碳化、清洁化的趋势。2016 年，煤炭终端消费量占终端能源消费量的比重比 2012 年下降 3 个百分点；电力终端消费量占终端能源消费量的比重比 2012 年提高 1.1 个百分点。

（3）人均生活用能优质化

随着江苏城市化进程不断加快，城乡人均生活用能不断提高，生活用能更加优质化。2016 年，江苏居民生活用能量为 0.3 亿吨标准煤，比 2012 年增长 30.1%。2013—2016 年，生活用能年均增长 7%。2016 年，江苏人均生活用能 344 千克标准煤，比 2012 年增长 23.5%。2013—2016 年，人均生活用能年均增长 5.4%。2016 年，居民生活用电和天然气占居民生活用能的比重为 76%，所占比重比 2012 年提高 2.2 个百分点。

3.2.2.4　高耗能行业投资回落，有效抑制能源消费增长

2012 年以来，江苏供给侧结构性改革成效明显，高耗能行业投资下降明显，有效抑制工业能源消费与生产增速。如图 3.6 所示，2016 年，江苏高耗能行业累计完成投资 4 457.9 亿元，比上年增长 4.1%，增速比 2012 年回落 21.6 个百分点。2016 年，钢铁行业投资同比增速比 2012 年回落 1.9 个百分

点，化工行业投资同比增速比 2012 年回落 27.4 个百分点。六大高耗能行业投资占工业投资比重为 18.2%，比重比 2012 年下降 4.8 个百分点。受投资回落影响，占工业能源消费 79%的高耗能行业的能源消费增速减缓。2016 年，江苏六大高耗能行业能源消费量比上年增长 3.3%，增速比 2012 年回落 0.6 个百分点。2016 年，六大高耗能行业增加值 9 571 亿元，比上年增长 8.2%，增速比 2012 年回落 5.9 个百分点。

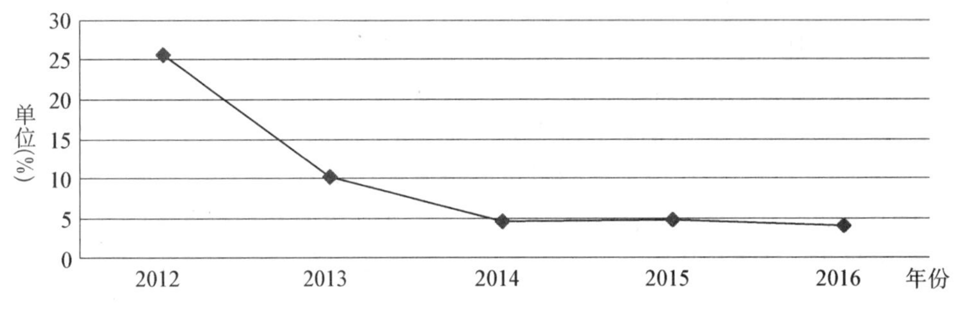

图 3.6 2012—2016 年江苏高耗能行业投资增速

3.2.2.5 能源利用效率进一步提高

2012 年以来，江苏把节能降耗作为转变经济发展方式、促进产业转型升级的重要工作切实加以推进，不断提高新增项目的能效水平，加快淘汰落后和低端产能，改造提升传统产业，能源利用效率进一步提高。

(1) 淘汰落后产能，产品单耗下降

“十二五”期间，江苏提前一年完成国家下达的淘汰落后产能目标任务，累计压减或化解钢铁产能 852 万吨、水泥 3 248 万吨、平板玻璃 689 万重量箱、电解铝 10 万吨、船舶 670 万载重吨。2016 年江苏节能管理工作进一步深化，淘汰落后产能力度不减，使工业企业单位产品综合能耗明显降下降。2016 年，主要工业产品的单位产品能耗比 2012 年明显下降。在统计的重点耗能工业企业的27 项单位产品能耗指标中，81%的单位产品能耗指标比 2012 年有不同程度的下降。其中每吨钢综合能耗下降 26.1%，机制纸及纸板综合能耗下降 14.2%，烧碱生产综合能耗下降 51.7%，乙烯生产综合能耗下降 67.3%，水泥综合能耗下降 4.7%，平板玻璃综合能耗下降 1.2%，电厂火力发电标准煤耗下降 8.3%。

（2）能源加工转换效率进一步提高

能源加工转换效率是观察能源加工转换装置和生产工艺先进与落后、管理水平高低等的重要指标。2013—2016年，江苏工业企业能源加工转换效率进一步提高。2016年，能源加工转换效率为69.2%，比2012年提高3.3个百分点。其中火力发电加工转换效率比2012年提高1.4个百分点，供热加工转换效率比2012年提高4.5个百分点，炼油加工转换效率比2012年提高2个百分点。2013年，江苏天然气液化从无到有，2016年天然气液化转换效率比2013年提高2.2个百分点。

（3）循环经济发展步伐不断加快

江苏在全省范围内继续开展以节约能源为中心的技术改造，各种余压余热等资源的回收和综合利用工作取得较大进展。特别是钢铁、化工、水泥等高耗能企业通过技术创新，多渠道、全方位探索节能、环保和资源综合利用新途径，把节能、环保和资源综合利用有机地结合起来，大力发展循环经济，充分利用余热、余气等进行发电或再利用，回收利用量逐年上升，不仅有效节约了能源，同时为江苏的环境保护做出了贡献。2016年，江苏能源回收利用量为0.2亿吨标准煤，比2012年增长61.9%。2016年，能源回收利用率为5.5%，比2012年提高1.7个百分点。

3.2.2.6　节能降耗取得成效显著

2012年以来，江苏采取有效措施切实推进工业、建筑、交通等重点领域节能，降低能源消耗强度，江苏“十一五”“十二五”连续两个五年计划均超额完成节能目标任务，节能降耗工作取得显著成效。2016年，江苏单位GDP能耗降低率为4.68%，超额完成2016年节能目标任务，实现“十三五”良好开局，节能降耗工作取得新成效。2013—2016年，江苏单位GDP能耗累计降低23.8%，节约和少用能源0.7亿吨标准煤。

3.2.3　计算结果

根据公式3.1，通过查阅2001—2017年《中国能源统计年鉴》、《江苏统计年鉴》《上海统计年鉴》《浙江统计年鉴》和《安徽统计年鉴》的相关能源数据，计算全国、江苏省及长三角地区其他省市（上海、浙江、安徽）2000—2016年的碳排放量和人均碳排放量，计算结果如表3.7所示。

表 3.7 全国、长三角地区 2000—2016 年碳排放量及人均碳排放量

单位：10^8t、t/人

区域	年份	2000	2001	2003	2005	2007	2009	2011	2013	2015	2016
全国	碳排放	12.75	17.26	21.09	27.38	33.97	38.49	43.29	48.58	52.04	53.65
	人均碳排放	1.01	1.35	1.63	2.09	2.57	2.88	3.21	3.57	3.79	3.88
江苏	碳排放	0.85	0.95	1.22	1.81	2.23	2.65	2.96	3.4	3.64	3.79
	人均碳排放	1.15	1.3	1.65	2.42	2.93	3.43	3.75	4.29	4.56	4.74
上海	碳排放	0.51	0.63	0.71	0.75	0.79	0.85	0.89	1.08	1.16	1.2
	人均碳排放	3.05	3.90	4.02	3.97	3.83	3.85	3.79	4.47	4.80	4.96
浙江	碳排放	0.77	0.81	1.01	1.23	1.52	1.81	1.87	2.15	2.33	2.48
	人均碳排放	1.65	1.76	2.16	2.46	2.95	3.43	3.42	3.91	4.21	4.44
安徽	碳排放	0.62	0.75	1.01	1.19	1.31	1.43	1.56	1.64	1.94	2.28
	人均碳排放	1.04	1.19	1.58	1.94	2.14	2.33	2.61	2.72	3.16	3.68

注：浙江、安徽天然气消费量统计年鉴上从 2004 年才有记录，但占整个能源消费总量不足 1%，故不影响计算计算结果。

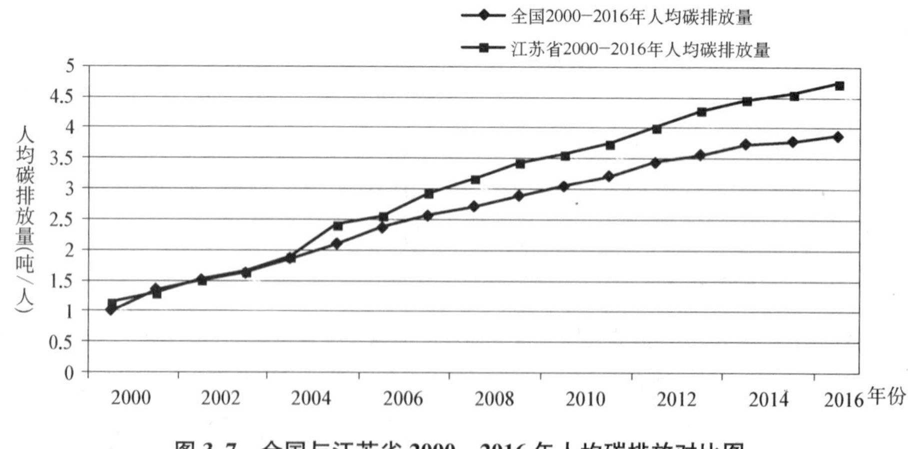

图 3.7 全国与江苏省 2000—2016 年人均碳排放对比图

3.2.4　江苏省碳排放特征分析

3.2.4.1　江苏省碳排放量与全国比较

(1) 江苏省与全国碳排放量增长速度的比较

为了便于分析江苏省碳排放量的发展趋势，本章将 2000—2016 年全国与江苏的人均碳排放量、碳排放总量的年均增长速度进行对比。根据计算结果，样本考察期内，全国、江苏碳排放总量与人均碳排放量保持持续增长，全国的碳排放总量由 2000 年的 12.75 亿吨增长到 2016 年的 53.65 亿吨，17 年碳排放总量的年均增长速度 9.4%。江苏碳排放总量由 2000 年 0.85 亿吨增长到 2016 年的 3.79 亿吨，年均增长速度为 9.8%。通过对两者计算结果的对比分析，可以看出作为江苏 2000—2016 年的碳排放总量年均增长速度高于全国同期平均水平。

全国的人均碳排放总量由 2000 年的 1.01 吨/人增长到 2016 年的 3.88 吨/人,全国人均碳排放总量的年均增长速度 8.8%。江苏省人均碳排放总量由 2000 年 1.15 吨/人增长到 2016 年的 4.74 吨/人，年均增长速度 9.26%，江苏人均碳排放量增速高于全国平均水平。

(2) 原因分析

① 能源强度因素。从前面的分析可知，在影响碳排放的五个主要因素当中，影响人均碳排放除了人口因素以外，还有四个因素。首先看能源排放强度，因为固定不变，因此对碳排放的影响忽略不计；其次看能源效率因素，即单位 GDP 的能源消耗，从表 3.8 和图 3.8 中不难看出，江苏省的能源效率整体高于全国水平，而根据碳排放的计算公式，能源效率越大，能源利用率越小，碳排放就越大，而江苏省的能源效率一直低于全国水平，因此，能源强度因素不是江苏人均碳排放量高于全国的依据。

表 3.8　全国与江苏省 2000—2016 年能源强度对比表

年份	全国			江苏省		
	能源消费总量（10^4 t）	GDP（10^8元）以 2000 年为基期	能源强度（t/10^4 GDP）	能源消费总量（10^4 t）	GDP（10^8元）以 2000 年为基期	能源强度（t/10^4 GDP）
2000	146 964	100 280.11	1.465 5	8 612	8 553.69	1.006 8
2001	155 547	109 728.39	1.417 6	8 901	9 342.58	0.952 7

续表

年份	全国			江苏省		
	能源消费总量（10^4 t）	GDP（10^8 元）以 2000 年为基期	能源强度（t/10^4 GDP）	能源消费总量（10^4 t）	GDP（10^8 元）以 2000 年为基期	能源强度（t/10^4 GDP）
2002	169 577	127 693.17	1.328 0	9 608	10 641.37	0.902 9
2003	183 800	132 395.46	1.388 3	11 060	11 717.48	0.943 9
2004	213 500	145 744.91	1.464 9	13 652	12 944.64	1.054 6
2005	236 000	162 230.68	1.454 7	17 167	14 348.98	1.196 4
2006	258 700	182 790.97	1.415 3	19 041	16 253.93	1.171 5
2007	280 500	208 685.69	1.344 1	20 948	18 639.28	1.123 9
2008	291 400	228 790.29	1.273 7	22 232	20 513.31	1.083 8
2009	306 600	249 873.30	1.227 0	23 709	22 231.58	1.066 5
2010	324 900	275 969.07	1.177 3	25 774	24 528.94	1.050 8
2011	348 000	301 635.93	1.153 7	27 589	26 719.27	1.032 6
2012	361 700	324 716.01	1.113 9	28 850	28 995.23	0.995 0
2013	384 300	342 762.75	1.105 5	29 479	30 363.51	0.970 9
2014	419 700	394 343.70	1.064 3	29 863	32 018.26	0.932 7
2015	457 800	443 218.12	1.032 9	30 235	34 691.84	0.871 5
2016	498 500	504 861.25	0.987 4	31 054	36 676.51	0.846 7

数据来源：《江苏统计年鉴》（2001—2017）、《中国统计年鉴》（2001—2017）

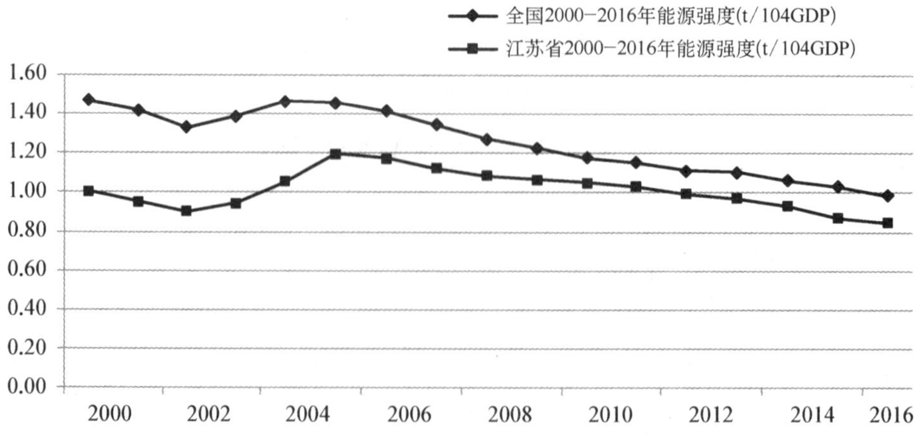

图 3.8 全国与江苏省 2000—2016 年能源强度变化趋势图

② 经济发展因素。影响人均碳排放量的经济发展因素是人均 GDP 水平。经济的发展变化对碳排放量的影响主要集中在工业产值的变化以及人们生活方式的多元化引起的碳排放量变化。从一般意义上讲，当一国经济处于快速发展时期时，特别是发展中国家，经济的快速发展对碳排放主要起到拉动作用。从表 3.9 和图 3.9 发现，江苏省人均 GDP 明显高于全国平均水平，由此看出，江苏经济领先于全国平均水平，江苏省无论是碳排放总量的年均增长水平，还是人均碳排放水平均高于全国的一个重要原因。

表 3.9　全国与江苏省 2000—2016 年人均 GDP 对比表

年份	全国			江苏省		
	GDP（10^8元）以 2000 年为基期	全国人口（10^8人）	人均 GDP（元/人）	GDP（10^8元）以 2000 年为基期	江苏人口（10^8人）	人均 GDP（元/人）
2000	100 280.11	12.67	7 912.08	8 553.69	0.732 7	11 674.21
2001	109 728.39	12.76	8 597.58	9 342.58	0.735 8	12 697.17
2002	127 693.17	12.85	9 940.85	10 641.37	0.740 6	14 368.58
2003	132 395.46	12.92	10 247.33	11 717.48	0.745 8	15 711.29
2004	145 744.91	13.00	11 211.15	12 944.64	0.752 3	17 206.75
2005	162 230.68	13.08	12 402.96	14 348.98	0.758 8	18 910.09
2006	182 790.97	13.14	13 911.03	16 253.93	0.765 6	21 230.32
2007	208 685.69	13.21	15 797.55	18 639.28	0.772 3	24 134.77
2008	228 790.29	13.28	17 228.18	20 513.31	0.776 2	26 427.87
2009	249 873.30	13.35	18 717.10	22 231.58	0.781	28 465.53
2010	275 969.07	13.41	20 579.35	24 528.94	0.786 9	31 171.61
2011	301 635.93	13.47	22 393.16	26 719.27	0.789 9	33 826.14
2012	324 716.01	13.54	23 981.98	28 995.23	0.792 0	36 610.14
2013	342 762.75	13.61	25 184.63	30 363.51	0.793 9	38 246.01
2014	394 343.70	13.68	28 826.29	32 018.26	0.796 0	40 223.94
2015	443 218.12	13.75	32 234.05	34 691.84	0.797 6	43 495.29
2016	504 861.25	13.83	36 504.79	36 676.51	0.799 8	45 857.10

数据来源：《江苏统计年鉴》（2017）、《中国统计年鉴》（2017）

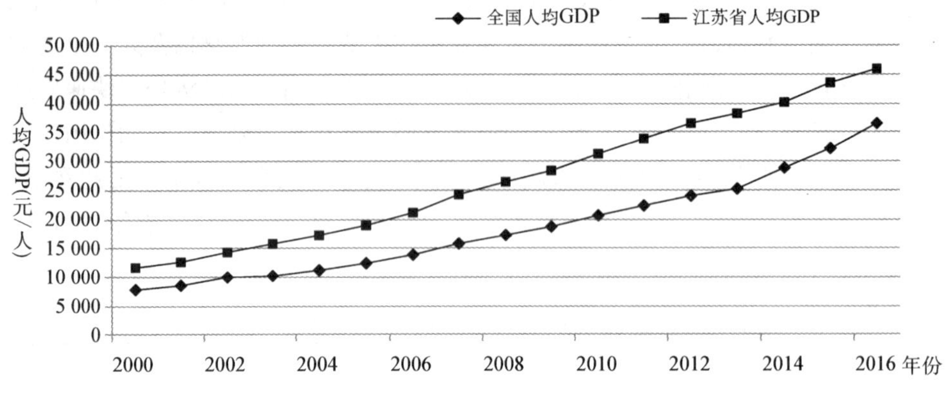

图 3.9 全国与江苏省 2000—2016 年人均 GDP 变化趋势图

③ 能源结构和产业结构因素。碳排放主要来源于能源消费，而能源消费结构又与产业结构紧密相关。如表 3.10 所示，在三大产业中，江苏省第二产业产值所占比重一直高于全国水平，而第一、三产业产值比重低于全国水平。从产业角度分析碳排放，碳排放主要集中在第二产业，第一、三产业对碳排放有抑制作用，因此，江苏省产业结构对碳排放起到驱动作用，这也是江苏人均碳排放水平和碳排放总量增速均高于全国水平的重要因素。

表 3.10 全国与江苏省 2000—2016 年三次产业产值占 GDP 的比重 单位：%

年份	全国			江苏省		
	第一产业	第二产业	第三产业	第一产业	第二产业	第三产业
2000	14.7	45.5	39.8	12.2	51.9	35.9
2001	14.0	44.8	41.2	11.6	51.9	36.5
2002	13.3	44.5	42.2	10.5	52.8	36.7
2003	12.8	46.0	41.2	8.9	54.5	36.6
2004	13.4	46.2	40.4	8.5	56.5	35.0
2005	12.2	47.7	40.1	7.9	56.6	35.6
2006	11.3	48.7	40.0	7.1	56.6	36.3
2007	11.1	48.5	40.4	7.0	55.6	37.4
2008	11.3	48.6	40.1	6.8	54.8	38.4

续表

年份	全国			江苏省		
	第一产业	第二产业	第三产业	第一产业	第二产业	第三产业
2009	10.3	46.3	43.4	6.5	53.9	39.6
2010	10.1	46.8	43.1	6.1	52.5	41.4
2011	10.0	46.6	43.4	6.3	51.3	42.4
2012	10.1	45.3	44.6	6.3	50.2	43.5
2013	10.0	43.9	46.1	5.8	48.7	45.5
2014	9.2	42.7	48.1	5.6	47.4	47.0
2015	8.9	40.9	50.2	5.7	45.7	48.6
2016	8.6	39.8	51.6	5.4	44.1	50.5

数据来源：《江苏统计年鉴》(2017)、《中国统计年鉴》(2017)

从能源消费结构上看，如表 3.11 和图 3.10 所示，江苏的煤炭消费比重除了在 2005—2010 年间呈显著下降外，整体高于全国水平。江苏省的石油消费比重略低于全国水平，天然气消费比重与全国水平相当，这表明除了煤炭、石油天然气之外的电力消费比重江苏省高于全国水平，而电力消费的碳排放为零，江苏省虽然在上述三大能源消费结构上并不高于全国水平，但江苏的能源消费体量较大，煤炭消费比重仍占主导地位，这也是导致江苏碳排放量增速和人均碳排放量高于全国水平的一个重要因素。

表 3.11　全国与江苏省 2000—2016 年各类能源占能源消费总量的比重　单位：%

年份	全国			江苏省		
	煤炭	石油	天然气	煤炭	石油	天然气
2000	73.3	21.9	1.8	71.7	22.9	0.1
2001	72.6	21.4	2.0	71.3	22.4	0.1
2002	71.1	20.5	2.1	70.6	21.6	0.1
2003	70.2	20.1	2.3	70.1	22.1	0.2
2004	70.2	19.9	2.3	69.4	19.6	0.3
2005	72.4	17.8	2.4	71.4	18.8	1.0

续表

年份	全国			江苏省		
	煤炭	石油	天然气	煤炭	石油	天然气
2006	72.4	17.5	2.7	70.1	17.3	2.0
2007	72.5	17.0	3.0	69.0	16.7	2.6
2008	71.5	16.7	3.4	66.6	14.9	3.4
2009	71.6	16.4	3.4	63.3	16.0	3.2
2010	69.2	17.4	4.0	64.0	16.6	3.4
2011	70.2	16.8	4.6	70.8	15.4	4.1
2012	68.5	17.0	4.8	68.7	14.6	4.8
2013	67.4	17.1	5.3	67.9	14.9	5.2
2014	65.6	17.4	5.7	66.7	15.3	5.9
2015	63.7	18.3	5.9	65.1	15.0	6.7
2016	62.0	18.3	6.4	64.3	15.1	7.3

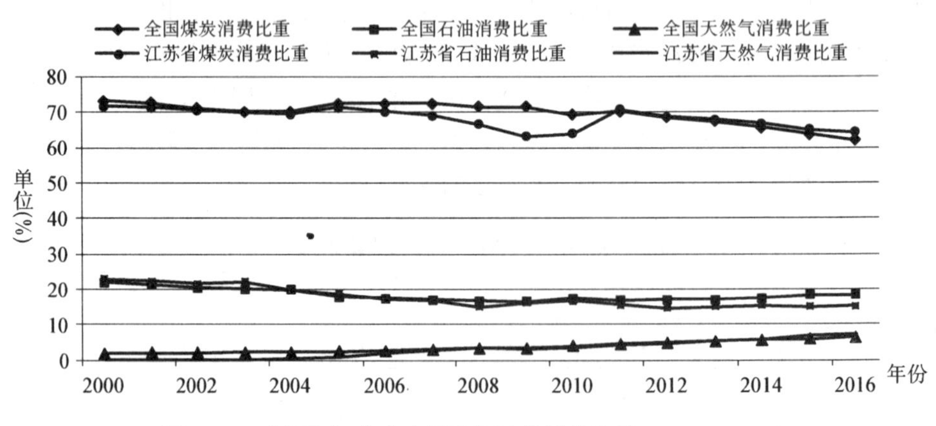

图 3.10 全国与江苏省主要能源消费结构比较：2000—2016

3.2.4.2 江苏省与长三角其他省市碳排放量比较

(1) 江苏省与长三角其他省市碳排放总量、人均碳排放量比较

从图 3.11 可知，2000—2016 年，上海市人均碳排放量在长三角地区一直高于其他省份，位居长三角之首，其中，在 2011 年之前，上海市人均碳排放

量比较平稳，并出现下降趋势，但在 2011 年以后，出现转折，呈急速上升态势。2000—2016 年，江苏、浙江、安徽的人均碳排放量一直处于快速上升趋势，江苏和浙江在 2005—2009 年间人均碳排放量水平相当，但在 2009 年以后，江苏省人均碳排放超过了浙江省，且两者间的差距越来越大。安徽省人均碳排放量一直处于最低位置。总量来看（图 3.12），2000—2016 年间，江苏碳排放总量遥遥领先于其他省市，浙江省、安徽省和上海市分别位列二、三、四位。

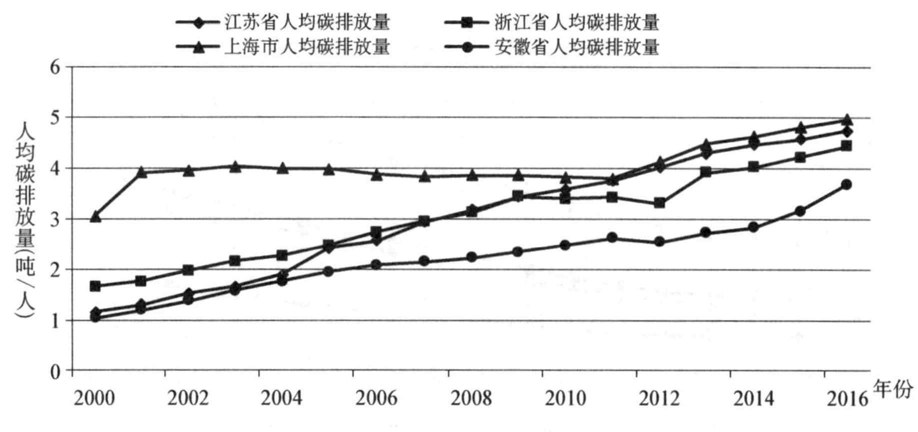

图 3.11　江苏省与长三角其他省市人均碳排放量比较

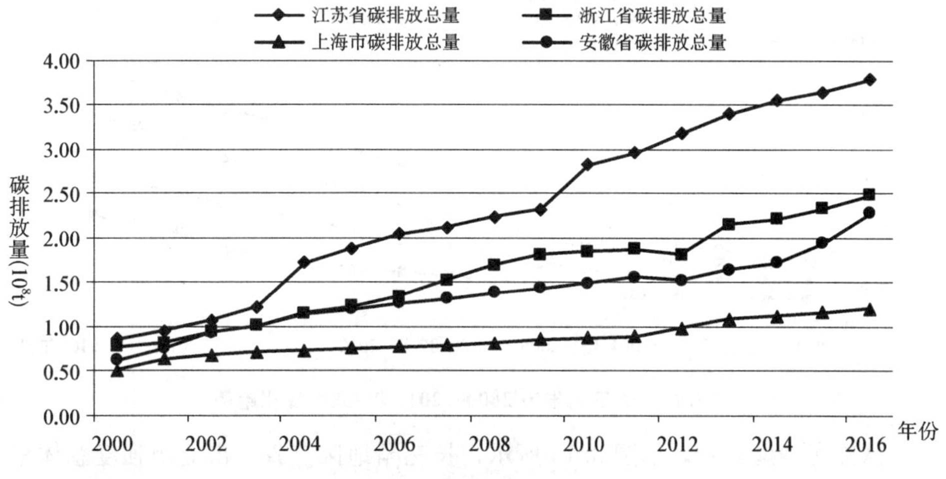

图 3.12　江苏省与长三角其他省市碳排放总量比较：2000—2016

（2）原因分析

首先从经济发展角度看，碳排放量和经济发展水平密切相关。由图 3.11 和图 3.13 比较不难发现，长三角省市人均碳排放与人均 GDP 变动趋势基本一致，但在增长速度上，上海的人均碳排放增速明显放缓，而江苏的人均碳排放量明显快于其他省市。对比图 3.12 与图 3.14 发现，江苏、浙江的碳排放总量与 GDP 总量对应排序一致，但上海、安徽的碳排放量与 GDP 总量相反，说明上海的能源利用率高于安徽省。

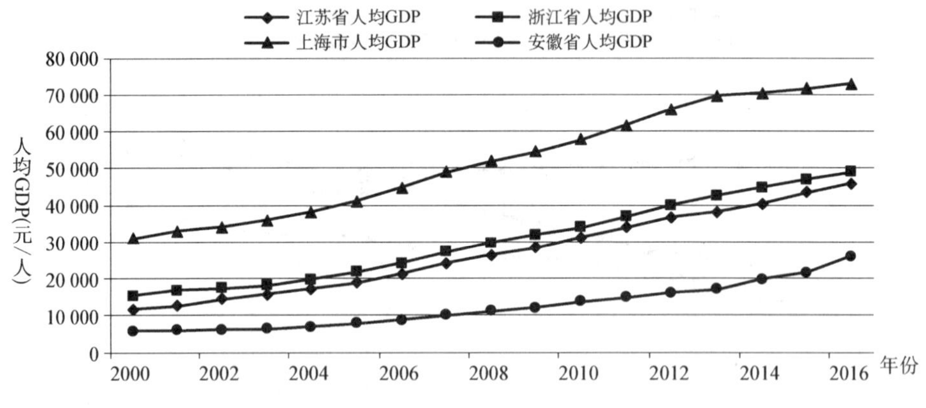

图 3.13 长三角省市 2000—2016 年人均 GDP 变化趋势

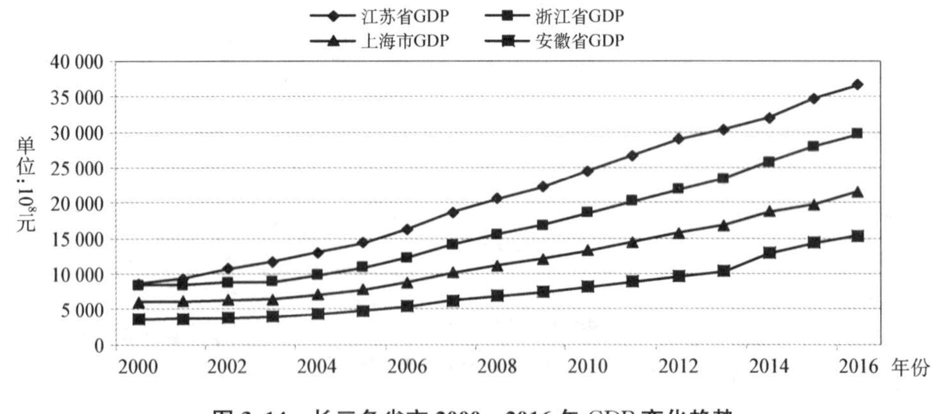

图 3.14 长三角省市 2000—2016 年 GDP 变化趋势

从能源强度来看，如图 3.15 所示，长三角地区三省一市能源强度总体呈现下降趋势。在 2006—2016 年，安徽能源强度最高，其次是江苏、浙江和上海。在2000—2006年，江苏能源强度出现较大波动，由2000年的最低位上升，至2006年仅次于安徽又高于浙江和上海的位置。其中同时对比图3.11发现，上海、江苏、浙江、安徽的人均碳排放量大体上与其能源强度呈相反变化趋势，能源强度越大，意味着每万元GDP能耗越多，则碳排放越多，因此，能源强度反映了江苏人均碳排放水平的重要指标。

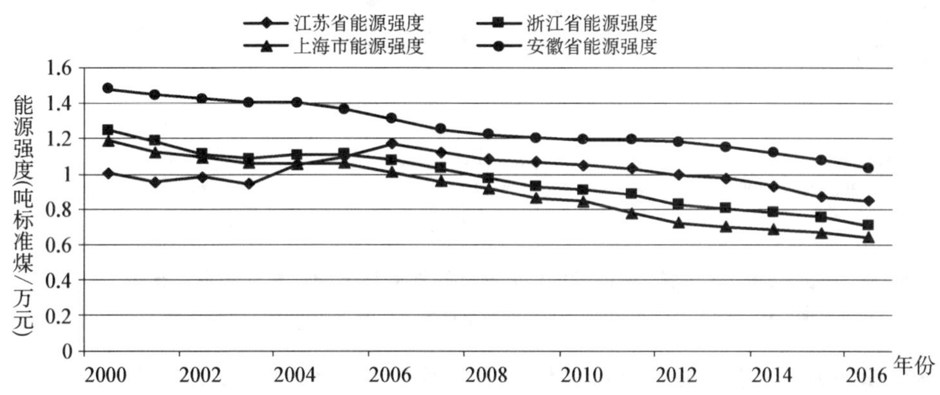

图3.15 长三角地区三省一市2000—2016年能源强度变化趋势

数据来源：由《中国能源统计年鉴》(**2001—2017**)计算所得

3.2.4.3 江苏省与全国及长三角省市碳排放强度比较

从碳排放强度来看，2000—2016年的17年间，全国及长三角三省一市的碳排放强度总体处于下降态势，安徽省碳排放强度最大，超过全国及江浙沪水平，上海的碳排放强度最小。江苏碳排放强度低于全国水平，但高于浙江和和上海的碳排放强度。

从碳排放强度降低幅度来看，2000—2016年间，上海市碳排放降低幅度最大，达到50.76%。江苏碳排放强度整体呈下降趋势，但经历先下降(2000—2007年)后上升(2008—2011)再下降(2012—2016)的过程，降幅为35.8%。浙江、安徽的碳排放强度降幅分别为28.12%和26.31%，均低于全国碳排放强度38.46%的降低幅度。

以碳排放强度为表征的技术进步在碳减排过程中的作用，是碳排放效率的重要指标，长三角各省市的碳排放强度排序和能源强度完全一致，从大到小依次为安徽、江苏、浙江和上海，这表明上海在环境投入上、单位GDP能源消耗、单位产出效率方面在该地区名列前茅，经济相对落后的安徽省在此方面需

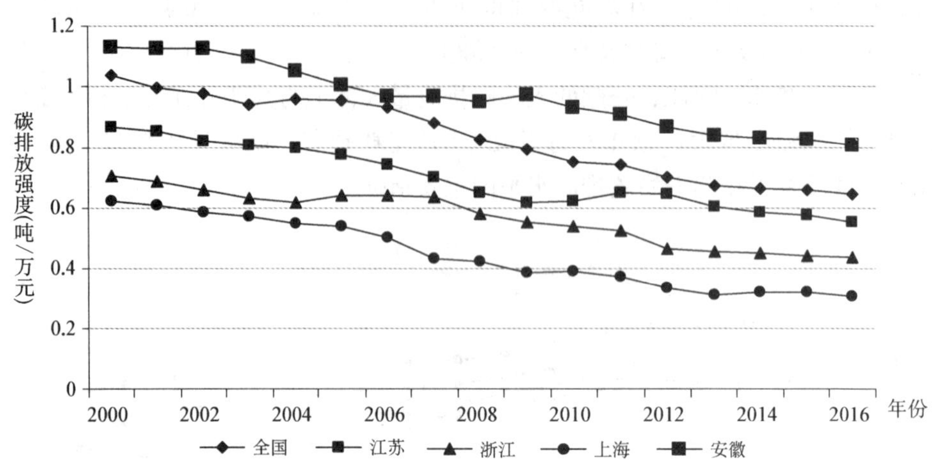

图 3.16　江苏省 2000—2016 年碳排放强度与全国及长三角省市比较

数据来源：由《江苏统计年鉴》、《中国能源统计年鉴》测算所得

要继续努力。江苏碳排放强度虽然低于全国平均水平，但是仍高于浙江省和上海市，这表明需要继续加大供给侧结构性改革和经济转型升级力度，提升经济发展质量。

3.2.4.4　江苏省碳排放量趋势特征分析

在碳排放总量特征方面，通过对江苏省 2000—2016 年碳排放总量趋势分析，可以看出，这一时期江苏的碳排放量主要经历三个阶段：碳排放量快速上升阶段（2000—2006 年），碳排放量缓慢上升阶段（2006—2009 年），碳排放量较快上升阶段（2009—2016 年）。

第一阶段：2000—2005 年，碳排放量快速上升阶段，这一阶段，江苏能源强度有 2000 年的 1.006 8 上到 2005 年的 1.196 4，能源强度上升表明单位产值能耗上升，直接表现就是碳排放增加，能源强度上升是导致这一阶段碳排放上升的主要原因。从产业结构来看，2000—2005 年江苏省第二产业上升 4.7 个百分点，而第一产业下降 4.3 个百分点，第三产业下降 0.4 个百分点。根据胡初枝等研究结论，第一产业、工业、建筑业、交通运输邮电业、批发等服务业、其他服务业碳排放所占比重分别约为 2.5%、80%、1%、5%、1%、10%左右，其中工业碳排放占绝大部分比重。在这一阶段，工业发展快速发展，第一、三产业下降的产业结构格局是江苏碳排放快速增长的又一重要原因。

第二阶段，2006—2009 年，碳排放量缓慢上升阶段，这一阶段，从能源消费结构来看，碳排放强度最高的煤炭消费比重出现下降趋势，从 2006 年 70.1%下降到 2009 年的 63.3%。产业结构方面，工业产值比例由 2006 年的 56.6%下降到 2009 年的 53.9%。能源强度方面，2006—2009 年能源强度一直出现下降趋势，下降了 9.4 个百分点。煤炭消费比重、工业产值比例和能源强度的下降是此阶段碳排放缓慢增长的主要原因。除了上述原因以外，在 2006 年 3 月，全国人大审议并通过的《国民经济和社会发展第十一个五年规划纲要》提出，到 2010 年单位 GDP 能耗比 2005 年下降 20%左右，主要污染物排放量减少 10%，并作为具有法律效力的约束性指标。2006 年 4 月，国务院发布了《节能减排综合性工作方案》和《中国应对气候变化国家方案》，在这样大背景下，江苏碳排放缓慢上升正是基于此原因。

第三个阶段，2009—2016 年，碳排放较快上升阶段，这一阶段，能源消费中煤炭消费比重仍在上升，由 2006 年的 63.3%增加到 2016 年的 64.3%；同时，2009—2016 年，江苏第二产业能源消费量由 1.92 亿吨标准煤增长到 2.4 亿吨标准煤，8 年增长了 21.79%，年均增幅 2.86%。这是碳排放快速上升的主要原因。

3.3　本章小结

1. 江苏人口呈现如下特点：

(1) 总人口继续呈低速增长的趋势。2017 年全省常住人口增长率，略高于

“十二五”期间年均 0.27%的增长率，但远低于 2000 年至 2010 年的年均 0.72%的增长率。

(2)“全面两孩”政策的实施增加了全省出生人数。2016 年和 2017 年，全省常住出生人口分别为 77.96 万、77.82 万人，比“全面两孩”政策实施前的“十二五”时期年均出生人数分别多出 3.48 万、3.34 万人；出生率分别为 9.76‰和 9.71‰，与“十二五”时期相比，分别提高了 0.38 个、0.33 个千分点。出生人口中二孩比重大幅上升。2017 年出生人口中二孩比重已接近 50%，而在 2010 年出生人口中二孩比重还不到 30%。

(3) 人口继续向城镇地区集中。2017 年末，江苏城镇人口 5 520.95 万人，占总人口比重为 68.76%。与 2016 年末相比，城镇人口增加 104.3 万人，城

镇人口比重上升 1.04 个百分点。

2. 通过对江苏省与全国及东部其他省份的比较分析，得出如下结论：

(1) 2000—2016 年，江苏省碳排放总量的年增长速度和人均碳排放量高于全国平均水平，江苏的经济发展水平以及第二产业所占比重均高于全国平均水平是主要原因，但碳排放强度低于全国水平。

(2) 江苏碳排放总量水平遥遥领先于长三角地区其他省市，其 GDP 水平在位于长三角前列，再次验证了经济发展水平是碳排放增长的主要因素。江苏的能源强度和碳排放强度不断降低，但是，江苏的碳排放强度仅低于安徽省，高于浙江省和上海市，表明江苏能源利用效率虽在上升，仍需要加快经济转型力度，提高经济发展质量。

(3) 江苏的碳排放量由快速上升转为稳定上升后又较快上升，其拐点分别在 2006 年和 2009 年。其中，2000—2006 年，工业发展快速发展，第一、三产业下降的产业结构格局是江苏此阶段碳排放快速增长的重要原因；2006—2009 年，煤炭消费比重、工业产值比例和能源强度的下降是此阶段碳排放缓慢增长的主要原因；2009—2016 年，能源消费中煤炭消费比例仍在上升以及第二产业能源消费占主导地位是此阶段碳排放快速上升的主要原因。

第4章　江苏城镇化进程中人口城乡结构变动对碳排放的影响

改革开放以来，江苏的城镇化水平快速提高，特别是从1995年到2016年，江苏城镇人口比重从27.3%上升到67.7%。新型城镇化成为推动江苏经济社会发展的巨大引擎，同时也付出沉重的环境代价。如何做到既要“绿水青山”，也要“金山银山”，充分研究城镇化对碳排放的影响机制和实践显得非常有必要。目前，学界对省域范围从城镇化演进不同阶段的特征这一角度研究对碳排放影响较为缺乏。

本章从影响机制与实践数据两个方面对区域城镇化与碳排放关系进行深入探究。首先分析江苏城镇化历程、特征以及对人口城乡结构的影响，然后将分别从运用时间序列数据和面板数据两个角度就城镇化对碳排放的影响进行实证研究，从城镇化的间接作用和调节作用两方面视角分别研究人口城乡结构对碳排放的影响和在城镇化不同发展阶段人口城乡结构对碳排放的影响。

4.1　江苏城镇化特征及对人口城乡结构的影响

江苏是我国沿海地区经济发达省份，改革开放以来，城镇化发展走在全国前列。20世纪八九十年代，基于乡镇企业的小城镇发展成为苏南城镇化的显著特征，也一度成为全国各地乡镇发展的榜样，苏南模式更是受到各方关注。20世纪90年代末以来，由于国家宏观经济政策调整和宏观环境的变化，户籍制度改革的推进，苏南乡镇企业的改制完成，传统的苏南模式终结。同时，由于外资的大量涌入，外向型经济迅速发展，苏南城镇化的发展进入了一个新阶段，从之前的小城镇转向了大中城市和县城镇。1978年到2016年，江苏城镇化率由不到14%增长到67.7%，全省100万以上人口城市1个发展到超过10个，由大部分城市为20万人以下的小城市发展到大部分城市人口超过20万人，城镇化水平达到了新高度。

4.1.1 江苏城镇化演变进程

(1) 1949—1978 年：城镇化起步阶段

在此阶段，江苏城镇人口增速总体比较缓慢，且中间出现过较大波动，由于特殊的历史原因，其间还出现过倒退。1949—1978 年间，江苏城镇人口共增长 365.28 万人，年均增加 16.83 万人，年均增长 2.12%，城镇人口的增长主要来源于人口自然增长，人口流动基本处于停滞状态。

根据城镇人口的变化特点，此阶段的城镇人口的增长态势可分为 3 个阶段：

第一阶段是 1949—1960 年，城镇人口由 435.49 万人增加到 875.55 万人，人口城镇化水平由 12.4%增加到 20.6%，年均增长 2.4%。

第二阶段是 1961—1972 年，城镇人口由 873 万人减少至 694.6 万人，年均下降 2.1%，人口城镇化水平下降到 12.8%。

第三阶段是 1973—1978 年，城镇人口由 709.59 万人增加到 800.77 万人，年均增长 2.5%，1978 年人口城镇化水平又恢复到新中国成立初水平，达到了 13.7%。

(2) 1979—1999 年：城镇化水平发展较快阶段

从 1979 年改革开放初期到 1999 年的 20 年间是江苏人口城镇化发展的较快阶段。改革开放以后，以乡镇企业大发展为主体的“苏南模式”的兴起，江苏出现了小城镇建设的热潮，大批农村人口进入城镇。此阶段，江苏正由工业化初期向工业化中期过渡转变，劳动、资本密集型产业的迅速发展成为城镇人口快速增长的重要引擎。这 20 年间，江苏城镇人口从 874.23 万人增加到 2 520.09 万人，年均增长 5.44%；城镇化率从 1979 年的 14.84%增加到 1999 年的 34.94%，年均增加 1.01%。

(3) 2000—2016 年：城镇化高速增长阶段

2000 年江苏省提出将城镇化战略作为全省发展的五大战略之一，在国家、江苏省城镇化战略的推动下，江苏人口城镇化进入发展的“快车道”。2000 年至 2016 年的 17 年间，江苏共新增城镇人口 2 375.84 万人，年均增加 139.75 万人，城镇化水平从 41.5%增长到 67.7%，年均增长率达到 3.1%。其中 2005 年，江苏的城镇化水平首次超过 50%，以后继续呈现高速增长的态势，属高速增长时期。2010 年底，江苏城镇人口比重超过 60%，达到较高水平。若依据诺瑟姆城镇化三阶段论判断，江苏开始迈入成熟的城镇化社会。

综合改革开放后江苏城镇化发展状况，从表 4.1 可以看出，“九五”时期是城镇化年均增速最快的时期，城镇化年均增长率达 2.84%，“十五”、“十一五”两个时期有所下降，城镇人口年均增长分别为 158.3 万、187.1 万，城镇化率平均每年分别提高 1.8 个、2.0 个百分点。

表 4.1　江苏各时期城镇人口增长和城镇化速度比较

时　期	年　份	总人口增长率（%）	城镇人口总增长率（%）	城镇人口增长规模（万人/年）	城镇化年均提高幅度（%）
“六五”时期	1981—1985	4.6	23.4	42.2	0.55
“七五”时期	1986—1990	8.9	31.2	69.4	0.73
“八五”时期	1991—1995	4.4	32.2	94.0	1.15
“九五”时期	1996—2000	3.7	57.6	222.4	2.84
“十五”时期	2001—2005	3.6	26.0	158.3	1.80
“十一五”时期	2006—2010	3.7	24.4	187.1	2.04
“十二五”时期	2011—2015	1.4	11.3	107.7	1.88

资料来源：《世纪之交的中国人口—江苏卷》、《江苏统计年鉴（2017）》

4.1.2　江苏省城镇化水平的区域差异比较

(1) 江苏省城镇化水平与全国及各省（自治区、直辖市）比较分析

在 2000 年第五次全国人口普查时，江苏城镇化位居全国第 10 位，华东地区第 3 位，位列京津沪粤黑吉辽浙内蒙古之后。在 2010 年第六次全国人口普查时，江苏城镇化水平位列沪京津粤辽浙之后，上升至全国第 7 位，在华东地区仍排第 3 位。在这 10 年间，江苏的城镇化水平在全国的排名上升了 3 位，上升的速度仅次于重庆市，位列全国第 2 位，大大地缩小了与 3 个直辖市的差距，与广东、辽宁、浙江的城镇化水平接近。在 2013 年，江苏城镇化水平首次超过浙江省，位列全国第 6 位。到了 2016 年，江苏城镇化水平超过吉林省，仅次于京津沪和广东，位列全国第 5 位。

从全国及各省年均增长速度来看（见表 4.2），2000—2016 年江苏城镇化率年均增速 3.11%，位列全国各省市第 14 位，高于全国 0.2 个百分点，年均增速最快的河南省，年均增长 4.72%，最慢的是北京市，年均增长 0.69%。在华东地区六省一市中，江苏城镇化率增速位列第 3 位，仅次于江西和安徽，

上海本身城镇化程度很高，所以城镇化水平增速较慢，年均增速 1.03%。

表 4.2　全国各省（市、区）城镇化水平比较：2000—2016

	2000	2003	2005	2007	2009	2010	2011	2013	2015	2016	年均增长率
全国	36.22	40.53	42.99	45.89	48.34	49.95	51.27	53.70	56.10	57.35	2.91%
北京	77.54	79.05	83.62	84.50	85.00	85.96	86.20	86.30	86.505 0	86.50	0.69%
天津	71.99	73.45	75.11	76.31	78.01	79.55	80.50	82.01	82.64	82.93	0.89%
河北	26.28	33.52	37.69	40.25	43.74	44.50	45.60	48.12	51.33	53.32	4.52%
山西	34.91	38.81	42.11	44.03	45.99	48.05	49.68	52.56	55.03	56.21	3.02%
内蒙古	42.68	44.61	47.20	50.15	53.40	55.50	56.62	58.71	60.30	61.19	2.28%
辽宁	54.24	56.01	58.7	59.2	60.35	62.10	64.05	66.45	67.35	67.37	1.36%
吉林	49.68	51.37	52.52	53.16	53.32	53.35	53.40	54.20	55.31	55.97	0.75%
黑龙江	51.54	52.60	53.10	53.90	55.50	55.66	56.50	57.40	58.80	59.20	0.87%
上海	74.60	77.60	84.50	86.80	88.60	89.30	89.30	89.60	87.60	87.90	1.03%
江苏	41.49	46.77	50.50	53.20	55.60	60.58	61.90	64.11	66.52	67.72	3.11%
浙江	48.67	52.99	56.02	57.20	57.90	61.62	62.30	64.00	65.80	67.00	2.02%
安徽	27.81	32.00	35.50	38.70	42.10	43.01	44.80	47.86	50.50	51.99	3.99%
福建	41.57	45.20	49.40	51.40	55.10	57.10	58.10	60.77	62.60	63.60	2.69%
江西	27.67	34.02	37.00	39.80	43.18	44.06	45.70	48.87	51.62	53.10	4.16%
山东	38.00	43.01	45.00	46.75	48.32	49.70	50.95	53.75	57.01	59.02	2.79%
河南	23.20	27.21	30.65	34.34	37.70	38.50	40.57	43.80	46.85	48.50	4.72%
湖北	40.22	42.90	43.20	44.30	46.00	49.70	51.83	54.51	56.85	58.10	2.33%
湖南	29.75	33.50	37.00	40.45	43.20	43.30	45.10	47.96	50.89	52.75	3.64%
广东	55.00	58.45	60.68	63.14	63.40	66.18	66.50	67.76	68.71	69.20	1.45%
广西	28.15	30.85	33.62	36.24	39.20	40.00	41.80	44.81	47.06	48.08	3.40%
海南	40.11	43.57	45.20	47.20	49.13	49.80	50.50	52.74	55.12	56.78	2.20%
重庆	33.09	40.50	45.20	48.30	51.59	53.02	55.02	58.34	60.94	62.60	4.07%
四川	26.69	32.86	33.00	35.60	38.70	40.18	41.83	44.90	47.69	49.21	3.90%
贵州	23.87	24.77	26.87	28.24	29.89	33.81	34.96	37.83	42.01	44.15	3.92%
云南	23.36	26.60	29.50	31.60	34.00	34.70	36.80	40.48	43.33	45.03	4.19%

续表

	2000	2003	2005	2007	2009	2010	2011	2013	2015	2016	年均增长率
西藏	18.93	19.87	20.85	21.50	22.30	22.67	22.71	23.71	27.74	29.56	2.82%
陕西	32.26	35.46	37.23	40.62	43.50	45.76	47.30	51.31	53.92	55.34	3.43%
甘肃	24.01	27.38	30.02	32.25	34.89	36.12	37.15	40.13	43.19	44.69	3.96%
青海	34.76	38.20	39.25	40.07	41.90	44.72	46.22	48.51	50.30	51.63	2.50%
宁夏	32. 43	36. 92	42. 28	44. 02	46. 10	47. 90	49. 82	52. 01	55. 23	56. 29	3. 51%
新疆	33.82	34.39	37.15	39.15	39.85	43.01	43.54	44.47	47.23	48.35	2.26%

与全国比较来看（见图 4.1），从 20 世纪 80 年代末，江苏城镇人口比重一直低于全国平均水平，到 1999 年之后则一直高于全国平均水平。20 个世纪 90 年代末，“苏南模式”的推行使江苏城镇化水平进入一个超常规的发展阶段。在 2005 年，江苏城镇化率首次超过 50%，而全国首次超过 50%的城镇化率则在 2011 年，江苏比全国提前了 6 年。

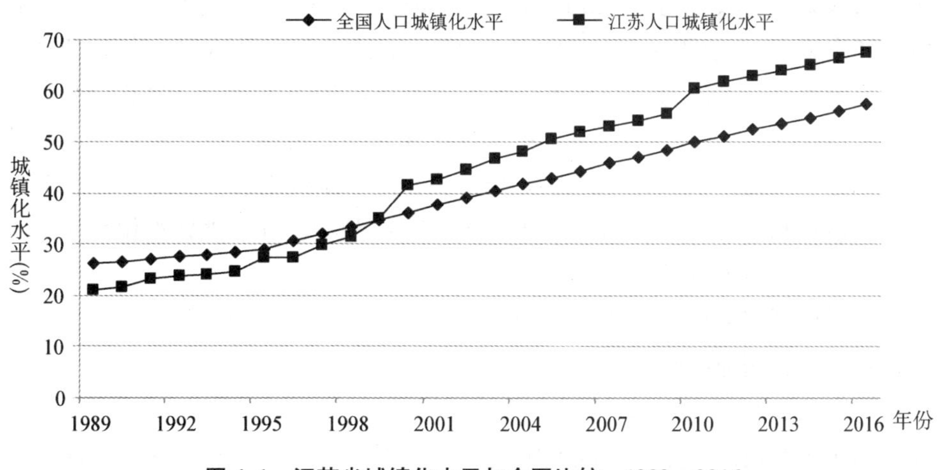

图 4.1　江苏省城镇化水平与全国比较：1989—2016

（2）江苏城镇化水平区域差异比较

江苏南北区域城镇化水平存在差异，但差异在缩小（见图 4.2）。总体上，由于不同地区间存在自然资源、经济基础、历史条件、社会发展、政策观念等方面的差异，江苏南北区域城镇化发展一直存在不平衡状态。

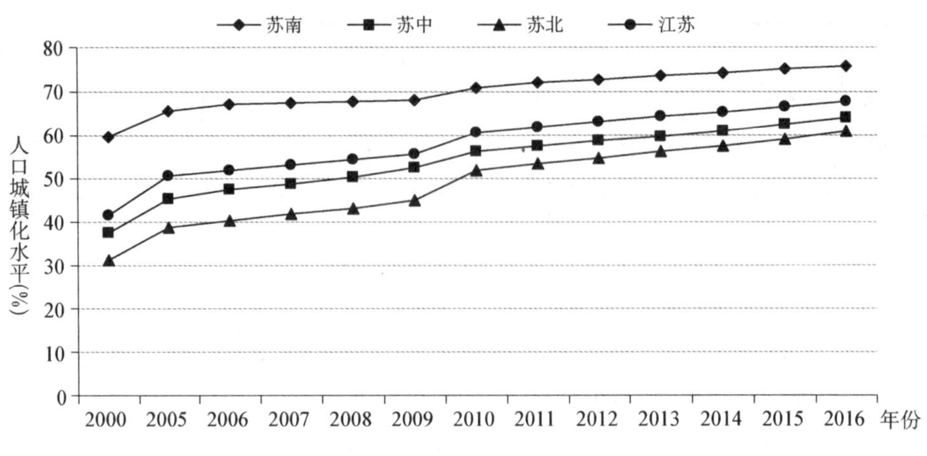

图 4.2 江苏省人口城镇化的区域差异比较：2000—2016

从江苏全省南北三个区域看，苏南地区城镇化水平最高，苏中地区次之，苏北地区最低。2016 年，苏南地区集中了全省 46.71％的城镇人口，是江苏城镇人口最集中和城镇化水平最高的地区，城镇化率高于全省平均水平 8.2 个百分点和全国 18.5 个百分点。2016 年，南京市城镇化水平达到 82％，位居第一。位列第二、三位的分别是无锡市和苏州市，宿迁市最低，为 57.5％，扬州市城镇化率达到 64.4％，在苏中地区居于首位。苏中、苏北的城镇化率均低于江苏省城镇化水平（67.7％），但均高于全国城镇化水平（57.4％）。苏南地区城镇化水平已超过 75％，进入城镇化高级阶段。苏北地区城镇化水平页接近 60％，处于快速发展阶段。

伴随着国家沿海发展战略的实施，苏北、苏中地区城镇化、工业化发展不断加快，与苏南地区间的差距在缩小，扭转了过去全省区域间城镇化水平扩大的趋势。从 2000 年到 2016 年，尽管苏南地区城镇人口数量增长仍然较快，但是，由于苏北地区、苏中地区城镇化起点相对较低，城镇化水平增幅相对较大，分别提高 29.5 个、26.4 个百分点，苏南地区城镇化水平增幅为 16.4 个百分点。苏北、苏中与苏南地区城镇化水平的差距分别由 2000 年 28.3 个百分点、21.9 个百分点缩小到 2016 年的 15.2 个百分点、11.9 个百分点。

从城镇化水平年均增速来看，从表 4.3 可以看出，2000—2016 年，苏南、苏中、苏北的城镇化水平一直处于递增态势，其中苏北城镇化水平增速最快为 5.25％，苏中地区次之，为 3.38％，苏南地区增速为 1.53％。江苏城镇化水平年均增长速度为 3.11%，苏中、苏北地区城镇化水平年均增长速度均超过江苏年均增长水平。苏南地区的南京市城镇化水平年均增速最低，为 0.9%，苏北地区的宿迁市最高，为 5.21%。镇江市、南通市和宿迁市分别是苏南、苏中、苏北地区的城镇化水平年均增速最大的城市。苏南地区的城镇化人口增量已经趋于平缓，而苏中和苏北地区人口增速较快，主要原因是：一是苏南地区城镇化水平较高，已经由量的城镇化进入到质的城镇化阶段；二是苏南地区产业由苏南地区向苏北、苏中转移，带动苏北和苏中地区城镇化快速发展；三是“一带一路”建设和国家沿海开放战略使得苏北、苏中地区城镇化建设加快；四是农民工返乡就业和返乡创业人数逐年增多。

江苏地级市城镇化水平具体数据详见附表 1。

表 4.3　江苏地级城市城镇化水平比较：2000—2016

省辖市	2000	2005	2007	2009	2010	2011	2013	2015	2016	年均增速
全省	41.5	50.5	53.2	55.6	60.6	61.9	64.1	66.5	67.7	3.11%
南京	71.1	76.2	76.8	77.2	78.5	79.7	80.5	81.4	82.0	0.90%
无锡	58.3	66.9	67.4	67.8	71.0	72.2	73.7	75.4	75.8	1.65%
常州	53.9	60.3	60.9	61.2	63.9	65.2	67.5	70.0	71.0	1.74%
苏州	57.1	64.7	65.6	66.3	70.6	71.3	73.1	74.9	75.5	1.76%
镇江	50.4	58.9	59.6	60.0	62.0	63.0	65.4	67.9	69.2	2.00%
南通	33.5	44.6	48.6	52.7	56.0	57.6	59.9	62.8	64.4	4.17%
扬州	42.7	48.0	50.2	52.9	56.7	57.9	60.0	62.8	64.4	2.60%
泰州	39.4	44.5	47.6	51.0	55.7	56.8	59.0	61.5	63.2	3.00%
徐州	33.5	43.3	45.8	49.1	53.9	55.4	58.1	61.0	62.4	3.96%
连云港	28.0	37.2	40.5	43.5	51.8	53.2	55.7	58.7	60.2	4.90%
淮安	28.8	36.7	39.9	43.1	50.8	52.0	55.1	58.2	59.7	4.66%
盐城	35.6	41.2	43.7	46.3	52.5	54.0	57.2	60.1	61.6	3.49%
宿迁	25.5	30.5	34.1	37.7	48.3	49.8	52.4	55.5	57.5	5.21%
苏南	59.5	65.4	67.5	67.9	70.8	71.9	73.7	75.2	75.9	1.53%
苏中	37.6	45.3	48.8	52.3	56.1	57.5	59.7	62.4	64.0	3.38%
苏北	31.2	38.6	41.7	44.8	51.8	53.3	56.1	59.1	60.7	4.25%

数据来源：《江苏统计年鉴（2001—2017 年）》

4.1.3 城镇化对江苏人口城乡结构的影响

20 世纪 80 年代开始，伴随着江苏乡镇企业异军突起，大量农民实现非农化就地转移，促进了苏南小城镇的繁荣发展，可以视作江苏城镇化的启动期；进入 90 年代以后，开放型经济发展，各地开发园区建设蓬勃兴起，这不仅成为经济发展的新增长点，也成为城镇拓展了新空间，中心城镇集聚发展水平显著提高，城镇化进入了快速发展期；进入 21 世纪，江苏在全国率先提出实施城镇化战略，制定“十三五”规划时进一步深化拓展为城乡一体化发展战略，现已进入城乡融合发展的新阶段。

(1) 城镇化对江苏城乡人口结构的影响

城乡人口结构是指城乡人口与总人口之间的比例关系。城镇化对城乡人口结构影响的重要标志是农业剩余劳动力转移。农村剩余劳动力转移包括两个方面：一个是从在空间上从乡村转移到城镇；另一个是从第一产业转移到第二和第三产业。这两种转移一个是区域转移；另一个是产业转移，而在城镇化的发展中区域转移是重点。

改革开放以来，特别是 1992 年邓小平在视察南方时发表重要讲话后，随着城镇化的发展，江苏农村剩余劳动力转移进入高潮，大批农村劳动力涌入城市打工，形成了大规模的“民工潮”现象。2001 年以来，江苏省政府坚持把农村劳动力转移作为促进全省共同发展和实现“两个率先”的重点，通过实施“加强劳务输出、实施 500 万农民转移工程和百万农民培训工程”等重大战略，江苏农村劳动力转移进入全方位、多渠道、大规模转移的新阶段。

据统计，1978—2016 年，江苏农村劳动力累计向城镇和非农产业转移约 1 800 万人，平均每年增长 7%左右，转移比重由 10%提高到 67%左右。至 2016 年底，全省城镇化水平达到了 67.7%，城镇人口达到了 5 417 万人。1978 年至 2000 年，全省城镇化率年均增长 5.17%。从 2000 年至 2016 年，城镇化率年均增长 3.11%。城镇化在吸纳农村剩余劳动力、优化人力资源配置等方面具有不可忽视的积极作用，江苏省人口城乡结构呈现缩小趋势。伴随“过江隧道”、省内建设高铁等政策实施与执行，可以预测未来江苏省人口城乡结构南北差异将会有所减小，趋向地区协调发展有一定可能性。

(2) 城镇化对江苏城乡二元经济结构的影响

江苏城镇化对经济发展带动作用不断增强，加速了人口和各类发展要素的集聚，对扩大内需、创造供给、提高劳动生产率、缩小城乡差距、造福民生产生了广泛的“乘数效应”。城乡基础设施和社会保障制度建设不断完善，实现了城乡规划、产业发展、基础设施、公共服务、就业社保和社会管理“六个一体化”。全省合并实施城乡居民养老保险制度，实现城镇居民医保和新农合制度或经办资源整合。建立了城乡统一管理的户籍制度和外来人口居住证制度，强化流动人口信息化管理体系，突破城乡二元结构分割体制，实现城乡统筹均衡发展。

(3) 城镇化对江苏城乡收入差距的影响

江苏推进新型城镇化缩小城乡居民收入差距成效显著。近年来，江苏以推进新型城镇化为契机，大力实施城乡发展一体化战略，积极探索缩小城乡收入差距的有效路径，新型城镇化对增加农村居民收入、缩小城乡收入差距发挥了巨大的引擎作用。城乡居民增收幅度加速提高，2000—2016 年，全省城镇居民人均可支配收入和农村居民人均纯收入年均实际增长分别为 11.7%、10.4%，到 2016 年底，城镇居民人均可支配收入达 40 152 元，农村居民人均纯收入达17 606 元。伴随着新型城镇化的加快发展，江苏省农村居民收入更快增长，自 1997 年以来，江苏省农村居民收入增幅始终超过城市居民收入增速，城乡收入差距显著小于全国平均水平。2016 年城乡居民收入比 2.39：1，为全国差距较小的省份之一，与全国 2.73：1 相比低 0.34。

4.2　基于时间序列的江苏人口城乡结构对碳排放的影响

4.2.1　江苏人口城乡结构变动与三种碳排放指标比较分析

通过第三章的碳排放计算方法得出江苏碳排放总量，从而得出人均碳排放量和碳排放强度，计算结果详见表 4.4。

(1) 江苏人口城镇化水平与碳排放总量增速比较

从图 4.3 中可以看出江苏城镇化水平与碳排放量的增长趋势总体是保持一致的。具体来看，2000—2016 年 17 年间，江苏的碳排放总量保持持续上升态势，从 2000 年的 8 459 万吨增加到 2016 年的 37 916 万吨，增加了 4.48 倍，年均增长 9.83%。其中 2000—2005 年间处于快速增长阶段，年均增长 9.45%；2006—2009 年间增长较慢，年均增长 6.69%；2010—2016 年处于又处于较快增长阶段，年均增长 8.52%。而江苏城镇化水平由 2000 年的 41.5% 增长到 2016 年的 67.72%，除了 1999—2000 年和 2009—2010 年上升 5 个百分点外，其他年份增长幅度较为平稳，年均增长 3.11%。

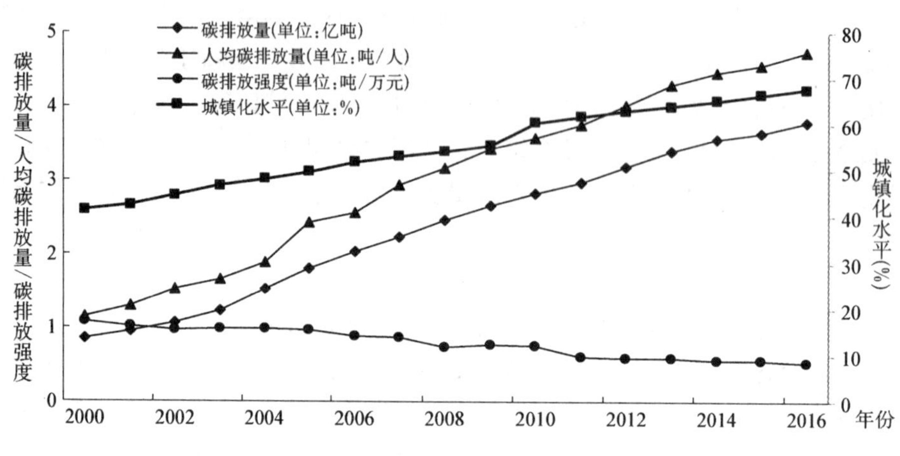

图 4.3 三种碳排放指标与城镇化水平演变：2000—2016

在 2004 年和 2009 年，碳排放出现增长转折点，碳排放呈现高速增长态势，这一时期，江苏外向型经济高歌猛进，也带动了全省经济的迅速升级，生产能力和城镇化水平大幅度提高。

(2) 江苏人口城镇化水平与人均碳排放量增速比较

江苏人均碳排放量一直保持平稳增长，从 2000 年的 1.15 吨/人增长到 2016 年的 4.74 吨/人，年均增长 9.26%，远高于江苏城镇化水平 3.11%的年均增速。主要原因是在 2000 年之后，江苏高耗能产业的快速发展和能源消费的增加，导致碳排放量以年均 9.83%的增速在增加，进而在人口保持低速增长的情况下，人均碳排放快速增长。

(3) 江苏人口城镇化水平与江苏碳排放强度增速比较

从图 4.3 看出，江苏的城镇化水平与江苏的碳排放强度正好形成截然相反的变化趋势，随着城镇化水平的不断提升，碳排放强度一直是呈现下降态势，从 2000 年的 1.08 吨/万元下降到 2016 年的 0.53 吨/万元，年均下降 7.07%。而同期，江苏 GDP 年均增长 9.53%，人均 GDP 年均增长 8.93%，高于碳排放量的增长速度，这是碳排放强度下降的直接原因。这也从另一个侧面说明江苏的经济增长逐渐摆脱对能源的依赖，能源利用效率逐步提高，技术进步、产业转换升级在抑制碳排放方面的贡献逐渐显现。

最后，从城镇化水平与碳排放的散点图（见图 4.4）可以看出，样本考察期内，江苏城镇化水平与碳排放关系符合指数形式的回归分析类型，R 的平方项为 0.908 3，表明回归曲线拟合较好，具有较强的相关性。但是，若定量研究江苏人口城乡结构的变动对碳排放的影响弹性，则需要通过构建计量模型进行深入分析。

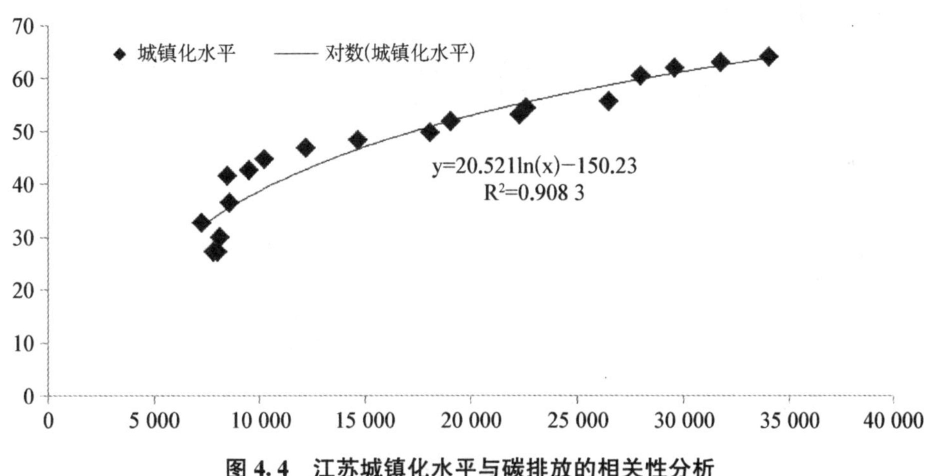

图 4.4　江苏城镇化水平与碳排放的相关性分析

4.2.2　模型构建

(1) Kaya 模型

1989 年日本教授 Yoichi Kaya 在联合国政府间气候变化专门委员会(IPCC) 研讨会上最先提出 Kaya[244]碳排放恒等式，该恒等式可以根据研究需要有效分解温室气体的影响因素，并揭示各影响因素之间的关系，公式如下：

$$GHG = \frac{GHG}{TOE} \cdot \frac{TOE}{GDP} \cdot \frac{GDP}{POP} \cdot POP \tag{4.1}$$

其中，GHG 代表温室气体排放量，TOE 为能源消费总量，GDP 为国内生产总值，POP 代表总人口。因此，等式右边代表影响碳排放的四个因素：能源消费的温室气体排放强度、能源强度、人均 GDP 以及总人口数。

由于人口总量指标不能反映人口城镇化带来的能源和碳排放影响，因为人口城镇化的集聚效应、消费升级效应以及空间扩张效应对碳排放的影响非常显著。

(2) 模型扩展及变量说明

为了更加清晰地表示人口城乡结构对碳排放的影响，本章在 Kaya 恒等式的基础上将公式中 POP 修正为城镇人口，这样仍保持恒等式不变：

$$GHG = \frac{GHG}{TOE} \times \frac{TOE}{GDP} \times \frac{GDP}{POP(\text{城镇人口})} \times POP(\text{城镇人口}) \quad (4.2)$$

再将修正的 Kaya 恒等式中城镇人口分别扩展为人口城乡结构与人口规模的函数，分解后的 Kaya 恒等式可表示为：

$$CO_2 = \frac{GHG}{TOE} \times \frac{TOE}{GDP} \times \frac{GDP}{f(pop)} \times f(urban) \quad (4.3)$$

式中，CO_2 为二氧化碳排放，f（urban）中 urban 为人口城镇化率，f（pop）中 pop 为总人口规模。同时为消除数据中存在的异方差和减少数据处理中的误差，分别对方程因变量和自变量取自然对数，得出弹性关系等式：

$$LnC = Lnf(urban) + Ln\frac{GDP}{f(pop)} + Ln\frac{TOE}{GDP} + Ln\frac{GHG}{TOE} \quad (4.4)$$

在此基础上，建立计量模型：

$$LnC_t = F(C_{(t-1)}, PC_t, I_t, A_t, U_t) + \mu_t \quad (4.5)$$

其中，C 表示碳排放总量，PC 为能源消费碳强度，I 为能源强度，A 为人均 GDP，U 为城镇化水平，u 为误差项，t 代表年份。具体而言，在回归模型中考虑了城镇人口占总人口比重及其平方项，以检验城镇化与碳排放之间是否存在非线性关系。由于环境影响在时间上有一定的延续性，之前的碳排放可能影响后来年份的环境质量。李国志、李宗植[245]证明中国目前东、中、西部碳排放在时间上存在一定的路径依赖现象。本章引入滞后一期的碳排放量主要是为了考察上一期的碳排放是否对本期产生影响，并根据模型（4）的回归结果可判断环境质量是否存在路径依赖现象，如果滞后期碳排放弹性系数大于零，则存在路径依赖现象，而且根据回归结果我们可以计算出调整到均衡状态的时间为滞后期弹性系数的倒数。显然，滞后期弹性系数越小，表示先前年份的碳排放对后来年份环境质量影响越大，路径依赖现象越严重，调整到均衡状态的时间也就越长。

4.2.3 数据来源及处理

人均 GDP：为了消除价格因素的影响，人均 GDP 按照 2000 年的不变价格进行计算。人口数据选择江苏常住人口数据作为计算依据，单位为元，GDP 数据来源于《江苏统计年鉴（2001—2017）》。

城镇化水平：城镇化水平测度的方法较多，城镇化水平测度的方法较多，在第一章文献综述中对城镇化水平的度量已经阐述，本书采用国内外学者运用较为普遍的单一指标法中的“城镇占总人口的百分比”作为衡量城镇化水平的指标，且在统计年鉴中多采用此方法，这里的城镇人口包含城区和镇区的常住人口，数据来源于《江苏统计年鉴（2001—2017)》。

能源强度，指单位 GDP 生产过程中的能源消费量。能源强度越高，即单位 GDP 能耗越高，能源利用效率越低，则对碳排放产生驱动作用越强，单位为吨标准煤/元，该指标一般用来反映技术水平对碳排放的影响，能源消费量数据来源于《中国能源统计年鉴（2001—2017)》。

能源消费碳强度，指单位能源消费的碳排放量。在所有的终端能源消费类型中，化石能源的使用是碳排放的最主要原因，能源消费碳强度主要受能源结构的影响，反映了能源质量问题。当前全球能源消费结构以化石能源为主，而中国以化石能源中碳排放强度最高的煤炭为主。因此，能源消费碳强度与能源生产和消费结构的选择密切相关。能源消费碳排放强度的计算采用以上七种能源的碳排放量加总，再除以能源消费总量。能源消费量数据来源于《中国能源统计年鉴（2001—2017)》，详细数据见表 4.4。

表 4.4　江苏人口城镇化率、人均 GDP、能源消费及碳排放相关数据：2000—2016

年份	碳排放总量（万吨碳）	人均碳排放量（吨/人）	碳排放强度（吨/万元）	能源消费碳强度	人均 GDP（元）（以 2000 年不变价格计算）	人口城镇化率（%）	能源强度（吨标准煤/万元）
2000	8 459	1.15	1.08	0.982 2	11 674.21	41.50	1.006 8
2001	9 526	1.30	1.01	1.072 6	12 697.17	42.60	0.952 7
2002	10 231	1.39	0.96	1.064 8	14 368.58	44.70	0.902 9
2003	12 205	1.65	0.98	1.103 5	15 711.29	46.80	0.943 9
2004	14 651	1.97	0.98	1.073 2	17 206.75	48.20	1.054 6
2005	18 093	2.42	0.97	1.053 9	18 910.09	49.83	1.196 4
2006	19 064	2.53	0.88	1.017 2	21 230.32	51.90	1.171 5
2007	22 320	2.93	0.86	1.065 5	24 134.77	53.20	1.123 9
2008	22 631	2.95	0.73	1.017 9	26 427.87	54.30	1.083 8

续表

年份	碳排放总量（万吨碳）	人均碳排放量（吨/人）	碳排放强度（吨/万元）	能源消费碳强度	人均 GDP（元）（以 2000 年不变价格计算）	人口城镇化率（%）	能源强度（吨标准煤/万元）
2009	26 487	3.43	0.77	1.117 2	28 465.53	55.60	1.066 5
2010	28 012	3.56	0.75	1.086 8	31 171.61	60.60	1.050 8
2011	29 598	3.75	0.60	1.034 2	33 826.14	61.90	1.032 6
2012	31 778	4.01	0.59	1.065 9	36 610.14	63.00	0.995 0
2013	34 029	4.29	0.58	1.103 6	38 246.01	64.10	0.970 9
2014	35 577	4.46	0.56	1.092 7	40 223.94	65.21	0.932 7
2015	36 428	4.56	0.55	1.053 5	43 495.29	66.52	0.871 5
2016	37 916	4.74	0.53	1.021 8	45 857.10	67.72	0.846 7

数据来源：根据《江苏统计年鉴（2001—2017）》、《中国人口统计年鉴（2001—2017）》、《中国人口与就业统计年鉴（2001—2017）》以及《中国能源统计年鉴（2001—2017）》整理、计算得出。

4.2.4 结果分析

对时间序列数据分析的前提是这些序列是平稳的，否则采用传统的普通最小二乘法（OLS）的估计方法可能会导致“伪回归”问题。为避免此类问题，在最终确立计量模型之前，先要对所涉及的时间序列变量进行平稳性检验。而对于非平稳序列，如果经过协整检验判断其之间存在协整关系，则最终回归结果也是有意义的。

（1）单位根检验

时间序列分析都是假定序列是平稳的，否则采用传统的 OLS 估计方法可能会出现“伪回归”现象，为避免谬误回归，在最终确立计量回归模型前，先要对所涉及的时间序列变量进行平稳性检验，本章使用 ADF 检验进行单位根检验，得到单位根检验结果如表 4.5 所示，检验结果表明，所有时间序列的水平统计量的 ADF 检验系数在 1%水平下均非平稳，但取一阶差分后 ADF 检验统计量均通过 1%的显著性水平检验，即拒绝存在单位根零假设，表明所有变量的一阶差分均为平稳序列，即所有变量一阶单整，即均为 I（1）。

表 4.5　相关变量的 ADF 单位根检验

检验变量	水平统计量		一阶差分	
	检验类型（c，t，d）	t-统计量	检验类型（c，t，d）	t-统计量
$LnTCO_2$	（c，t，7）	−1.425 191	（c，0，6）	−6.582 922***
LnPC	（c，t，7）	−2.695 213	（c，0，6）	−5.432 771***
LnI	（c，t，8）	−2.212 352	（c，0，9）	−3.423 782***
LnA	（c，t，4）	−1.345 293	（c，t，3）	−4.278 929***
LnU	（c，t，2）	−1.098 811	（c，0，0）	−4.286 976***
$(LnU)^2$	（c，t，2）	−0.948 718	（c，0，0）	−4.201 757***

注：（1）ADF 检验最优滞后阶数由 AIC 确定；（2）检验类型（c，t，d）分别表示用于单位给检验中是否有常数项、时间趋势项和滞后阶数；（3）*、**、*** 分别代表 10%、5%、1%的显著性水平下拒绝原假设。

（2）Johansen 协整检验

时间序列的平稳性检验显示非平稳序列是一阶单整，协整的前提是变量都是单阶变量。因此以上时间序列满足协整检验的条件。

协整检验主要有恩格尔格兰杰（EG）两步法和基于向量自回归的 Johansen 极大似然法。而 EG 两步法只能对两变量协整检验，Johansen 检验通过建立给予最大特征值的比统计量 λ_{max}来判别变量间的协整关系。本节尽管所有变量均为 I（1）序列，但并不说明它们之间是一定存在长期的协整关系，为了避免“伪回归”问题，在回归估计之前，使用 Johansen 协整检验方法对各变量之间是否存在长期协整关系进行了检验，依据 AIC 及 SBC 信息准则，将 VAR 模型中自回归阶数确定为 1，检验结果如表 4.6。

从检验结果看出，其对应的原假设 None（表示无协整关系）的统计量的值大于 5%显著性水平的临界值，说明在 95%的置性水平下拒绝了变量之间不存在协整关系的假设，因此可以进行回归估计。

表 4.6　相关变量的协整关系检验

原假设	特征值	最大特征值统计量	5%临界值	*P* 值
None *	0.943 521	39.165 237	28.553 426	0.025 4
At most 1	0.578 254	46.478 821	31.864 219	0.615 9
At most 2	0.701 562	20.182 567	23.796 436	0.367 7

续表

原假设	特征值	最大特征值统计量	5%临界值	P 值
At most 3	0.523 145	11.312 245	17.831 924	0.753 1
At most 4	0.315 622	9.766 131	15.817 368	0.502 4
At most 5	0.102 287	0.971 654	2.854 461 7	0.372 6

注：* 表示在 5%显著水平下拒绝原假设。

（3）回归方法比较

在回归过程中，如果本章不做进一步的模型设定检验，如异方差检验和自相关检验，有可能被表 4.7 中普通最小二乘法（OLS）给出的估计结果所误导，因为发现利用 OLS 估计方法的回归结果则存在严重的自相关问题，表明应该拒绝传统的 OLS 回归模型作为本章的分析模型。

本章给出一种比 OLS 更有效的分析方法——可行的广义最小二乘法（FGLS），FGLS 能够纠正带有 AR（1）误差和严格外生解释变量的多元线性回归模型。这个 FGLS 模型其实就是现代教科书中常见的帕克斯-科曼塔（Parks-Kmenta）模型。比较帕克斯-科曼塔形式的 FGLS 模型和 OLS 模型的检验结果确实表明，FGLS 模型确实优于 OLS 模型[246]。

具体而言，能源消费碳强度、能源强度、人均 GDP、和人口城镇化的一次项、二次项的系数均通过显著水平为 5%的显著性检验，且 FGLS 模型得出的系数估计值（绝对值）要小于 OLS 的估计值。

表 4.7 模型比较与估计结果

项　目	普通最小二乘法模型（OLS）	可行的广义最小二乘法模型（PGLS）		
		方程（1）	方程（2）	方程（3）
常数项	44.274 6	−15.584 7***	−16.287 7***	−18.375 4***
$LnTCO_{2(t-1)}$	−0.002 8	—	0.293 1*	0.362 1***
LnPC	0.866 9	0.633 4**	0.536 2***	0.417 2***
LnI	1.872 4	0.987 6**	0.904 7**	1.028 4***
LnA	1.646 1	1.287 3*	1.037 2**	0.835 1***
LnU	0.873 8	0.278 6	0.337 8*	0.578 3***
$(LnU)^2$	0.175 4	—	—	−0.098 1***

续表

项　目	普通最小二乘法模型（OLS）	可行的广义最小二乘法模型（PGLS）		
		方程（1）	方程（2）	方程（3）
Adj - R^2	0.742 1	0.784 7	0.877 8	0.999 8
F - Value	5 458	47 371	38 726	34 684
DW	0.954 7	1.576 3	1.294 5	1.672 8
样本数	17	17	17	17

注：*、**、*** 别代表 10%、5%、1%的显著性水平。

（4）回归结果与分析

表 4.7 中，回归方程（1）为基本估计，解释变量仅为单位 GDP 能耗（能源强度）、二氧化碳排放强度、人均 GDP 和城镇化率，为了检验人口城乡结构对碳排放影响的稳健性，分别在基本估计基础上加入滞后项和人口城镇化率平方项，即回归方程（2）在方程（1）的基础上加入了碳排放滞后项，方程（3）在方程（2）的基础上加入了城镇化率平方项，以比较各变量对碳排放的影响。

具体回归结果如表 3.8 所示，结果表明：方程（1）和（2）中，城镇化水平项系数在统计上都不显著，方程（2）中城镇化水平项系数通过 10%显著性水平检验，人均 GDP 和滞后期碳排放分别在方程（1）和（2）中仅通过 10%的显著性水平检验。而方程（3）的所有变量都通过了 1%的显著性水平检验，且 Adj - R^2 都比较接近 1，F 统计值较大，DW 值显示随机误差不存在自相关，表明加入碳排放滞后项、城镇化率平方项对被解释变量具有较高的解释力，回归拟合效果较好。最后确定的具体回归方程如（4.6）所示：

$$LnC_t = -18.3754 + 0.3621LnC_{(t-1)} + 0.4172LnPC + 1.0284LnI + 0.8351LnA + 0.5783LnU - 0.098(LnU)^2 \quad (4.6)$$

根据各变量影响弹性的大小，具体回归结果分析如下：

第一，对碳排放影响最显著的是能源强度，弹性达 1.028，即能源强度每降低 10%，碳排放量减少 10.28%，这表明能源强度对碳排放存在显著的正向影响，且弹性较大。能源强度是能源利用效率的标志，反映了技术进步对能源消费的影响。江苏能源消费总量从 2000 年的 7 632.15 万吨标准煤增长到 2016 年 30 293.98 万吨标准煤，增幅 2.61 倍，低于同期江苏人均 GDP 的 2.93 倍的增长幅度，这表明江苏的经济增长已逐步摆脱对能源资源的依赖，劳动力、能源密集型产业向资本、技术密集型产业转移，能源结构调整、能源效率提高等产业技术进步因素对碳排放起到很大的抑制作用。能源消费碳强度的估计系数为0.417，与能源消费结构密切相关，该指标在短期内变化幅度较小，因此对碳排放的影响也较小。

第二，在模型考察的所有变量中，人均GDP是除能源强度以外对江苏该阶段碳排放增长的解释力最高的变量。模型拟合结果显示，人均GDP对碳排放的影响弹性为0.835，即人均GDP每变动10%将会引起碳排放同方向变动8.35%。可以看出，城镇化进程中人均GDP对碳排放的影响具有非常显著的正向促进作用，人均GDP是碳排放增长最重要的驱动因素。

人均GDP作为居民富裕程度的重要指标，其对碳排放的影响主要表现在两个方面：一是支撑人均GDP增长的第二产业对碳排放的影响。2016年江苏第二产业比重占江苏整个GDP的44.1%，第二产业能源碳排放占三次产业碳排放的85%以上，而支持第二产业的煤炭、石油两大化石燃料消费占能源消费的90.4%，第二产业无疑仍是碳排放的主体。二是人均GDP的增长所引起的消费水平提高而带来能源消耗和碳排放增长。实际上，在城镇化进程中，人口自然结构变动、人口迁移与分布以及人口生产、生活方式变动对碳排放的影响在很大程度以消费作为载体发生作用。因此，经济增长对碳排放的驱动力大于模型所考察的其他因素也就不难理解了。2000—2016年，江苏人均GDP从45 857.1万元增长至11 674.21，增幅达3.93倍，年均增长率为8.93%，增幅与增长率均远高于模型所考察的其他变量。

第三，以人口城镇化率为表征的城乡人口结构对碳排放的影响弹性为0.578，意味着人口城镇化率增长10%，碳排放量上升5.78%，表明江苏目前阶段人口城镇化率对碳排放存在显著的正影响。此外，城镇化的平方项系数为－0.098，这说明人口城镇化率与碳排放之间存在着“倒U”形的非线性关系。通过上述模型结果的计算可知，在其他条件不变情况下，江苏城镇化水平达到73%左右将会出现碳排放拐点，江苏目前处于碳排放“倒U”形拐点的左侧，碳排放总量仍处于上升期。

江苏人口城镇化对碳排放影响呈“倒U”形，可以从以下方面做出解释：20世纪90年代末，在全省开发区建设和外向型经济驱动的大中城市加快发展阶段背景下，江苏城镇化水平发展较快。2000—2010年，江苏城镇化水平增幅46.02%年均增长3.86%。到2010年后，提出以城乡发展一体化为引领、全面提升城乡建设水平和质量发展阶段，城镇化水平有所减缓，并由量向质的转变，此阶段城镇化水平增幅仅 11.75%，年均增长 1.87%；但此阶段，城镇人口的增加量意味着巨大的住房刚性需求以及交通、道路等公共基础设施需求，从而导致碳排放量仍在急剧增长。

第四，碳排放的滞后项回归系数为 0.362，表明上一期的碳排放对当期的空气质量存在着正效应，即碳排放存在着路径依赖现象。碳排放量的滞后一期弹性系数的大小不仅反映了碳排放路径依赖程度的大小，而且反映了当期的经济发展对未来空气质量的影响。根据本节的回归估计结果，不难计算出当期经济增长对碳排放的影响约 2.76 年（1/0.362），因为当前的环境污染不一定立即在空气质量中体现出来，现在的空气污染是由于之前的碳排放累积到一定程度所造成。这从另一个方面告诉我们，从短期来看，当前大气环境恶化的负面效应可能并不明显，但我们要为其付出长期的代价，且这种代价不局限于某一地区，甚至影响到全国，这就要求政府主管部门对待雾霾治理绝不能“头痛医头、脚痛医脚”，要历史地看待雾霾产生根源，而不能急于求成，看眼前的治理效果，要加强大气污染的区域协同治理能力[247]。

4.3　基于面板数据的江苏城镇化不同阶段对碳排放的影响差异

从已有文献看，越来越多的学者分析认为城镇化不同阶段对碳排放影响差异明显，并专注于如何在城镇化进程中缓解由大量化石能源利用带来的碳排放问题。城镇化进程导致生产生活方式和土地利用类型的变化，引起“碳汇”到“碳源”的转变，进而影响碳排放的变化。同时，城镇化进程中，产业结构优化升级、科技创新以及城市文明程度的提高，对碳排放又会产生抑制作用。城镇化对碳排放的影响表现为双重作用，即驱动作用和制动作用，随着城镇化的演进，这两种作用也是此消彼长，城镇化不同发展阶段在两者作用下对碳排放的影响也有所差异。

尽管使用时间序列数据可以对城镇化与碳排放之间的关系进行动态的观察，然而面板数据则可以充分考虑不同区域之间的差异，将两类研究方法相结合，则可以从多层次、对角度开展城镇化对碳排放的影响得出较为稳健的结论。本书选取江苏 13 个地级市作为样本，按城镇化水平较低阶段、中级阶段和较高阶段分组，利用江苏面板数据（2000—2016 年），构建计量模型来考察城镇化不同演进阶段对碳排放的影响，研究结果对在城镇化进程中制定更为合理、科学的碳减排政策提供决策参考有重要的意义。

4.3.1 江苏各地级城市碳排放现状

4.3.1.1 江苏各地级城市碳排放量数据测算

由于《中国能源统计年鉴》、《中国城市统计年鉴》以及《江苏统计年鉴》没有江苏省辖13个地级城市的能源消费数据，各地级市统计年鉴中对能源消费统计项目也不尽相同，为了统一起见，本节采用煤炭、原油、汽油、柴油和天然气5种化石燃料能源，碳排放计算方法与3.2.1.1节相同，能源消费原始数据主要来自《南京统计年鉴》(2001—2017)、《镇江统计年鉴》(2001—2017)、《常州统计年鉴》(2001—2017)、《无锡统计年鉴》(2001—2017)、《苏州统计年鉴》(2001—2017)、《扬州统计年鉴》(2001—2017)、《泰州统计年鉴》(2001—2017)、《南通统计年鉴》(2001—2017)、《淮安统计年鉴》(2001—2017)、《盐城统计年鉴》(2001—2017)、《宿迁统计年鉴》(2001—2017)、《连云港统计年鉴》(2001—2017)、《徐州统计年鉴》(2001—2017)，对于研究中个别的缺失数据，我们采用线性插值法进行估计。各地级市碳排放详细数据见附表2。

4.3.1.2 江苏各地级城市碳排放量比较

(1) 从碳排放总量来看（见图4.5），苏南地区远高于苏中、苏北地区，苏南碳排放总量与苏中、苏北的比值分别由2000年的3.14和3.02缩小至2016年的3.05和2.39，苏南与苏北的碳排放总量差距有所缩小。从增速来看，2000—2016年，苏南、苏中、苏北的碳排放总量年均增速分别为：7.71%、7.89%和8.76%，苏北地区碳排放总量年均增速最快，苏中次之，苏南最小。苏北的碳排放总量一直略高于苏中地区，在2009年以后表现更为明显。

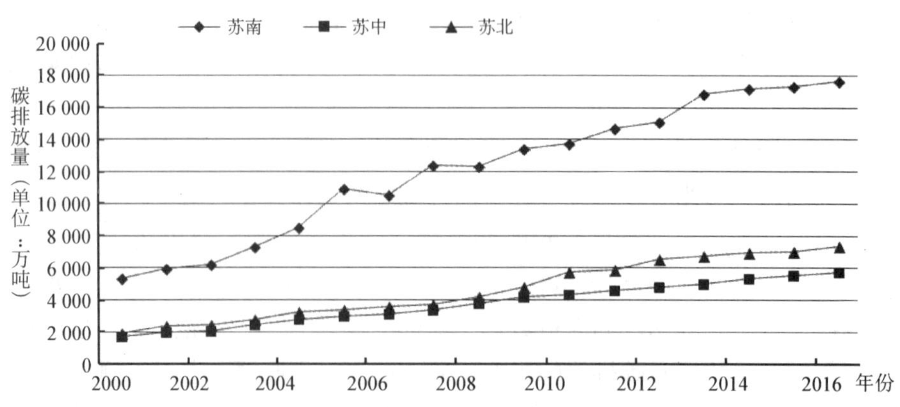

图4.5 江苏苏南、苏中和苏北地区碳排放总量变化趋势比较：2000—2016

（2）从人均碳排放量来看（图 4.6），依然是苏南＞苏中＞苏北，苏中地区虽然总量上小于苏北，但是由于苏中地区较苏北地区人口少，因此，苏中的人均碳排放总量高于苏北地区。苏南地区除了 2005—2009 年出现波动外，总体一直呈上升趋势。从增速来看，2000—2016 年的 17 年间，苏南、苏中和苏北三大区域的人均碳排放年均增长分别为 3.92％、8.38％、10.33％，苏北增速最快，苏中次之，苏南最慢。

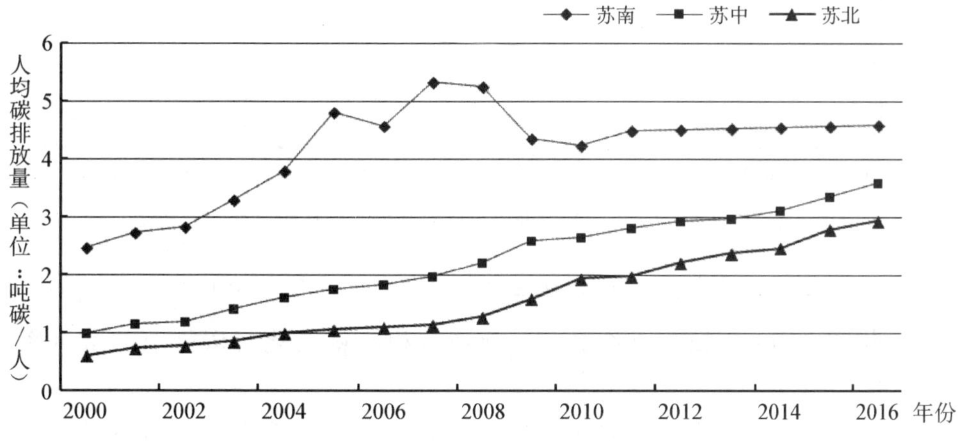

图 4.6　江苏苏南、苏中和苏北地区人均碳排放量变化趋势：2000—2016

（3）从碳排放强度来看（见图 4.7），碳排放强度是指单位国内生产总值的碳排放量，碳排放强度在很大程度上取决于能源消费结构，另外技术进步、产业结构调整对碳强度也起到一定的作用。从图 4.7 中可以看出，2000—2016 年，苏南地区碳排放强度总体上一直呈下降趋势；从碳排放降低幅度来看，苏南＞苏中＞苏北。苏中、苏北地区除了 2000—2001 年碳排放强度出现增长，2002—2016 年该地区碳排放也是呈下降趋势。苏南、苏中、苏北三大区域的碳排放强度总体变化呈下降趋势，且表现出一致性，这表明江苏高碳基化石能源消费在减少，能源消费结构进一步得到优化，同时，技术进步和产业结构转型对降低碳排放强度也起到一定的促进作用。

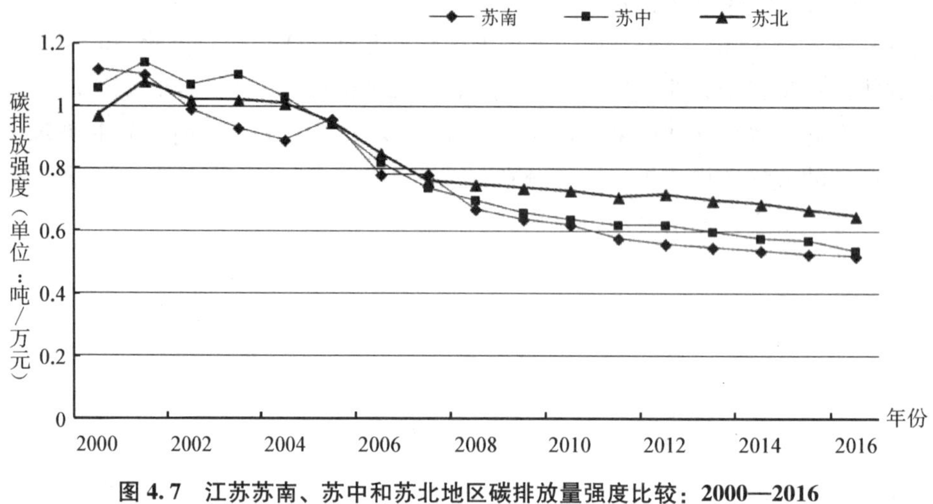

图 4.7 江苏苏南、苏中和苏北地区碳排放量强度比较：2000—2016

4.3.1.3 江苏各地级城市城镇化水平与碳排放比较分析

利用江苏 13 个城市分组数据，分别做相应城镇化与碳排放的散点图(图 4.8)。

(1) 从图 4.8 中全部样本的 A 图可以看出，2000—2016 年城镇化与碳排放的趋势线呈现出一条曲线，即随着城镇化水平的提高，其对碳排放的贡献呈现先快速上升后缓慢上升的态势。从江苏碳排放量与城镇化水平比较来看，2000—2005 年，碳排放年均增长 16.32%，同期城镇化水平年均增长率为 3.73%，碳排放年均增长率远高于城镇化水平；2006—2016 年碳排放年均增速 6.39%，同期城镇化水平年均增长率 3.12%，碳排放增长水平相对放缓，而同期城镇化水平增长仍然较快，并且两者有接近的趋势。因此，出现全部样本碳排放增长先快速上升后缓慢上升的态势。

(2) 从图 4.8 中 B、C、D 图中看出，样本城市各阶段城镇化水平与碳排放总体表现正相关关系，但增长速度各不相同。U1 阶段的城镇化水平与碳排放呈现正相关，城镇化水平的提高对碳排放的贡献相对较小，城镇化水平年均增长率超过碳排放量，表现为散点图变化相对比较平缓；U2 阶段的城镇化水平提高对碳排放的贡献有所减缓，2000—2016 年镇江、常州、扬州 3 个城市的城镇化水平年均增长率分别为 3.86%、3.14%和 3.85%，碳排放增长率分别为 4.18%、4.33%和 3.93%，虽然碳排放增长率均超过城镇化水平，但比较接近，表现为碳排放增长曲线不及 U3 陡峭，变得放缓一些；U3 阶段 3 个城市在 2000—2016 年城镇化水平提高对碳排放的贡献较大，表现为碳排放上升曲线比较陡峭，上升幅度较大。原因是处于 U3 阶段的南京、无锡和苏州 3 市在 2000—2016 年城镇化水平年均增长速度分别为 2.32%、1.80% 和 1.76%，而同期碳排放年均增长率为 4.02%、3.88% 和 4.29%，超过城镇化水平年均增长率。

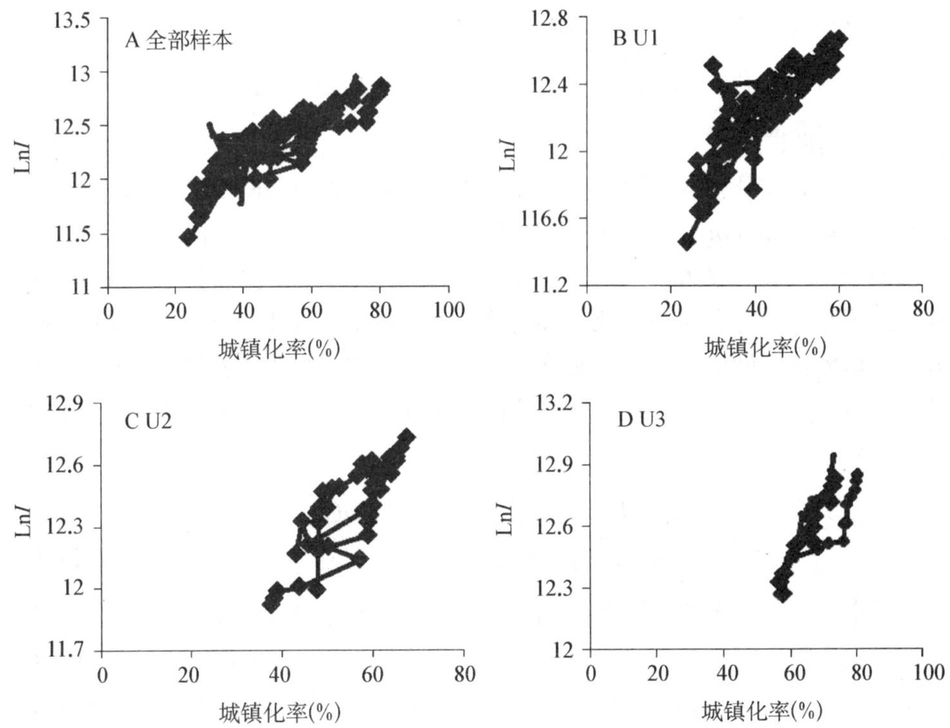

图 4.8　全部样本、U1、U2、U3 城镇化与碳排放散点图比较：2000—2016

4.3.2　模型构建

(1) STIRPAT 模型

Enrlich 和 Holdren[248] 最早提出了环境影响的 IPAT 模型，尽管 IPAT 模型是一个简单且实用的分析工具，但存在缺陷（Dietz 和 Rosa）[249]，即模型假定人口、经济和技术因素对环境的影响弹性是统一的，这与 EKC 假说中“倒 U”形相矛盾。

为了弥补 IPAT 模型的不足，Dietz 和 Rose[250] 在 IPAT 模型基础上进行了改进，构建了随机模型，即 STIRPAT 模型，该模型已被广泛运用于环境、大气污染排放的影响因素研究，且能够准确表达出人口、经济、技术因素与环境的非等比例影响，模型表达式如公式（4.7）所示：

$$I = aP^{b}A^{C}T^{d}e \tag{4.7}$$

对模型两边取自然对数，这样既可以降低异方差，还可以直接获得被解释变量对解释变量的弹性，得到方程如方程（4.8）所示：

$$LnI = Lna + bLnP + cLnA + dLnT + Lne \tag{4.8}$$

（2）模型扩展

许多学者在分析人口因素与碳排放的关系时，在 STIRPAT 模型中拓展加入其他因素，如 York 等[251] 进一步对 STIRPAT 模型进行了拓展与完善，在该模型中加入人均收入或人均 GDP 以及其平方项、城镇化及其平方项等，这样一方面可以全面考察环境或污染物排放的影响因素，同时还可以检验 EKC 假说。借鉴这一做法，本章将城镇化水平及其平方项引入该模型，并作为主要解释变量，更有利于突出人口城乡结构对碳排放的影响，扩展后模型表达式如方程（4.9）所示：

$$\begin{aligned} LnI_{it} = {} & \alpha + \beta_1 LnI_{i(t-1)} + \beta_2 LnP_{it} + \beta_3 LnU_{it} + \beta_4 Ln(U_{it})^2 \\ & + \beta_5 LnA_{it} + \beta_6 LnT_{it} + e_{it} \end{aligned} \tag{4.9}$$

其中：下标 i 指江苏各地级市，t 指年份；P 代表人口规模（万人），U 代表城镇化水平，用城镇人口占总人口的比重表示（%）；A 代表人均财富，用人均 GDP（以 2000 年的不变价）表示；T 代表技术，用能源强度（即万元 GDP 的能源消费量）表示，单位为吨标准煤/万元；因变量 I 代表碳排放量（百万吨），e 是误差项。为了考察江苏上一期的碳排放是否对本期产生影响，在模型中引入碳排放的滞后项 $LnI_{i(t-1)}$。

4.3.3 数据分组及处理

（1）样本分组

江苏有 13 个地级市，划分为苏南、苏中、苏北三大区域。考虑到面板数据的完整性和数据的可活动性，本章选取江苏 13 个地级城市作为样本，研究的时间跨度为 2000—2016 年。

在对样本城市城镇化程度进行划分时，按照目前中国各地级城市城镇化水平的实际情况，同时参照诺瑟姆关于城镇化 3 大阶段论的标准，将 2000 年样本城市城镇化率低于 40%的列为城镇化程度较低阶段，40%—50%的列入城镇化中等阶段，大于 50%的为城镇化程度较高阶段。这样的划分是假定处于城镇化相同阶段的样本，其城镇化水平对碳排放的影响相同，这为本章分析城镇化不同阶段对碳排放的影响差异奠定基础。

表 4.8 分别用 U1、U2、U3 代表城镇化程度低、中、高不同的 3 个组别。

表 4.8　江苏 13 个省辖市城镇化不同阶段分组

分 组	城市名称	样本数
U1	南通、泰州、徐州、连云港、淮安、盐城、宿迁	7
U2	常州、镇江、扬州	3
U3	南京、无锡、苏州	3

(2) 城镇化水平的测度

城镇化水平测度的方法较多，在第一章文献综述中对城镇化水平的度量已经阐述，本书采用国内外学者运用较为普遍的单一指标法中的“城镇占总人口的百分比”作为衡量城镇化水平的指标，且在统计年鉴中多采用此方法。这里的城镇人口包含城区和镇区的常住人口，其数据来源于 2001—2017 年的《江苏统计年鉴》、《中国人口统计年鉴》、《中国人口与就业统计年鉴》以及各地级市城市统计年鉴，数据详见附表 1。

(3) 碳排放量的测算

由于《中国能源统计年鉴》、《中国城市统计年鉴》以及《江苏统计年鉴》没有江苏省辖 13 个地级城市的能源消费数据，各地级市统计年鉴中对能源消费统计项目也不尽相同，为了统一起见，本书采用煤炭、原油、汽油、柴油和天然气 5 种化石燃料能源，碳排放量计算方法与第三章相同，能源消费原始数据来自江苏 13 个地级城市 2001—2017 年的《统计年鉴》，对研究中个别缺失的数据，我们采用线性插值法进行估计。江苏 13 个地级城市碳排放量的详细数据见附表 2。

(4) 其他变量说明和数据来源

人口规模选用样本城市各年末常住人口数，数据来源于各样本城市 2001—2017 年的统计年鉴，具体见附表 3。

人均 GDP 的数据是按照 2000 年不变价格进行计算整理，GDP 数据来源于 2001—2017 年《江苏统计年鉴》以及样本城市的统计年鉴，其数据详见附表 4。

能源强度即单位 GDP 的能源消费量，能源消费量采用样本城市 2001—2017 年统计年鉴中煤炭、原油、汽油、柴油和天然气 5 种化石燃料能源，GDP 数据来源于样本城市历年的统计年鉴，并以 2000 年为基数由作者整理计算得出。各种能源折算系数参见表 3.5，能源强度的数据详见附表 5。

4.3.4 实证结果

4.3.4.1 面板数据的描述性统计

表 4.9 给出了面板数据的描述性统计。可以看出，不同样本城市之间变量存在差异性，这充分说明使用面板数据比时间序列数据更有优势。以 2016 年为例，江苏碳排放量最大的地级城市是苏州市，达到 0.417 2 亿吨，排在前三位的依次是苏州、南京和无锡，它们的碳排放量均高于 0.35 亿吨。江苏各地级城市城镇化水平位于前三位的依次是南京、无锡和苏州，城镇化水平均超过 70%。能源强度最低三个地级城市依次也是南京、无锡和苏州，能源强度均低于 0.7 吨标准煤/万元。此外，从人均 GDP 数据来看，苏南地区城市更是位于全省前列。因此，使用面板数据可以充分考虑到不同区域城市碳排放与城镇化的特点。

表 4.9 各变量的描述性统计

变量	含义	样本数	均值	标准差	最小值	最大值
C	碳排放总量（百万吨）	221	25.26	6.84	9.47	45.76
P	年末人口总数（万人）	221	568.38	189.36	266.67	1 064.74
U	城镇化水平（%）	221	52.27	14.16	23.9	82
A	人均 GDP（元）	221	37 264.4	27 810.6	3 993	145 556
T	能源强度（吨/万元）	221	0.93	0.21	0.54	1.44

4.3.4.2 单位根检验与协整检验

在对面板数据进行回归分析之前要对面板数据的平稳性进行检验，以避免出现“伪回归”的情况。首先运用 LLC 检验和 IPS 检验方法对模型中的各变量进行单位根检验，LLC 检验适合对“相同根”的单位根进行检验，而 IPS 检验则适合对“不同根”的单位根进行检验，但两者最终得出的结论必须保持一致，否则还需要进行差分检验，直到各变量达到平稳状态，表 3.10 给出面板单位根的数据检验结果。

检验结果表明，面板模型中所涉及的各个变量均为一阶单整序列，因此可以进行面板数据的回归分析。在回归之前，为了确保各变量之间存在稳定的协整关系，本节采用 Kao 协整检验方法对 U1、U2、U3 三个阶段的模型进行协整检验，检验结果表明，各变量之间存在协整关系。

表 4.10　面板数据的单位根检验

变量及检验统计量	水平统计量		一阶差分	
	LLC 检验	IPS 检验	LLC 检验	IPS 检验
LnC	−6.874	−2.159	−12.113	−3.792
LnP	−4.262	−0.984	−18.347	−2.994
LnA	−5.286	−2.773	−10.736	−3.179
LnU	−2.242	−1.979	−11.821	−6.796
$(\mathrm{LnU})^2$	−3.928	−0.874	−13.782	−3.958
LnT	−6.937	−1.606	−18.371	−4.997

注：(1) *、** 和 *** 分别表示在 10%、5%和 1%的显著性水平下拒绝原假设；(2) 滞后阶数由 AIC 准则确定。

4.3.4.3　面板形式选择

对面板数据的回归分析还要判断是采用常截距模型还是变截距模型。本节采用协方差检验方法对此进行判别。协方差检验方法首先要构造 F 统计量进行面板模型的判定。F 统计量具体公式如下：

$$F=\frac{(SSE_r-SSE_u)/(N-1)}{SSE_u/(NT-N-K)} \tag{4.10}$$

其中，SSE_r 和 SSE_u 分别表示常截距模型和变截距模型的残差平方和，N 表示截面数据的个数，T 表示时间跨度，K 表示解释变量的个数。在给定的显著性水平α下，如果F<F_α（N－1，NT－N－k），如果F值接受零假设，即选用常截距模型进行估计，反之，则接受备择假设，则应选用变截距模型进行估计。

如果选用变截距模型，则应在固定效应模型和随机效应模型之间做出判断。两者的差异在于被忽略的变量对被解释变量的影响是固定的还是随机的。我们采用Hausman检验来判定究竟选用固定效应模型还是选用随机效应模型。Hausman检验的基础是估计方程的残差项与解释变量不相关的假设下，固定效应和随机效应模型是一致的，但固定效应不具有有效性；反之，若残差项与解释变量相关，则随机效应模型不具有一致性，这时就应采用固定效应模型（见表4.11）。

表4.11 动态面板模型设定形式的检验结果

城镇化分组	F检验结果（5%的显著性）			Hausman检验结果		
	F值	临界值	结论	H值	P值	结论
U1	76.26	3.59	变截距模型	187.87	0.000***	固定效应模型
U2	179.37	1.22	变截距模型	102.34	0.000 ***	固定效应模型
U3	342.54	1.74	变截距模型	47.33	0.000 ***	固定效应模型

注：(1) F检验的临界值为5%的显著性水平；(2) Hausman检验中，*** 表示在1%显著性水平下拒绝原假设（原假设为随机效应模型）。

4.3.4.4 模型拟合与模型检验

经过Wald检验、Wooldridge检验和Pesaran检验后发现，所有模型均不同程度存在着自相关、异方差等情况。为了最大程度减小由此带来的估计误差影响，本节在模型中加入了AR（1）项，并采用FGLS估计方法利用Eviews7.0软件对面板数据进行估计，回归估计结果见表4.12。

为了检验城镇化水平与碳排放之间是否存在非线性关系，在3个分组中，模型（1）、（3）、（5）包括了城镇化率平方项在内的所有解释变量，模型（2）、（4）、（6）则包含除了城镇化平方项以外的所有解释变量。3个面板模型（2）、（4）、（5）通过中所有解释变量均通过1%水平上的显著性检验，各解释变量调整后的拟合优度都接近于1，F值较大，且DW值接近于2，这些都说明面板模型拟合情况较好，且都消除了自相关等问题的影响。因此，回归模型可以用于进一步分析城镇化不同阶段对碳排放的影响。

表 4.12　动态面板模型估计结果

自变量	U1		U2		U3	
	(1)	(2)	(3)	(4)	(5)	(6)
常数项	−23.371***	−23.672***	−18.793***	−18.161***	−15.486***	−13.683
$LnI_{i(t-1)}$	0.573***	0.562***	0.579***	0.538***	0.576***	0.545***
LnP	0.461***	0.473***	0.895***	0.936***	0.762***	0.062
LnA	0.783***	0.774***	1.224**	1.365***	1.187***	1.191**
LnU	0.776	0.282***	0.076	0.485***	0.561***	0.079
$(LnU)^2$	0.097	—	0.016	—	−0.094***	—
LnT	0.561*	0.544	0.257***	0.277***	0.381***	0.378***
Ar (1)	0.264***	0.272***	0.704***	0.717***	0.691***	0.693***
Adjusted - R^2	0.498	0.997	0.542	0.998	0.997	0.358
F 值	2 144	2 381	1 848	1 792	2 642	2 411
DW 值	1.891	1.984	2.018	2.001	1.986	1.866
Kao 检验	−5.442	−5.361	−4.979	−4.968	−5.039	−5.434
异方差检验	0.000	0.000	0.000	0.000	0.000	0.000
自相关检验	0.000	0.001	0.000	0.003	0.001	0.000
截面相关检验	0.000	0.000	0.000	0.000	0.000	0.000
样本数	182	182	182	182	182	182

注：(1) *、** 和 *** 分别表示在 10%、5%和 1%水平下显著；(2) Kao 检验的滞后阶数由 AIC 准则确定。

4.3.4.5　实证结果

(1) 城镇化水平对碳排放的影响

从模型的估计结果可以看出，模型 (1)、(3) 中城镇化水平的一次方及平方项回归系数在统计上均不显著，而模型 (5) 中城镇化水平一次方及其平方项回归系数分别为 0.561 和−0.094，通过 1%的显著性水平检验，(1)、(3)、(5) 3 个模型中其他变量均通过 5%的显著性水平检验。为了进一步研究城镇化对碳排放的影响，分别剔除城镇化平方项后再次进行回归分析，得到模型 (2)、(4)、(6)，回归结果显示，模型 (2)、(4) 中城镇化的回归系数分别为

0.282 和 0.485，且均通过 1%的显著性水平检验，其他变量也均通过 5%的显著性检验，而模型（6）中城镇化回归系数在统计上不显著。

以上表明城镇化是引起碳排放增加的一个重要因素，这与已往学者的研究结论相一致。在城镇化水平初期、中期阶段，城镇化水平对碳排放不存在非线性关系，仅存在线性关系；在城镇化水平较高阶段，城镇化水平与碳排放量之间存在“倒 U”形的非线性关系，也就是随着城镇化程度的进一步提高，碳排放水平将上升达到最高点后，随着城镇化水平的进一步提高而下降。

（2）人口规模对碳排放的影响

模型（2）（4）（5）的人口规模回归系数为 0.473、0.836 和 0.762，且通过了 1%的显著性检验，表明人口规模仍是碳排放的主要影响因素，但随着城镇化程度进一步提高，人口规模因素对碳排放影响逐渐减弱，而人口结构因素、人口生活方式、居住方式、交通方式以及经济活动方式对碳排放的影响将进一步显现，因为城市人口对现代建筑和交通工具的依赖，增加了能源消耗和碳排放。此外，城镇化水平较高的地区，人口比较集中，人口密度增大，从人口规模的集聚效应来说，交通、居住等人均消费的也相应减少，因此对碳排放产生抑制作用。但综合起来分析，人口集聚的规模效应带来的碳减排不能冲抵人口总量增长所带来的碳排放增量，所以人口规模对碳排放的影响最终仍然表现为正效应。

（3）人均财富对碳排放的影响

人均 GDP 在模型（2）、（4）、（5）中的回归系数均为正值，且均通过 1%的显著性水平检验，系数分别为 0.774、1.365 和 1.187，这表明 U2 阶段的人均 GDP 对碳排放的作用要大于 U1 和 U3 阶段，这是由于在城镇化水平较低阶段地区的经济增长主要以农业为主，其碳排放量增长缓慢且总量较少。当进入城镇化水平较高阶段后，新型城镇化使得城市规模不断扩张，许多耕地、林地变成建筑用地，土地利用方式发生很大改变，商品住宅需求剧增、道路交通等公共基础设施消耗大量的水泥、钢筋等材料，城市居民消费水平和消费结构的变动带来高碳化石能源燃料消费的增长，工业制造业迅猛发展，这些都引发碳排放急剧增长。但随着进入城镇化成熟阶段，城市生态文明的普及推广，第三产业的发展以及新能源材料的使用，最终碳排放增速出现下降趋势。

（4）能源强度对碳排放的影响

在模型（4）、（5）中的回归系数为 0.277 和 0.381，且通过了 1%的显著性检验，但在模型（2）中能源强度的系数为－0.272，但在统计上不显著，这表明在城镇化初级阶段，用能源强度表征的技术因素对碳排放的影响不显著，而随着城镇化程度的提高，技术因素在抑制碳排放方面越来越显著。G3 的技术进步碳排放系数明显高于 U2，这表明城镇化程度高的地区政府在技术研发、投入方面也较多，从而抑制碳排放的增长。

（5）滞后一期的碳排放对当期碳排放的影响

滞后一期的碳排放的回归系数在模型（2）、（4）、（6）中基本相同，分别为 0. 562、0. 538、0. 545，且通过了 1%的显著性水平检验。这表明上一期的碳排放水平对本期的碳排放存在显著的正向影响。进一步验证江苏的碳排放量存在路径依赖现象。

4.3.5　城镇化不同阶段对碳排放的影响差异分析

从以上估计结果可以看出，人口规模、城镇化水平、经济发展水平、技术进步以及滞后项的惯性影响对不同城镇化水平下的各区域碳排放的影响是不一样的。现结合城镇化不同发展阶段各影响因素的特征，进一步分析城镇化不同阶段对碳排放的影响差异。

（1）城镇化水平较低的阶段对碳排放的影响

城镇化对碳排放的影响存在线性的正相关关系。在此阶段，人口规模、人均财富对碳排放具有显著的促进作用，这与以往大多数学者研究结论相似。在此阶段，产业结构中第一产业农业仍在重要地位，但生产效率较低，技术较落后，由此产生的碳排放比较有限。以 2000 年为例，城镇化水平较低的苏北地区第一产业比重达 26.38%，农业人口占 75.05%，农林牧渔产值占地区生产总值的 52.4%，耕地面积占苏北地区土地面积的 51.75%。由于农林牧渔业不仅碳排放很少，而且还起到自然碳汇的作用，而工业化发展较苏南地区相对缓慢，2000 年，苏北地区工业产值比重为 34.69%，工业增加值只占苏南地区的 23.18%，这在一定程度上抑制了碳排放的增长。这一阶段人口规模是碳排放增长的主要驱动因素，2000 年苏北地区人口自然增长率达 5.22‰，总人口占全省总人口的 44.78%，但人口规模对环境的污染排放还在环境的自净能力范围内。另外，技术进步对于处于城镇化初级阶段来说影响很小。

（2）城镇化水平中级阶段对碳排放的影响

人口规模、经济增长水平、城镇化率、第二产业结构以及能源强度对碳排放均有显著影响，其中人口规模、城镇化率以及第二产业比重与其他两个阶段相比对碳排放增长有明显的驱动作用。由于此阶段农业生产率大幅度提高，产生大量农村剩余劳动力，城镇化进程通常伴随着经济规模扩大和工业的快速发展，这些将为农业剩余劳动力创造大量的就业机会，吸引大量农村人口的涌入并集聚城市。现代化的工业生产方式、居住方式、交通方式和消费模式逐渐取代传统的经济社会活动模式，以工业为主导的第二产业大规模发展和居民消费升级使得高碳化石燃料消费增长，引发碳排放的快速增加；与此同时，政府主导的城镇化进程中城市规模无序急速扩张，盲目上项目，过分追求速度，导致农用地、林地、畜牧用地使用方式发生改变，出现“高投入、高排放”的特点，快速的城镇化不仅使经济快速增长，还造成环境受到严重污染，碳排量急剧增加。

(3) 城镇化水平较高阶段对碳排放的影响

城镇化水平对碳排放的影响存在“倒U”形的非线性关系。随着工业发展趋于成熟，人口增长趋缓，第三产业逐渐发展为主导产业，人口规模、第二产业结构对碳排放的影响与城镇化中期阶段相比在逐渐减弱，但人均财富与能源强度对碳排放的影响逐渐增强。主要原因有以下四个方面：

第一，城镇化水平较高的区域，人口比较集中，人口密度增大。苏南地区人口密度从2000年的775人/平方公里增加到2016年1 187人/平方公里。从人口集聚的规模效应来说，交通、居住等人均耗能的也相应减少，进而抑制碳排放。

第二，在此阶段，工业由劳动密集型转变为资本和技术密集型。苏南地区第二产业产值比重由2000年54.7%降为2016年的45.3%。而第三产业逐渐占据主导地位，苏南地区第三产业比重由2000年的39.7%增加到2016年的52.7%。2016年苏南地区的第三产业生产总值是苏北地区的2.89倍。2016年，江苏城镇化水平最高的南京城镇化率为82%，第三产业比重达到58.4%，高于第二产业19.2个百分点。苏州、无锡的第三产业比重在逐渐逼近第二产业，这为通过城镇化实现低碳生活提供了可能，也为提高能源使用效率、促进清洁能源使用的新技术提供一定的经济基础。

第三，当城镇化发展到较高阶段后，由于城市生态文明的传播和科技的进步、环保投入不断增加，与城镇化带来生产和生活的集聚效应和规模效应相互叠加，原本高碳化的消费模式逐渐得到扭转，从而对碳排放产生一定的抑制作用。具体从碳排放强度来看，碳排放强度是指单位国内生产总值的碳排放量，碳排放强度在很大程度上取决于技术进步和产业结构。2000—2016 年，城镇化发展程度较高苏南碳排放强度一直呈下降趋势，从 2000 年的 1.24 吨/万元下降到 2016 年 0.52 吨/万元，而苏中、苏北地区在 2000—2005 年碳排放强度出现小幅度增长，2006—2016 年该地区碳排放强度呈下降趋势，下降幅度小于苏南地区，表明近十年苏南地区产业调结构、转方式效果显现，苏北、苏中地区产业转移带来高污染问题依然严重。

第四，在城镇水平较高的区域，居民生活空间出现郊区城镇化现象，居民通勤距离有所增加，人口老龄化对医疗卫生需求大幅度增加，居民消费水平进一步提高，这些对碳排放产生明显的正向驱动作用，而且这种驱动作用仍然大于此阶段诸多其他因素对碳排放的抑制作用，最终表现为碳排放总量仍然增加，但碳排放的增速有所减缓。同时，随着城镇化水平提高，城镇人口规模对碳排放的影响逐渐减弱，而经济增长对碳排放的影响愈发显著，说明地方政府在土地财政推动下，“摊大饼”式土地城镇化与户籍制度阻碍下的人口城镇化对碳排放的影响出现“剪刀差”现象，这种现象背后说明城镇空间规模扩张超过人口城镇化的速度导致城镇空间利用效率降低，从而导致能源效率降低和碳排放上升。

4.4　本章小结

本章首先对江苏城镇化的历史演变、特征以及区域差异等进行比较分析，然后分别利用 2000—2016 年时间序列数据和面板数据对江苏人口城乡结构变动对碳排放的影响进行实证研究，主要结论如下：

(1) 利用时间序列数据通过 Kaya 模型对江苏人口城乡结构变动对碳排放的影响进行实证研究。结论为：江苏目前阶段人口城乡结构对碳排放存在显著的正影响，碳排放影响弹性系数为 0.578。江苏人口城乡结构与碳排放的关系呈“倒 U”形，但还未到达“倒 U”形的拐点。人口城乡结构对碳排放影响排在前两位的是能源强度与人均 GDP，弹性分别达 1.028 和 0.835。技术进步对于抑制碳排放具有重要意义，人均 GDP 增长则是影响碳排放增长的最根本因素。滞后期碳排放量对当期碳排放存在正向影响，说明区域碳排放存在路径依赖现象。

(2) 采用 STIRPAT 模型从面板数据角度对城镇化发展不同阶段对碳排放影响进行分析。结论为：第一，随着城镇化水平提高，城镇人口规模对碳排放的影响逐渐减弱，经济增长对碳排放的影响愈发显著，城镇空间规模扩张超过人口城镇化的速度导致城镇空间利用效率降低，从而碳排放上升。第二，江苏城镇化对碳排放的影响存在双向性，即驱动和制动效应，某一阶段的城镇化对碳排放的影响是这两种效应综合作用的结果，这两种效应在不同的城镇化阶段存在明显差异性。第三，城镇化水平在40%—60%的地级市处于碳排放的上升期，第二产业是其碳排放的主导因素，要实现巴黎气候大会上碳减排目标，优化产业结构，特别第二产业减排是其重点。进一步验证当期的碳排放对后期碳排放存在明显惯性影响。

（3）采用两种不同的模型得出的结论比较分析发现，面板数据STIRPAT模型中的城镇化高级阶段城镇化对碳排放的影响系数呈“倒U”形与Kaya模型得出的结论具有一致性。此外，在人口规模、经济增长、人口城乡结构、碳排放的滞后性影响等方面在时间序列分析和动态面板模型两个维度的研究结论具有相似性，然而面板数据对不同城镇化阶段对碳排放影响的异质型有更深入的分析，且更能全面分析江苏人口城乡结构对碳排放的微观影响机制。

第5章 江苏城镇化进程中人口空间结构变动对碳排放的影响

城市化进程中，大规模的人口从农村转移到城市，从内陆不发达地区转移到沿海发达城市，劳动力、资源、资本等要素在城市快速集聚，城市的生态环境、道路交通、生态空间等面临前所未有的压力。合理、优化的城市空间结构提高能够提高经济生产效率达到节能减排作用，反之，如果城镇化速度与城市空间扩张速度不匹配，城市人口空间分布不合理将会导致人口集聚效应下降，城市空间利用效率下降，能源消耗和碳排放上升。

中国正处于这一历史巨变之中，并已进入快速发展阶段。城市人口规模急剧增加，城市规模体系和空间结构也发生较大变化，出现了一批超大城市、城市群和都市连绵区。20世纪80年代以来的近四次人口普查中，东部地区的人口比重呈现出逐步增长的态势，2010年第六次人口普查显示东部地区的人口比重为37.98%，与2000年第五次人口普查结果相比上升了2.41个百分点，这是从1982年第三次人口普查以来东部地区人口比重上升速度最快的十年。与此同时，中部、西部和东部地区的人口比重继续下降，其中，中部地区比重下降幅度最大，近1.6个百分点。随着城镇化水平进一步提高以及城市生产、生活方式和交通运输技术的改进，公共交通成本、城市生态环境等因素对城市人口空间分布的影响力逐渐上升。因此，城市人口空间分布结构对碳排放的影响越来越受到关注。

本章利用江苏省人口空间分布数据，以13个地级市人口集聚度为研究对象，分析江苏省人口空间格局的演化及特征，并在此基础上进一步分析城镇化进程城市人口空间结构变动对碳排放量的内在作用机制。

5.1 江苏人口空间结构发展状况

江苏位于中国东部沿海地区，人多地少，全省面积10.72万平方公里，占全国总面积的1.1%。2016年底全省常住人口7 998.6万人，约占全国总人口的5.78%，每平方公里人口达到746人，是全国平均水平的5.18倍，是全国人口密度最大的省份。下面从四个方面分析江苏人口空间结构发展状况：

(1) 江苏各地级城市人口密度的发展状况

根据2010年人口普查数据，江苏人口主要分布在苏南和苏中地区，苏北地区人口密度相对于苏南和苏中地区来说总体比较低。2010年，苏南地区超过1 000人/平方公里的有南京、无锡、常州、苏州，人口主要集中于苏锡常地区，并以无锡市为圆心，形成一个都市圈，无锡人口密度最高，达到1 378人/平方公里。另外，南京人口密度也比较高。苏中地区人口密度最高的是南通市，达910人/平方公里，其次是泰州，扬州人口密度最低。苏北地区密度最大的是徐州，762人/平方公里，这与正在建设中的徐州都市圈有一定的关系。宿迁、连云港、淮安人口密度次之，盐城人口密度最小，为428人/平方公里。

(2) 江苏各地级城市暂住人口的发展状况

从2000年到2016年之间，江苏暂住人口出现最多的还是典型的苏州、南京、无锡和常州，上述三个城市的暂住人口数增加率分别达到了572.63%、470.16%、466.89%和429.96%。而对于一些苏北城市而言，在考察的时间段内暂住人口的数量并没有苏南地区变化那么剧烈。根据2010年全国第六次人口普查数据，江苏暂住人口以省内流向为主，全部流动人口中，省外占40.5%，省内占59.5%。在省内流动人口中，省内流动人口中，省内跨市流动站35.1%，市内流动站64.9%，市内流动人口多于省内跨市。暂住人口以流向苏南地区为主，省外流动人口流向苏南地区的占86.8%、流向苏中、苏北地区的分别占8.4%、4.8%。在13个省辖市中，苏南地区的苏州市吸纳省际流动人口最多，达315.41万人，占全部省外流入人口比重的42.74%，其次是无锡市、南京市、常州市，分别占17.5%、11.8%、10.9%。四个市合计吸纳82.9%的省外流入人口。此外，在13个省辖市之间的人口中，也以流向苏州市的最多，占29.8%；其次流向南京、无锡、常州三市也较多，均超过10%，分别占17.8%、16.7%和11.3%。

(3) 江苏城市空间规模的发展状况

2000—2016 年 17 年间，江苏城镇发展进入空间规模快速扩张的时期。这表现在两个方面：

一是城市特别是大城市数量不断增加，人口规模快速增长。在 2000 年至 2016 年间，受大城市撤市设区和大规模建设新区的影响，在全省城市数量由 44 座减少到 38 座、城镇人口规模增长 67.39%的情况下，50 万人以上的大城市则由 11 座增加到 19 座、城镇人口规模增长 78.13%。在全省城镇人口 2 375.84 万的增量中，有四分之三来自大城市人口的增长。

二是城市建成区和建设用地规模快速扩张。2000 年，江苏 13 个省辖市建成区面积为 876 平方公里，平均每个城市建成区面积为 67.38 平方公里。到了 2016 年，13 个省辖市建成区面积增加到 3 333 平方公里，平均每个城市建成区面积达到 256.38 平方公里，增长了 2.8 倍，年均增长 8.71%（见表 5.1)。具体来看，从图 5.1 可以清晰看出江苏 2000—2016 年样本城市建成区面积分布的变化情况，其中徐州市和苏州市的建成区面积变化幅度最大，分别年均增长 8.48%和 11.06%，建成区面积增幅最慢的为镇江市，年均增长 5.73%。此外，市辖区人口密度从 2000 年的 1 976.39 人/平方公里减少至 2016 年的 878.63 人/平方公里，年均减少 4.94%，这从一定程度上说明在前一段时间土地财政的推动下，城镇盲目扩张导致江苏存在城镇“空心化”、“虚假”城镇化情况。江苏各地级城市建成区面积详细数据见附表 6。

表 5.1　江苏省辖市市区人口、土地面积的变化：2000—2016

项　目	2000 年		2016 年		2000—2016 年均增长
	数值	占全省百分比	数值	占全省百分比	
城市年末总人口数（万人）	3 040.81	43.04%	5 416.65	67.73%	3.67%
市区人口（万人）	1 207.97	17.10%	3 569.71	44.63%	7.01%
市辖区土地面积（平方公里）	6 112	6.07%	40 628	39.56%	12.57%
建成区面积（平方公里）	876	0.87%	3 333	3.11%	8.71%
市区人口密度（人/平方公里）	1 976.39	—	878.63	—	−4.94%

资料来源：《江苏统计年鉴（2001，2017)》，《中国城市统计年鉴（2001，2017)》

江苏省样本城市建成区面积分布图（2000） 江苏省样本城市建成面积分布图（2016）

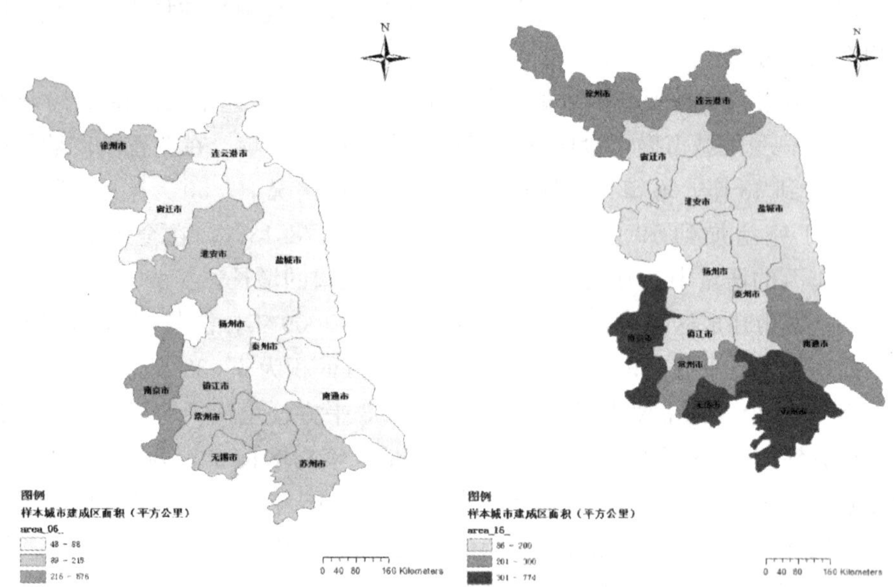

图 5.1 江苏各城市 2000 年与 2016 年建成区面积比较

2000 年以来，在城镇化快速发展过程中，政府制度的干预对城市空间规模的扩张和结构演变产生不可忽视的影响，突出表现在通过行政区划的调整、变动，利用建设开发区和土地财政背景下的土地非农化来推动城市建成区和建设用地规模的快速扩张，由此带来城市空间的快速蔓延和人口分布的分散化。城市的增长速度快于城市人口的增长速度造成人口低密度分布，浪费城市空间资源，降低能源利用效率。

(4) 江苏居住市、镇人口比重的发展状况

人口分布是指一个国家或地区在某一时点上人口在地理空间上的分布状况。

工业化、城镇化水平，非农产业在人们的集聚活动中占据优势，这是我省现阶段的经济特征，也是目前生产力发展水平的重要标志。这种情况对人口分布的基本面貌起到了决定性影响。根据江苏统计年鉴资料（见表 5.2），2016 年居住在市镇的人口数达到 5 416.65 万人，占全省总人口的比重为 67.7%，其中居住在市的人口占 41.7%，居住在镇的人口占 26%，而居住在乡村的人口占 32.3%。与 2000 年第五次人口普查相比，居住在城镇地区的人口比重提

高了 26.2 个百分点，其中市人口比重提高了 16.2 个百分点，镇人口比重提高了10 个百分点。可见，从人口所在的居住类型上看，分布在城镇的人口多，居住在乡村的人口少，而城镇中居住在市的人口又超过镇的人口，增长幅度也快于镇的人口。此外，从图 5.2 可以看出，2000—2016 年除连云港市外，其他地级市市辖区人口数都在增加，其中，南京、苏州、徐州市辖区人口数最多，苏中地区城市市辖区增长迅速。

表 5.2　江苏城乡人口分布变化：2000—2016

时间	总人口数（万人）	城镇人口（万人）			乡村人口（万人）	城乡人口结构比（%）	
		合计	市	镇		城镇	乡村
2000	7 304.36	3 086.24	1 894.12	1 192.11	4 218.12	42.25	57.75
2016	7 998.60	5 416.65	3 336.62	2 080.03	2 581.95	67.72	32.28

资料来源：《江苏统计年鉴（2001、2017）》

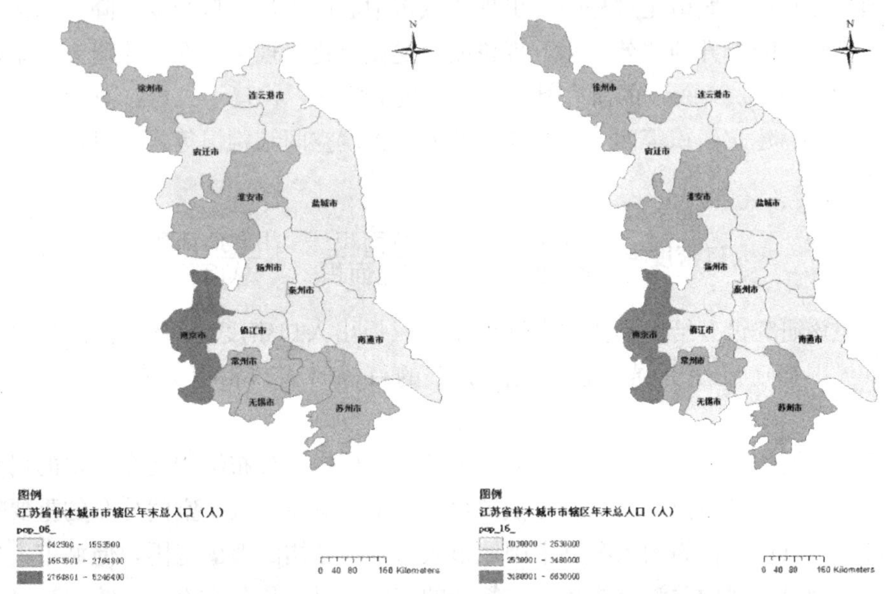

图 5.2　江苏各城市市辖区 2000 年和 2016 年年末总人口分布比较

5.2 江苏人口空间结构变动的指标选择及计算

5.2.1 城市人口集聚度的概念说明

(1) 城市人口密度

在以往研究中，一般采用城市人口密度来揭示城市人口空间分布情况。20世纪20年代，竺可桢发表《论江浙两省之人口密度》[252]，其中的城市人口密度概念与研究方法一直被沿用。学者胡焕庸先生又以全国人口密度为基础，提出了著名的“黑河—腾冲”线[253][254]。后来，美国学者 Clark [255]提出了著名的城市空间密度模型，这项成果标志着由城市人口密度研究进入城市空间人口密度的研究阶段，其可以表述为如下函数形式：

$$D(X) = D_0 \exp[-\gamma x] \tag{5.1}$$

其中，式中 x 表示城市某地到城市中心区的实际距离，而 D_0 表示城市中心区的人口密度，而 γ 表示为正的评估系数。但是，我们实际研究发现，在发达国家在长期的城镇化过程中，出现了城市中心区常住人口密度下降、郊区人口密度却不断上升的“郊区化”现象或“逆城市化”现象。在上述研究的基础上，学者 Anderson[256]的研究基于人口密度的定义，构建了人口、总面积、住宅地面积、建筑面积等四个核心要素的人口密度空间结构恒等式，可以表示为以下形式：

$$\text{人口密度} = \frac{\text{人口}}{\text{建筑面积}} \times \frac{\text{建筑面积}}{\text{住宅地面积}} \times \frac{\text{住宅地面积}}{\text{总面积}} \tag{5.2}$$

但该研究没有给出具体的实证模型，只提出人口密度空间结构理论框架。学术界围绕适应性更强、适用范围更广的目标对人口密度分布模型在不断探索。

综上所述，用城市人口密度来衡量城市人口空间分布结构具有一定的局限性：一方面，城市流动人口作为城镇化进程中影响城市人口空间分布的重要组成部分，其应当作为纳入测算中国城市人口空间结构的考虑范围，但城市人口密度的计算公式中并没有描述这一特征的解释变量；另一方面，传统的计算人口密度的方法总是直接以总人口除以行政区域面积而得到，这种计算方法默认为区域内的流动人口是均匀分布的，但它忽略了城市中存在不宜居住和非居住的土地面积，比如河流、广场、绿地和生产车间等。

(2) 城市人口集聚度

布莱克曼等[257]在《地理经济学》一书中对集聚和集中进行了阐释，他认为，集聚和集中两个概念更侧重于经济活动的某个部分，如具体的工业、农业、制造业等作为一个整体在空间上是以何种形态分布的。刘修岩[258]从产业的角度分析集聚和集中的差异，研究认为，集聚和集中都与产业活动的区位性质有关，但是两者的侧重点并不相同。集中所描述的是一个国家或者地区相对的产业集聚水平，而集聚所考察的是一个国家或者地区绝对的产业集中程度。人口集聚是指基于各种原因，一定地理范围内的部分，甚至全部人口向该地理范围内的一个或多个特定区域汇聚的现象、过程以及趋势。人口集聚是区域自然禀赋不均衡与区域社会经济发展不平衡的必然产物，也是区域社会经济发展到一定阶段的结果。

基于上述“集聚”概念的界定，本章将经济地理学中“集聚”概念与人口学中的“城市人口”概念综合起来，形成“城市人口集聚度”这一概念。城市人口集聚度的引入使得该研究更具科学性和合理性。人口集聚度是一国（或者地区）人口空间分布格局最集中和最直接的体现。采用城市人口集聚度可以用来度量一个城市人口集疏的空间格局，不但可以揭示出该地区人口集疏的内在发展规律，而且也有利于剖析该地区整体人口分布的态势和演变规律，进而更能够从本质上体现出其未来人口城镇化格局的发展。

5.2.2　城市人口集聚度的计算

从人口和空间关系来看，人口集聚与疏散是人口空间分布格局最直观和最集中的体现，因此，研究一个地区人口集疏的空间格局，不仅可以揭示不同地区人口集疏的内在规律，而且有助于把握整体人口分布的态势和规律，更能体现区域内经济集聚程度以及城市化的发展水平。

传统的人口密度计算方法忽视了城市中不宜居住的土地面积，不能从整体上反映人口的实际聚集程度，因此，有必要对城市人口密度的计算方法进行改进。在城市当中，建筑物的因素也是影响人口密度的重要因素，一般认为，建筑物的层数，建筑物之间的密集程度，以及建筑物的分布都将是影响城市人口密度的重要因素。因此修正后的城市人口密度计算公式为：

$$\text{城市人口密度(修正值)} = \frac{\text{城市总人口}}{\text{城市居住区面积} \times \text{建筑平均层数}} \tag{5.3}$$

在研究中，由于获取数据受限，目前无法得到江苏 13 个省辖市建筑物层数值，为了剔除不可测因素的干扰，本节没有将其引入到分母中。城市居住面积是指各市行政面积中排除了不适宜居住的面积和非居住的土地面积。由于建成区面积是指城市行政区内实际已成片开发建设、市政公用设施和公共设施基本具备的区域，本章用城市建成区面积代替城市居住面积。进一步改进后的人口密度计算方法如图 5.3 左上角所示，计算公式为：

$$城市人口密度(修正值)=\frac{城市总人口}{城市建成区面积} \tag{5.4}$$

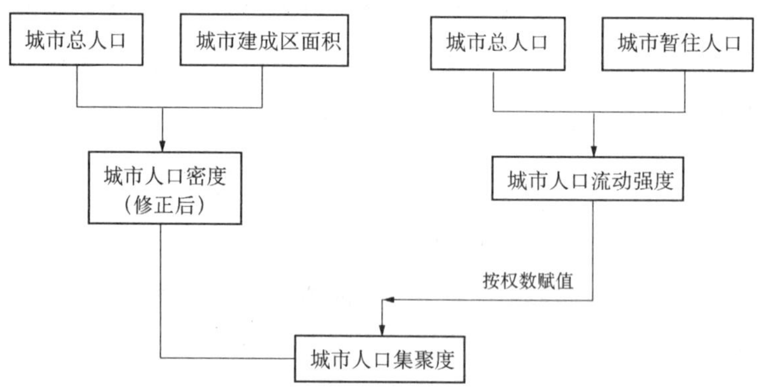

图 5.3　城市人口集聚度计算示意图

式中，城市总人口是指各市行政单元的常住人口总数，本研究选用市辖区年末总人口数，包括暂住一年以上的流动人口数。

修正后的城市人口密度只是反映人口空间分布状况，但不能反映城镇化进程中人口的聚集态势，因此，本章研究借鉴金瑞庭[259]的研究方法，引入城市人口流动强度的概念，根据不同计算结果对城市人口流动强度赋予不同的权数值（见表 5.3）。具体的方法如图 5.3 左上角所示，计算公式为：

$$城市人口流动强度=\frac{城市暂住人口数}{城市总人口数} \tag{5.5}$$

城市暂住人口数是在该市行政单元内暂住一年以上的流动人口数。

表 5.3　城市人口流动强度系数赋值参考表

城市人口流动强度	≤5%	5%—10%	10%—15%	15%—20%	≥20%
赋值	1	2	3	4	5

最后，本章将城市人口集聚度的计算公示确定为修正后城市人口密度乘以城市人口流动强度（见图 5.3）。城市人口集聚度的计算表达式为：

城市人口集聚度＝城市人口密度（修正后）×城市人口流动强度（5.6）

5.2.3　江苏地级城市人口集聚度的计算结果

5.2.3.1　相关数据处理

江苏 13 个地级建成区面积（见附表 6）数据来源于《中国城市统计年鉴(2001—2016)》。总人口是指当年市辖区的年末户籍总人口数，而不是指整个地区的人口，当然也不包括非户籍人口，数据见附表 7。修正后的人口密度数据见附表 8。

对于暂住人口数据，作者详细查阅了《江苏统计年鉴》、《中国统计年鉴》、《中国城市统计年鉴》、《中国人口与就业年鉴》、江苏省国民经济和社会发展统计公告以及各市统计年鉴等，难以得到样本城市暂住人口量。江苏暂住人口数据的主体来源是中华人民共和国公安部治安管理局《全国暂时人口统计资料汇编》(群众出版社，历年)。按照上述汇编的说明，暂住人口是指离开常住人口所在地的市、县到其他市（不含市辖县、乡镇居住日以上的人员。就暂住人口的暂住时间来说，该汇编资料中又细分了三种类型，分别是暂住一个月以下的人口、暂住一个月到一年之间的人口和暂住一年以上的人口。根据研究需要，本书选择了第三种，即选用一年以上的暂住人口作为核心变量引入到变量中。

为了使本章更加贴近经济事实，即为了获得研究所选地级城市中的暂住人口数，笔者所采取的办法是“人口比重类比法”。具体说来，就是以所选地级城市当年年末人口总数占全省的当年年末人口总数的比重值乘以当年全省的总的暂住人数来得所需到样本城市的暂住人口总数。查阅公开资料发现，所估算的结果与一些省份的部分统计公告结果没有太大差异。需要说明的是，对于一些异常数据，根据查阅地级市政府统计部门以及公安部门的暂住人口统计数据后做出一些调整；对于缺失年份的数据，采用线性插值的方法给予初步估计。推算得出各地级市暂住人口的详细数据见附表 9。城市人口流动强度数据见附表 10。

江苏各地级城市碳排放数据见附表 2。

5.2.3.2 江苏各地级市人口集聚度计算结果及分析

根据前文城市人口集聚度的计算方法，本章对江苏 13 个地级市 2000—2016 年的城市人口集聚度进行了详细且精确的计算，结果如表 5.4 所示。2016 年苏南地区人口集聚度最高的无锡市是苏中地区人口集聚度最高的南通市的 1.9 倍、是苏北地区人口集聚度最高的徐州市的 2.3 倍。从人口集聚度看出江苏人口分布的两个典型特征。

(1) 江苏南北区域空间分布不均衡特征

从地理区域来看，2016 年，江苏人口主要集中在三个区域：一是以苏州、无锡、南通为主的长三角地区，人口占全省的 30.66%；二是以南京为主的西南部地区。南京市土地面积占全省的 6.42%，而人口占全省的 10.17%；三是以徐州为主的西北部地区，徐州市土地面积占全省 10.97%，人口占全省的 10.90%。上述 5 市土地面积占全省的 37.96%，而人口占全省的 51.73%，超过一半。

(2) 江苏人口分布变化呈现向苏南地区聚集的趋向

根据全国第五、第六次人口普查资料，2000—2010 年，苏南地区人口占全省总人口的比重由 33.71%增加到 41.37%，提高 7.66 个百分点，其所辖 5 个市人口比重均呈现上升趋势，南京、无锡、常州、苏州和镇江速战人口比重分别提高 1.79%、1.14%、0.67%、4.00%、0.06%。苏中地区人口占全省总人口比重由 23.12%下降到 20.80%，下降 2.32%，其中南通、扬州、泰州分别下降 1.03%、0.61%、0.68%；苏北地区人口占全省总人口的比重由 43.17%下降到 37.83%，下降 5.34%，其中徐州、连云港、淮安、盐城、宿迁 5 市分别下降 1.30%、0.67%、0.79%、1.65%、0.93%。苏中、苏北地区所辖各市人口比重呈现着下降的趋势。区域人口分布的变化反映了 10 年来人口由长江以北向长江以南迁移流动以及人口集聚的趋势。

其实，如果环顾世界上的所有发展中国家，包括欧美发达国家在内，在快速城镇化进程中，都会表现出人口和经济发展两级分极的特征。这种不断加剧的趋势，为本书研究城市人口空间结构和碳排放之间关系奠定了一定的现实基础。

表 5.4 样本城市人口集聚度的计算结果

地区	样本城市	人口集聚度的计算结果																
		2000	2001	2002	2003	2004	2005	2006	2007	2008	2009	2010	2011	2012	2013	2014	2015	2016
苏南地区	南京	27 932	28 329	31 763	35 736	39 569	42 897	40 727	42 937	41 358	41 436	43 326	45 693	47 072	49 453	5 035	5 092	5 117
	无锡	36 873	39 432	39 396	40 463	42 899	44 034	47 399	49 864	50 021	52 792	53 377	53 426	54 976	58 254	6 034	6 219	6 336
	常州	22 672	25 679	29 174	32 390	36 739	39 736	35 698	37 791	38 424	41 896	41 677	43 698	42 679	45 378	4 476	4 628	4 833
	苏州	34 794	36 763	35 789	36 226	39 095	41 053	52 576	52 196	54 713	50 963	52 343	49 681	47 296	55 474	5 079	5 468	5 790
	镇江	18 676	20 397	22 193	21 472	23 693	24 146	26 692	26 594	28 486	27 674	29 752	30 763	33 487	38 574	4 043	4 352	4 469
苏中地区	南通	11 735	12 395	12 386	15 797	17 694	17 294	19 678	22 377	24 564	25 586	26 796	29 163	28 397	30 114	2 980	3 214	3 297
	扬州	15 437	17 564	16 118	15 394	18 462	19 396	20 373	21 586	22 376	26 376	25 183	27 669	29 187	28 137	2 877	2 918	3 034
	泰州	14 764	13 547	14 553	15 377	16 906	16 784	18 973	20 174	17 582	20 377	22 586	25 481	27 586	29 174	3 047	3 158	3 243
苏北地区	徐州	11 964	13 397	14 640	13 593	15 852	16 484	17 685	19 164	16 964	18 386	20 139	23 513	24 586	25 863	2 795	2 681	2 965
	连云港	6 935	6 898	70 167	72 459	75 864	7 638	9 763	10 252	11 373	13 574	12 574	15 382	16 863	17 971	1 837	1 796	2 061
	淮安	8 765	8 864	89 119	90 276	91 089	9 079	11 472	11 599	10 338	12 696	13 687	15 693	15 797	18 653	1 977	2 149	2 358
	盐城	7 764	7 796	79 922	83 157	86 227	8 987	9 873	11 432	10 484	11 974	13 764	14 792	15 854	17 463	1 647	1 899	2 016
	宿迁	5 244	5 736	64 338	68 419	73 885	7 963	8 012	8 916	9 579	10 591	11 295	12 009	13 596	15 964	1 679	1 873	1 947

资料来源：作者计算和绘制。样本城市人口集聚度是按照公式(5.6)计算而来，即城市人口集聚度＝城市人口密度＊城市流动人口强度，这里的人口密度是由计算公式测算而得(修正值)，而非《统计年鉴》上的数值。

5.3 模型设定与数据处理

5.3.1 模型设定

考虑到实证模型中各个变量的现实意义、实际经济意义以及实证研究中（主要是针对面板数据的最小二乘估计和二阶段最小二乘估计过程）可能会出现的异方差问题，本章首先对各个变量（包括自变量和因变量）取自然对数值；另一方面，研究所涉及的样本共计有 17 个时间跨度（即 2000—2016 年间），横截面水平也有 13 个地级城市。因此共组成了含有样本 221 个体的面板数据库。

基于此，本章根据面板数据的要求设立了如下的基本计量经济模型：

$$LnY_{it} = \alpha_i + \beta_1 Ln\gamma_{it} + \mu_{it} \tag{5.7}$$

其中，i 和 t 分别表示各地级城市变量和时间变量，$Ln\gamma_{it}$则表示江苏城市人口空间结构取自然对数后的值。另外，α_i表示截距项，β_1表示面板数据回归系数，μ_{it}是面板数据回归的残差项，且满足研究需要的独立同分布特征。

需要注意的是，城市人口空间分布的变动只是诸多影响碳排放的因素之一，如果简单进行单方程回归的话，结果并不能通过稳健性的检验。此时，可以考虑引入一定数量的控制变量。但是，为了回避掉控制变量的“随机性”可能会造成的估计参数结果偏误问题，研究借鉴了经济学家 Frank[260] 和干春晖等[261]的构建模型方法，即是考虑在模型中引入因变量 Lny_{it}和自变量 $Ln\gamma_{it}$的交互项作为控制变量。因此，有了新的计量模型如公式（5.8）所示：

$$LnY_{it} = \alpha_i + \beta_1 Ln\gamma_{it} + \beta_2 (LnY_{it} \times Ln\gamma_{it}) + \mu_{it} \tag{5.8}$$

模型中的 α_i用来说明模型中个体所产生的影响，即反映模型中所忽略的表征个体差异的影响系数。

基于以上分析，本书考虑如下几个问题：一是需要对上述模型进行必要的差分以消除个体效应带来的模型估计误差。但是，这样又会使得差分后的随机扰动项相关（即 ΔU_t和 ΔU_{t-i}之间）。因此，在模型估计时，需要考虑面板数据稳健性的标准差。二是模型的内生性问题。外生的城市人口空间结构和碳排放量相乘之后，两者之积就会和扰动项相关。这时，常用的办法就是寻找合适的工具变量予以解决。三是弱工具变量检验。需要说明的是，二阶段最小二乘（TSLS）估计是否有效，是否能够符合本书最后的实证要求，关键是取决于本书在模型中引入的工具变量是否有效。也就是说，选用计量方法进行实证研究时，必须要识别弱工具变量的问题。计量经济学理论认为，如果模型中第一阶段回归的统计量值超过 10 的话，就可以认为引入的工具变量不存在弱工具变量情况。四是过度识别检验（也称为 Hansen 检验或者 J 检验）。一般说来，引入过度识别检验主要是考察工具变量是否有足够的外生性。可以将模型中的外生变量对模型的残差进行回归，结果所得到的拟合优度值与样本量的乘积都远远小于自由度为 1、显著程度为 5%的卡方分布的临界值，据此，可以认为，引入的工具变量在模型中具有足够强的外生性。需要说明的是，上述针对工具变量的各个检验构成了接下来实证过程的基本步骤。此外，本章应用的计量软件是 Eviews 和 Matlab。

5.3.2　数据来源与处理

5.3.2.1　数据来源

本章所采用的数据主要来源于 2001—2017 年间的《中国能源统计年鉴》、《中国城市统计年鉴》、《江苏统计年鉴》、《江苏经济社会发展公报》以及江苏各地级市的统计年鉴等。对于个别缺失数据，研究中采用计量经济学中的线性插值法进行估计。本章所涉及的样本共计有 2000—2016 年之间 17 个时间跨度，横截面有样本城市 13 个，共组成了含有样本 221 个的面板数据。

5.3.2.2　数据处理

(1) 被解释变量

选用江苏样本城市的碳排放量作为计量模型的被解释变，其计算结果已经由第三章加以说明。考虑到实证研究方便性以及研究的经济意义和现实意义，研究变量采用取自然对数后的数值。

(2) 解释变量

第一是江苏城市人口空间分布结构，关于该变量的度量指标的解释以及计算结果，在上文的研究中已有说明。同样，为了实证过程的方便，该变量也是取自然对数后的数值；第二是江苏城市人口空间分布结构与碳排放量的交互项，江苏城市人口空间分布结构与碳排放量相乘的交互项是以控制变量的方式引入到模型中的，这样做有效回避了由控制变量“随意性”带来实证结果的“随机性”问题。第三是江苏城市人口空间结构与碳排放量交互项的差分项和滞后项，一般说来，模型中产生交互项就会出现内生性问题，本节中外生的城市人口空间分布结构和碳排放量相乘的交互项与随机扰动项相关，内生性问题的解决办法是寻找合适的工具变量（Instrumental Variable)，将产生内生性解释变量的差分项和滞后项作为工具变量引入（分别记为 IV1 和 IV2)。

5.3.3 主要变量的描述性统计

表 5.5、表 5.6 和表 5.7 描述了主要年份的主要变量统计性描述结果（2000—2016 年)。从表中可以看出三个方面。

第一，从表 5.5 看出，在所选的样本城市中，总共含有有效样本值 221 个，取自然对数后的城市碳排放量值的均值为 1.437，总和值达到了 473.87，取自然对数后的城市人口集聚度值（即城市人口空间结构值）的均值为 9.769，总和值到达了 3 318.6，而作为控制变量的交叉项值（即取自然对数后的城市碳排放量值乘以取自然对数后的城市人口空间结构值）的均值为 13.038，总和值同时达到了 4 865.2。

表 5.5 主要变量的描述性统计结果（1)：2000—2016

变量	均值	中位数	最大值	最小值	标准差	偏度	峰度	CS	概率	总和	观测值	离差平方和
Lny	1.437	1.527	5.641	−1.003	0.876	0.334	4.164	16	0.000	473.87	221	287.75
Lnγ	9.769	10.146	11.74	7.631	0.574	0.005	2.148	16	0.008	3 318.6	221	113.46
Lny * *Lnγ*	14.038	15.493	66.22	−8.513	11.081	0.649	4.584	16	0.000	4 865.2	221	29 634

第二，从表 5.6 看出，在所选样本城市的研究时间段中内（2000—2016 年之间)，城市碳排放量值的均值和城市人口集聚度的均值存在着总的上升态势，但是，当取自然对数后，两者的变化态势趋于不明显。

表 5.6 主要变量的均值描述性统计结果（2)：2000—2016

变量	2000	2001	2003	2005	2007	2009	2011	2013	2015	2016
y	7.18	6.98	7.13	7.52	7.18	7.23	7.29	7.46	7.56	7.68
γ	31 828	32 478	29 582	33 562	31 484	30 483	30 496	31 792	31 811	32 096
Lny	1.62	1.58	1.56	1.53	1.49	1.55	1.54	1.63	1.58	1.61
Lnγ	10.30	10.22	10.26	10.19	10.17	10.26	10.17	10.28	10.18	10.24
Lny * *Lnγ*	16.59	16.24	15.37	14.58	15.86	16.47	15.79	16.79	15.97	16.75

第三，从表 5.7 看出，在所选样本城市的研究时间段中内（2010—2016 年之间），城市碳排放量值的总和值和城市人口集聚度的总和值也存在着总的上升态势，但是，当取自然对数后，两者的变化态势同样趋于不明显。

表 5.7　主要变量的总和值描述性统计结果（3）：2000—2016

变量	1999	2001	2003	2005	2007	2009	2011	2013	2015	2016
y	210.37	232.59	228.25	226.45	227.46	226.57	225.34	228.46	210.37	229.14
γ	94 589	90 175	96 452	10 446	92 563	95 873	93 482	95 442	10 283	98 384
Lny	50.11	49.93	47.69	46.38	47.69	45.34	47.95	49.87	48.91	49.38
$Ln\gamma$	305.36	304.29	305.95	303.97	306.55	304.27	305.63	307.59	307.87	306.94
$Lny * Ln\gamma$	500.39	503.67	473.89	498.67	462.73	476.38	476.96	489.61	497.63	501.21

5.4　计量方法以及实证研究的发现

5.4.1　计量方法说明

5.4.1.1　动态面板模型的说明

本章利用江苏地级市层面动态面板数据（Panel Data）建立计量模型，力图揭示江苏城市人口空间分布结构变动对碳排放量的影响情况。面板数据的模型主要有三大类，即变系数模型的单方程回归形式（也称为无约束模型，Unrestricted Model）、变截距模型的单方程回归形式（也称个体均值修正模型，Indicidual-mean Corrected Regression Model）、和无个体影响的不变系数模型的单方程回归形式（也称为联合回归模型，Pooled Regression Model）。实际应用面板数据进行实证研究时，使用的样本数据包括了诸如时间、指标和个体特征等三个方向上的关键信息。因此，可以认为面据数据可以很好地表征模型的动态特征。

具体说来，应用面板数据进行实证研究的优势有：第一，样本数据包括了如时间、指标和个体特征三个方向上的关键信息，本质上说来是对同一截面单位元的重复观察和统计，进而可以更好地捕捉经济行为的动态特征。第二，相比截面和时间序列数据而言，面板数据模型中的固定效应可以得到参数的一致估计量，甚至是有效估计量。第三，面板数据在时间序列和截面上都增加观测值。因此，应用面板数据进行实证研究可以大幅度的增加样本容量和抽样精度，进而提高模型的估计系数。第四，面板数据模型可以通过设置虚拟变量来对个别差异进行有效控制，增加了估计结果的有效性。

5.4.1.2 内生性问题处理方法

一般来说，产生内生性问题的原因主要有三种，第一种是遗漏变量，且遗漏的变量与引入模型的其他变量时满足相关关系；第二种是模型中的解释变量和被解释变量之间是存在着相互作用的关系，表现为相互影响或相互因果；第三种是经济变量的不确定数据，即测量误差也会产生内生性问题。具体说来，模型中的测量误差可能是来自数据的不当使用，可能是数据的加工处理工程中错误的汇总或者错误的处理，也可能是受人为因素和技术因素的影响。测量误差不仅会使模型产生内生性的问题，同时也会使得我们的模型系数低估，一般的检验方法使用 Hauaman 检验。

就本章而言，计量模型中遗漏了影响碳排放量的一些重要变量，如人口规模、人均 GDP、人均消费水平、产业结构以及能源结构与强度等，结果不可避免的会产生较为严重的内生性偏误。本书研究过程中受到人为因素或技术因素的影响都可能产生测量误差，测量误差不仅使模型会产生内生性问题，同时也使得模型系数被低估，基于以上原因，本章将产生内生性解释变量的差分项以及滞后项作为模型所需要的工具变量引入量。这样做的好处是既避免了内生性所造成的估计偏误问题，数据处理方面也便于后续的实证研究。

5.4.1.3 回归方法的说明

如果出现由于模型内生性的情况时，最小二乘估计结果已经不是“最佳线性无偏”，需要采用二阶段最小二乘法。从本质上说，二阶段最小二乘是工具变量回归的特例，在二阶段最小二乘估计中有两个独立的阶段。

第一阶段：需要找到一组变量，然后让模型中的每个解释变量分别做关于这个关键变量的最小二乘估计；

第二阶段：将所有变量用第一阶段最小二乘回归得到的拟合值来代替，然后再对原方程进行回归。上述这个过程所得到的回归系数就是我们所需要的估计值。需要说明的是，所得到的二阶段最小二乘估计量是一致的估计量。

5.4.1.4 工具变量的作用机制及检验

(1) 工具变量

所谓工具变量法，就是模型在参数估计时选择合适的工具变量来代替原先与随机扰动项存在相关性的解释变量。研究表明，若解释变量与随机扰动项相关，回归估计结果是有偏且不一致的，而利用工具变量法修正的回归模型所得到的参数估计是满足一致估计的。

一般说来，工具变量可以处理遗漏变量的偏误问题或者是在传统回归中含误

差变量的问题，其必须满足是外生的条件，同时必须与内生变量相关，即

$$COV(Z,U)=0 \text{ 同时 } COV(Z,X)\neq 0 \tag{5.9}$$

此外，需要说明的是，工具变量只是一种单方程的估计方法，每次只适用于模型中的一个结构方程。

工具变量法的主要步骤为：第一步是选择合适的工具变量，选择工具变量的个数是必须与模型所估计的结构方程中的解释变量的内生个数相等；第二步是用工具变量与结构方程相乘，并对所有的样本观测值进行求和，这样就可以得到与我们方程中未知参数一样多的线性方程。

举例如下，若有方程： $y_t=\beta_0+\beta_1 x_t+\mu_t$ (5.10)

其中，我们假设 X_t 是模型中的内生变量，故有 $COV(Z,U)\neq 0$ 。此时，若想进行实证研究的话，则必须找一个外生变量 W_t，且 W_t 必须满足与 X_t 高度相关，又与 u_t 不相关。即有：

$$\beta_0=\bar{y}-\beta_1\bar{x}+\bar{\mu} \tag{5.11}$$

故用 z_t 乘以上述公式并同时两边求和，就可以如下式子：

$$\sum y_t z_t=\beta_0 z_t+\beta_1\sum x_t z_t+\sum z_t\mu_t \tag{5.12}$$

由于 $E(\mu_t)=0$ ，所以上述（5.11）又可以改成：

$$\hat{\beta}_0=y-\hat{\beta}_1\bar{x} \tag{5.13}$$

由于 $E(\mu_t)=0$ ，故有 $\sum z_t\mu t\approx 0$ ，可以将（5.12）式改为：

$$\sum y_t z_t = \hat{\beta}_0 \sum x_t + \hat{\beta}_1 \sum z_t x_t \qquad (5.14)$$

将（4.13）式带入到（5.14）式中，即有

$$\sum y_t z_t = \beta_1 \sum x_t z_t \quad (5.15)$$

即：

$$\hat{\beta} = \frac{\sum \dot{z}_t \dot{y}_t}{\dot{z}_t \dot{x}_t} \qquad (5.16)$$

最后需要说明的是，工具变量只适用于在恰好识别的回归方程，对于过度识别或者弱识别的回归方程，则不能使用工具变量法。

（2）弱工具变量检验

二阶段最小二乘（TSLS）估计是否有效，是否能够符合实证要求，关键要取决于在模型中引入的工具变量是否是有效的，因此必须识别弱工具变量（Weak instruments）。引入工具变量以后，需要对工具变量做最小二乘回归检验，观察其结果，在此基础上，再利用两个工具变量进行二阶段最小二乘法模型回归，计量经济学的一般理论认为，如果第一阶段的 F 统计量值（F-statistic）超过10，我们就认为不存在弱工具变量的情况。结果如表5.8所示，容易得到，工具变量的回归系数均是在1%的显著性水平下显著，且模型的F统计量值远远大于10，说明不存在弱工具变量的情况。

（3）过度识别检验

由于引入了两个工具变量，故我们又必须进行过度识别约束检验。一般说来，引入过度识别检验主要是检验工具变量是否有足够的外生性。过度识别检验，也称为Hansen检验或者是J检验，工具变量是否有足够的外生性是保证模型回归结果符合实证要求的一个关键条件。

根据以上的研究，可以将模型中的外生变量对TSLS模型的残差进行回归，结果所得到的拟合优度值与样本量的乘积都远远小于自由度为1、显著程度为5%的卡方分布的临界值，据此，就可以认为引入的工具变量在模型中具有足够强的外生性。

表 5.8　弱工具变量的检验结果

解释变量	$Lny_{it} * Ln\gamma_{it}$
IV1	1.000*** (1.64E+15)
IV2	1.000*** (3.18E+15)
$Ln\gamma_{it}$	7.23E-14*** (18.6870)
常数项	—8.23E—13
F 检验	5.79E+30
观察值	221

注：括号中的数值表示 t 统计量，***、**、* 分别表示在 1%、5%、10%的水平下显著。

5.4.2　结果与分析

5.4.2.1　基本模型

为了便于对面板模型的分析，首先不考虑模型的内生性问题，而是利用回归模型直接考察 2000—2016 年江苏城市人口空间结构的变动对碳排放的影响，在回归之前，采用综合统计检验法进行多重共线性检验和 DW 检验法进行序列自相关检验，结果表明，都排除了多重共线性和序列自相关造成的研究偏误问题。

表 5.9 报告了研究区间内样本城市基本模型 5.7 和 5.8 在未考虑模型内生性情况下所获得的回归结果，模型（1）是模型 4.7 的简单的一元回归模型，模型（2）（即模型 5.8）在模型（1）的基础上引入控制变量。从表 5.9 可以清楚地看出，当控制变量 $Lny_{it} * Ln\gamma_{it}$ 引入到模型后，$Ln\gamma_{it}$ 回归系数发生了显著的变化（由正值 0.5589 变化成了负值－0.1340），同时单个参数和整个模型显著性水平都得到了明显的提升（表现为报告中的 F 值和 t 值均提高，分别由 47.1679 和 6.2834 增加到 45397.32 和－24.9762），调整后拟合优度 R^2 也从原先的 0.1297 提高到了 0.998758。由于引入了交叉项作为控制变量的模型（2）依然没有完全刻画出城市人口空间结构对碳排放影响的真实程度。原因在于模型中含有因变量的交互项双向因果关系所造成的内生性问题，导致回归参数结果不满足“最佳线性无偏”，造成估计结果出现严重的偏误问题。

表 5.9　基本模型回归结果

解释变量	回归模型（1）	回归模型（2）
$Ln\gamma_{it}$	0.558 9*** (6.283 4)	−0.134 0*** (−24.976 2)
$Lny_{it} * Ln\gamma_{it}$	—	0.096 7*** (267.836 5)
常数项	−0.506 3	1.432 9
F 检验	47.167 9	45 397.32
R^2	0.181 3	0.998 755
调整后的 R^2	0.129 7	0.998 758
观察值	221	221

注：括号中的数值表示 t 统计量，***、**、* 分别表示在 1%、5%、10%的水平下显著。

5.4.2.2　模型修正

如考虑面板模型的内生性问题，则通过引入工具变量解决内生性问题，上文已进行了弱工具变量检验和过度识别检验，模型有效地克服了控制变量带来的内生性问题，实证过程满足计量经济学各项假定要求，回归结果有了较高的可信度。

本章引入两个工具变量 IV1 和 IV2 来进行 TSLS 模型回归，回归结果见表 5.10。

表 5.10　二阶段最小二乘回归（TSLS）的回归结果

解释变量	模型（3）	模型（4）	模型（5）
$Ln\gamma_{it}$	2.856 2 *** (5.623 1)	5.116 4 (1.109 8)	−0.152 9 *** (78.97)
$Lny_{it} * Ln\gamma_{it}$	—	—	—
R^2	−2.726 3	−9.847 6	0.134 1
调整后的 R^2	−2.748 1	−9.365 2	0.134 0

注：括号中的数值表示 t 统计量，***、**、* 分别表示在 1%、5%、10%的水平下显著。

其中，模型 3 则是引入 IVI 一个工具变量后，从表 5.8 中可以看出，虽然解释变量在 1%的显著性水平下显著，但 TSLS 回归结果的拟合优度却是负值。由于 IV 中的 IV1 残差的平方和（SSR）实际上可能大于被解释变量的总平方和（SST），所以二阶段最小二乘回归（TSLS）的估计结果 R^2 可能为负值，但是否是最优的实证模型还需要综合考虑来决定；模型 4 则是引入 IV2 一个工具变量，从中可以看出，不仅解释变量在 10％的显著性水平下不显著，而且 TSLS 回归结果的拟合优度也为负值；模型 5 则同时引入 IV1 和 IV2 两个工具变量，检验结果显示，在所选择的时间跨度内和样本空间中，模型解释变量的数值为－0.152 9，且在 1％的显著性水平下显著。

4.4.2.3　结果与分析

对模型（3）、（4）、（5）的回归结果进行检验比较，最后选择模型（5）作为最终的模型拟合结果，碳排放对人口集聚度弹性为 0.152 9，即城市人口集聚度每上升 10％，碳排放量下降 1.529％。同时，调整后的拟合优度为 0.134，说明自变量人口集聚度的增加对城市碳排放的负效应大约有 13.4％的解释力。这表明，模型中样本城市人口集聚度的变动对城市碳排放量有着弱的负效应。事实上，这一实证结论与研究预期相一致，也与第一章文献综述 Bin（2005）、Antonio M. Bento（2005）、Edward L. GIaeser（2008）、Kahn（2010）、秦波等（2013）的研究结果相符。也就是说，当模型中的样本城市人口集聚度增加的时候，相应的碳排放量的增量就会随之减少。可以从以下两个角度做出原因说明：

（1）人口集聚对碳排放的影响是双向的。一方面，人口增长和积聚对资源产生了压力，增加了能源消费导致环境恶化，另一方面城市人口集聚度增加会产生人口和产业的规模效应、人力资本积累效应、经济外部性，促进技术改革，这样就会减轻对环境的负面影响。具体到本研究而言，苏南地区虽然人均收入较高，在住房、交通工具、家用电器和家庭购物消费等方面有较高的要求，这无疑对能源消费提出了很大的需求，直接导致碳排放大幅增加，但是，随着苏南经济增长方式的转变和产业转型升级、政府对环境治理投入的增加促进了技术进步，所以人口积聚对环境正面影响小于负面影响。

（2）从碳排放量与人口集聚度的年均增长率的比较来看，无论是江苏还是苏南、苏中、苏北以及 13 省辖市，其人口集聚度的年均增长率均超过相应的碳排放年均增长率。具体来看，2000—2016 年江苏人口集聚度年均增长率为 5.81％，而同期江苏碳排放总量的年均增长率为 5.21％。2000—2016 年 17 年间，苏南、苏中、苏北地区碳排放量年均增长 4.58％、5.04％、6.03％，而同期苏南、苏中、苏北地区的人口集聚度的年均增长率为 4.80%、5.81%、6.82%，均超过相对应的碳排放年均增长率。从江苏 13 个省辖市来看，2000—2016 年，除了无锡、扬州外，其他城市的人口集聚度年增长率均超过碳排放增长率。因此，从相对比较来看，人口集聚度的增量大于碳排放量的增量，碳排放量相对人口集聚度增量来说，有下降的趋势。

5.5 实证结果的理论解释

针对以上实证结果，本章进行进一步的理论解释，总结归纳为以下几个方面：

第一，从城市人口规模效应的角度来解释。规模效应又称规模经济，简单说来就是因经济规模的不断增大而带来的经济整体效益的提高的总过程，此概念最早是源于内生经济增长理论。而我们提出的所谓的人口规模效应是由于人口的流动形成的，当然更本质上的原因应该是源于区域经济社会发展的不平衡所导致，继而在空间上表现为一种规模性和聚类性的特征。此外，在人口规模效应发挥到一定程度后，往往又会出现所谓的“马太效应”特征，就是单位空间内人口越聚集，对外区域人口的吸引力就会越大，进而区域人口聚集度也自然就越高，最后就会使得人口的加总效用越强，即人口聚集效应越会越加明显。具体到本研究而言，在过去十年中，随着中国城市化进程的不断加速，拥有教育、医疗和就业等多方面优势的城市不断促使农民离开农村。城市人口的不断集聚，在较大程度上减少了居民在用电、用水和交通方面的碳排放量。举例而言，城市人口的不断集聚提高了地铁和城市公共交通的运行效率，并同时也使得城市取暖和供冷效率得以提升。这一角度可概括为城市集聚人口的“低成本效应”。

城市是人口集聚和产业集聚的结果，城市化进而又是人口和产业集聚的推动力，城市化进程中，大量农村人口集聚到城市，一方面同样的城市公共交通、能源供给等基础设施可以让更多人口共享，降低公共设施投入，发挥规模效应，提高城市基础设施利用率，进而降低碳排放强度。另一方面，人口集中在城市中可以实现能源的集中利用、土地的集约利用，从而实现人口集聚产生的外部性收益，如城市人口集聚度提高通过集中供暖、供水、供气、供电等实现资源的集约化利用，这样比分散利用的方式更能节约能源，提高能源利用效率，降低碳排放。此外，人口分布紧凑化提高了居住密度，缩减通勤时间和通勤距离，减少交通成本和能源消耗，同时是能够促进城市交易效率的提高，这种城市空间利用效率提高（单位面积产出提高可以降低单位 GDP 产出的碳排放，同样，相同面积的土地通过提高空间利用效率提高产出可以降低每单位产出的碳排放）有利于降低城市碳排放。

第二，从城市产业集聚效应的角度来解释。内生增长理论和新经济地理学等理论对产业集聚都给予了重视，简单说来，产业集聚就是产业发展过程中产生的一种较普遍的地缘经济现象。具体说来，是指由某个部门二淀数目的企业共同组成的产业在一定地理和空间范围内集中，进而来实现经济效益提升的过程。韦伯在其专著《工业区位论》中详细阐述了经济地理的区位集聚理论，熊彼特则是从技术创新的角度来说明产业的集聚现象的，之后胡佛（1948）又在其专著《经济活动的区位》中提出了产业集聚的最佳规模理论，20 世纪年代以来，众多经济学家开始关注这一现象，并将其与人口学、社会学、地理学和环境科学等学科进行了结合。具体到本研究而言，城市产业的集聚促进了城市人口的不断集聚，进而在较大程度上减少了居民在用电、用水和交通方面的碳排放量。这一角度同样可概括为城市集聚人口的“低成本效应”。

产业集聚对碳排放的作用机制可以从规模效应和能源利用效率两个方面来分析，第一，产业的地理空间集聚可以通过生产运营的专业化、集中化和规模化以及要素资源、基础设施、劳动力市场、市场网络与信息的共享，有效降低生产成本，提高投入要素产出效率，从而能够放大产业集聚的“节能效应”；第二，相关联的上下游产业在空间上的集聚一方面节约运输成本，另一方面有利于提高生产中废弃物再利用，提高能源利用效率；同时产业集聚可以通过技术研发，加快新技术、新知识的扩散，从而能实现生产技术的改进、生产效率的提高，从而提高能源利用效率，达到碳减排效果。

第三，从人力资本集聚效应的角度的解释。从古典政治经济学中，并没有将社会中的人力资本资源作为经济增长的原因。但是，随着科学技术的进步和社会生产力的日新月异，经济学家们越来越开始关注人力资本的作用问题。舒尔茨的人力资本理论是近代以来最有代表性的，贝克尔的人力资本理论则在舒尔茨的宏观分析基础之上，对人力资本的微观机制问题进行了深入的探讨，而之后的丹尼森的人力资本理论贡献则是创新性地对人力资本要素进行了计量经济分析，再之后的经济学家如卢卡斯、斯宾塞和罗默尔则进一步发展了人力资本理论。可概括为城市集聚人口的“高生活质量效应。

具体到本章而言，城市人口资本的集聚效应主要体现在以下两个方面：一是人力资本的不断集聚，会扩大当地公共资源的潜在需求包括有教育、医疗和生活设施等，并进一步吸引优秀人才来就业和生活。这种集聚效应促成了城市产业转型的路径锁定，并通过循环效应不断推进经济结构的调整，进而能在源头上减少城市碳排放量。这一角度可概括为城市集聚人口的“高生活质量效应”。二是具有高教育水平的人力资本的集聚，能够促进投入产出效益的提高，对于产业转型升级和绿色发展都具有重要影响，提升绿色生产水平。

第四，从外部性角度来解释。经典经济学中，外部性一词最早源于著名经济学家马歇尔在 1890 年著的《经济学原理》中，它所表述的是一种市场交易经济之外的经济形态，具体说来是指不通过价格而直接影响他人的经济环境环境或者经济利益，进而转移自己行为的后果，但却没有由自己完全承担这种后果的经济现象。作为一种理论，它在经济学和社会学中拥有广泛的应用，是用来分析现实中人与人之间或者经济行为主体之间行为的另外一种相互影响。按照外部性的影响来分，可以分为正外部性和负外部性。所谓正外部性，是指某个经济社会行为主体的行动使得他人或者社会收益，但受益者无须花费相应代价的情况。而所谓的负外部性，是指某个经济社会行为主体的行动使让人或者社会利益受损，进而造成外部不经济的人却尚未为此承担相应成本的情况。另外，从影响范围的角度来说，又可以分为消费的外部性和生产的外部性两个方面。所谓消费的外部性是指一个消费者的消费行为直接影响了另一个经济社会行为人生产或者消费的可能性的情况。而生产的外部性，是指厂商的生产影响了其他社会或者经济人的福利状况。人口、产业集聚一方面会带来规模经济、信息和知识外溢以及人力资本集聚等正的外部性，另一方面还可以促进全要素能源效率和单要素能源效率的提高，此外，产业集聚产生的外部效应，主要通过企业的学习效应进行节能技术研发和推广普及，从而提高能源利用效率。因此，城市人口集聚的外部性最终导致城市产业转型，并通过循环效应不断推进经济结构的调整，进而在源头上降低碳排放。

第五，从技术进步的角度的解释。在新古典增长模型生产函数当中，对产出量做分解后会出现由劳动和资本不能解释的部分，一般称为索罗剩余量。经济学家认为此部分为由技术进步所带来，即认为技术进步是以一种外生的变量，与模型中投入的劳动力和资本量无关。但是，需要指出的是，也有一些经济学家反对将技术进步视为外生的变量，认为技术进步其实是表现在资本生产率的提高和人力资本效率的提升方面。具体到本研究而言，城市人口的不断集聚，加快了技术进步的步伐。因此，从长期来看，城市碳排放量会有趋于下降的态势。这一角度可概括为城市集聚人口的“文明发展效应”。具体到本研究而言，人力资本集聚有助于降低集聚区内知识流动、溢出以及人力资本流动的成本。同时由于人力资本集聚形成产业集聚效应，且人力资本集聚区凭信息、人力资本优势和强大的科技创新能力，推动集聚区内产业结构改善升级和技术进步。

5.6　本章小结

本章应用面板数据模型对江苏 2000—2016 年城镇人口空间分布结构变动对碳排放的影响进行实证研究。首先引入人口集聚度的概念，并计算江苏 13 个地级城市的人口集聚度，然后设定基本模型，将城镇人口空间分布结构与各地级城市碳排放量的交互项作为最优控制变量引入面板模型中，并控制其他解释变量对模型的影响。由于解释变量的交互项存在双向因果关系而产生的模型内生性的问题，本章引入工具变量予以解决，并进行弱工具变量检验和过度识别检验，最后采用二阶段最小二乘法（TSLS）对包含不同工具变量的模型进行回归分析。

本章研究结论为江苏地级城市人口集聚度的变动对城市碳排放有着显著的负效应。在 1%的显著性水平下，在本章所确定的样本时间内，江苏城市人口空间结构的变动对城市碳排放量大约有 13.4%的解释力。也就是说，当江苏地级城市人口集聚度增加的时候，相应的碳排放量随之减少，这一实证结论与理论研究的预期相一致。

本章最后从人口规模效应、产业集聚效应、人力资本集聚效应、城市外部性和技术进步效应等五个方面对实证结论进行了理论解释。紧凑型的城市人口空间分布结构比人口分布分散化更能发挥人口集聚的规模效应和外部性，从而提高城市空间利用效率，因此，城市人口集聚度的提高有利于提高城市能源利用效率，从而达到碳减排目的。而目前土地过度城市化、人口虚假城市化，人口城市化滞后于土地城市化，城市低密度的“摊大饼”式的扩张蔓延，由此造成空间资源、能源浪费，城市空间利用不合理，城市空间利用效率降低，从而降低城市能源利用效率，最终导致碳排放上升。

第6章　江苏城镇化进程中生产方式变动对碳排放的影响

城镇化进程中的碳排放不仅仅是缓解气候变化的环境问题，更是一个经济问题，因为碳排放是经济学中的外部性问题，任何碳减排政策和措施最终都会涉及经济发展和产业结构。发达国家的工业化进程的实践已经证明，产业结构的优化升级是减缓碳排放快速增长的最有效途径，在我国“十三五”规划纲要中，到2020年单位GDP能源消耗累计降低15%，单位GDP二氧化碳排放降低18%作为约束性指标纳入规划。江苏作为经济大省，在“十三五”期间，全省单位GDP能耗和碳排放量要完成国家下达的任务指标，必须要走调结构、转方式的绿色发展之路。本章以江苏为研究区域，主要聚焦城镇化进程中生产方式的转变对碳排放的影响，提出江苏加快产业结构转型升级的可行性建议，为政府制定更为合理的减排政策来应对和解决日益严重的环境问题。

6.1　城镇化对生产方式的影响

从整个生产系统来看，一个国家的碳排放量主要取决于个生产部门的碳排放强度、生产投入结构、最终产品结构、最终需求结构以及最终需求量。各生产部门的碳排放强度越高，生产同样数量的最终产品所产生的二氧化碳排放越高。各生产部门生产过程中投入的碳排放强度较高的产品份额越高，则碳排放越高。各生产部门的碳排放强度主要由部门生产方式决定的。

生产方式是劳动者与劳动资料结合的特殊方式，是人类社会赖以生存的基础。历史上，随着社会的变迁，人类生产方式经历石器时代、铜器时代、蒸汽机时代和工业化大生产时代的变革，生产方式的变革推动着产业结构的演进。城市的兴起和发展则是生产方式变革的结果。因此，城镇化发展始终伴随着产业结构的演进过程。

6.1.1　城镇化带动农业现代化

在工业化开始之前，农业在国民经济中占主导地位，这种自给自足的、分散的小农生产方式严重制约了现代农业的发展。随着科学技术水平和农业生产力的提高，当经过农业的初步积累和产业分工之后，剩余劳动力人口开始逐渐向城镇转移。城镇化的发展又为农业现代化发展带来机遇，城镇化带来农业现代化主要表现在以下三个方面：一是随着城镇化的发展，农业剩余劳动力向城镇有序转移，使得农村土地得到集约化利用，为实现农业生产的现代化、规模化、机械化创造了条件。农业现代化要求用现代的科学技术和装备设施改造传统农业。二是城镇化发展能够给农业生产带来先进的经营理念，如家庭农场、合作社的兴起，同时城镇化也给农业生产带来充足的资金支持，从而进一步完善农业基础设施，农村经济由单一的农业经济向农业、农产品深加工等多元经济转型。三是农业是城镇发展的基础，在城镇化进程中，随着城镇人口的增加以及城镇居民消费水平的不断提高，对农副产品需求的数量和质量也随之提高，这带动农产品深加工业，延长农业产业链，从而刺激了农业生产向更高水平的现代农业发展。

6.1.2　城镇化推进工业化进程

随着城镇化的发展，机器生产代替手工劳动，形成了现代工厂制度，改变了原来分散的手工业生产和自我雇佣的农业生产方式，第二产业在经济中逐步占主导地位。城镇化是资金、技术、原材料、劳动力和商品等经济资源的交易中心，具有较强的综合功能。在城镇化的进程中工业化得到进一步发展，主要表现在三个方面：一是城镇化通过扩大消费需求来拉动工业发展。城镇化是扩大内需的重要力量，城镇人口的增加带来了消费市场需求不断扩张和升级，同时也增加对住房、交通等城镇公共基础设施和公共服务的需求。二是城镇化具有人力资源、地域空间上集聚效应。城市丰富的人力资源、完善的基础设施，为厂商节约了生产经营成本和商品交易成本，提高了企业的经济效益；城镇工业产业的空间聚集，更加有利于专业化、精细化的社会分工与合作。三是城镇化具有传播现代文明的功能。城镇化改变了农村落后的生活方式和生产观念，农村富余的人力资源转变为城市的人力资本，为工业化发展提供最为核心的智力支持。

6.1.3　城镇化推动第三产业发展

第三产业，指不生产物质产品的行业，即服务业，也是为生产和生活服务的部门，包括金融业、保险业、公用事业、旅游业、信息咨询和各类技术服务业等；第三产业的行业特点决定了对其人口和产业集聚有内在的要求，人口和各种生产要素聚集到一定程度，就产生对生产和公共服务强大的市场需求，进而会有与之相适应的第三产业发展起来。只有生产生活和公共服务的需求，才能支撑第三产业的产生和发展，并使之独立化、产业化。而城镇化是第三产业发展的基础，城镇化的发展为第三产业提供丰富的人力资源，而第三产业具有较高的就业弹性，并对城镇人口就业具有很大的带动效应，因此，城镇化促进第三产业的发展。另一方面第三产业又满足城镇居民消费需求结构多元化，即满足了城镇居民生活性、生产性服务业的发展需求，从而促进城镇化的发展。

6.1.4 城镇化推动生产方式变动的综合分析

城镇化发展对生产方式变动的影响最突出的表现就是推动产业结构的升级和优化，综合起来表现在劳动力结构、城镇建设需求、市场消费需求、经济可持续发展四个方面。

第一，从城镇化对产业发展所需劳动力结构的影响来看，一方面城镇化进程中农村人口向城镇大量聚集，为工业和服务业发展提供了大量劳动力，城镇化发展会带来劳动力的流动，为产业结构发展提供生产要素，对第二、三产业发展起到了推动作用；另一方面，新型城镇化建设对城镇人口素质、受教育程度提出更高的要求。政府加大城镇教育投入，对进城民工开展技能培训，同时培养高精尖创新型人才，推动科技产业发展，劳动者素质的提高推动产业结构高级化。

第二，城镇化建设对城镇的基础设施建设等方面提出更高的要求。城镇基础设施建设需要通过大量的社会投入来完成，因而大量资本等社会资源向城镇聚集，这一方面吸引了大量的农村剩余劳动力向城市转移，另一方面也带动了城市交通、金融、通讯、医疗等公共基础设施的扩张，从而推动第二、三产业的发展。

第三，城镇化提高了居民的消费层次和生活质量。在城镇化发展初期，居民的基本生活需要是解决温饱问题，第一产业对满足这种基本物质需求起到巨大支撑作用；而到城镇化中后期阶段，城镇的工业化发展水平已能够满足居民消费需求，居民生活水平有了较大的提高，基础设施建设不断完善。但居民还会对城市的生态环境、文化教育、休闲娱乐等方面提出更高的要求，这就要求产业结构调整需要向第三产业方向转变，以适应城镇的健康可持续发展，满足城镇居民的多元化需求。

第四，城镇化从经济发展方式上对产业结构调整提出了新的要求。城镇化发展初期，以家庭为单位的手工作坊也蓬勃发展，随着工业革命的兴起，手工劳动逐渐被机器生产所取代，城镇化的发展伴随工业化的进程，第二产业逐渐成为国民经济的主导产业，与此相对应的资源过度消耗、污染严重的粗放型的不可持续的工业文明发展模式，这就需要转方式、调结构以适应外部环境的要求，通过不断科技创新实现节能减排，向能源消费相对较少第三产业逐步过渡，从低级经济结构调整到到高级、优化合理的经济结构，从单纯的经济增长转化到全面协调可持续的经济增长。

6.2　江苏产业结构与产业碳排放概况

产业结构是指在国民经济中，各个产业部门以及各个产业部门内部的构成关系。三次产业分类法是世界上各国常用的分类方法。从产业结构的发展趋势看，产业结构存在着从低度化发展向高度化发展的演进规律，其本质含义就是指产业结构的重心由第一产业逐渐向第二产业和第三产业转移的趋势。这也是产业结构调整的内涵。

6.2.1　江苏产业结构概况

随着经济的发展，江苏产业结构调整步伐加快。截止到 2016 年年底，三次产业增加值比例调整为 5.4∶44.5∶50.1，2016 年服务业增加值占 GDP 比重提高 1.5 个百分点。全年实现高新技术产业产值 6.7 万亿元，比上年增长 8.0%；占规上工业总产值比重达 41.5%，比上年提高 1.4 个百分点。战略性新兴产业销售收入 4.9 万亿元，比上年增长 10.5%；占规上工业总产值比重达 30.2%。

经济活力继续增强。全年非公有制经济实现增加值 51 510.3 亿元，比上年增长 8.0%，占 GDP 比重达 67.7%，其中私营个体经济占 GDP 比重为 43.6%。民营经济增加值占 GDP 比重达 55.2%。2016 年末全省工商部门登记的私营企业达 222.9 万户，当年新增 50.1 万户；个体户 438.8 万户，当年新增 77.6 万户。

全年服务业增加值增速达 9.2%，占 GDP 比重达 50.1%。其中，交通运输仓储和邮政业增加值 2 834.2 亿元，增长 4.3%；金融业增加值 6 060 亿元，增长 13.8%；房地产业增加值 4 586.7 亿元，增长 8.6%。

先进制造业加快发展。规模以上工业中，汽车制造业实现产值 7 967.7 亿元，增长 13.1%；医药制造业产值 3 992.4 亿元，增长 12.3%；专用设备制造业产值 6 450.7 亿元，增长 8.4%；电气机械及器材制造业产值 17 986.5 亿元，增长 9.4%；通用设备制造业产值 9 401.6 亿元，增长 6.4%；计算机、通信和其他电子设备制造业产值 19 438.7 亿元，增长 2.3%。代表智能制造、新型材料、新型交通运输设备和高端电子信息产品的新产品产量实现较快增长。全年工业机器人产量增长 90.6%，服务器增长 50.2%，碳纤维增强复合材料增长 36.6%，智能手机增长 30.2%，智能电视增长 21.0%，太阳能电池增长 22.6%。

高新产业较快发展。组织实施省重大科技成果转化专项资金项目 173 项，省资助资金投入 13.5 亿元，新增总投入 108.6 亿元。全省按国家新标准认定高新技术企业累计达 1.2 万家。新认定省级高新技术产品 9 816 项，已建国家级高新技术特色产业基地 147 个。

江苏产业结构得到了进一步调整和优化，按 2000 年不变价计算，其中，第一产业产值增长缓慢，年均增长 8.4%，且占 GDP 的比重持续下降，由 2000 年的 12.2%降至 2013 年的 5.4%，下降了 6.8 个百分点；第二产业的产值增长较快，年均增长 13.48%，第二产业一直占据了主导地位。第三产业产值增长最快，年均增长 17.1%，所占比重由 2000 年的 35.9%上升为 2016 年的 50.5%，上升了 14.6 个百分点，产业结构类型逐渐由原来的“二一三”模式转变为“二三一”模式。这种现象称为产业结构高度化，也称产业结构高级化，它标志着江苏经济发展水平的高低和发展阶段、方向。产业结构高度化往

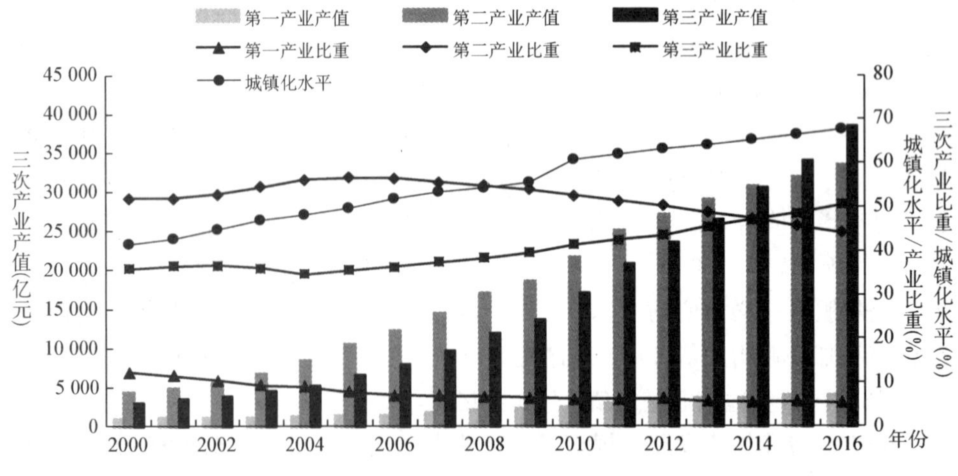

图 6.1 江苏三次产业产值及产值所占比重：2000—2016

往具体反映在各产业部门之间产值、就业人员、国民收入比例变动的过程上，江苏产业结构产值具体详细数据见附表 11。

城市经济理论研究表明，在经济发展初期，农业发展处于主导地位；在经济发展中期，工业化处于主导地位；在经济发展后期，现代服务业处于主导地位。2000 年全省地区生产总值一、二、三次产业的构成为 12.2∶51.9∶36.5，2016 年地区生产总值一、二、三次产业的构成为 5.4∶44.1∶50.5，呈现出第一产业产值比重快速下降、第二产业产值比重稳中有升、第三产业产值比重快速提高的局面。城镇化率与第一产业增加值比重的 Pearson 指数为－0.953，显示负相关；与第三产业增加值比重的 Pearson 指数 0.919，呈显著正相关；但与第二产业增加值比重的 Pearson 指数为 0.656，呈弱正相关。可以看出，当前江苏正处于工业化主导向以现代服务业为主导经济模式转变的城镇化进程中。

再从就业人口的产业结构看，城镇化水平与第一产业就业比重的 Pearson 指数为－0.971，呈显著负相关；而与第二、三产业就业比重的 Pearson 指数分别为 0.89、0.976，呈显著正相关。城镇化进程的加快对第三产业就业的拉动作用要强于第二产业。

6.2.2　江苏产业结构与碳排放相关性分析

产业结构决定了产业的能源消费结构，产业结构的调整，引起能源消费结构的变化，进而导致产业碳排放的变化。从 2000—2016 年来看，江苏三次产业能源消费比重分别增长为－2.93％、－2.12％和 5.05％。

表 6.1　江苏三次产业能源消费比重：2000—2016

年份	第一产业能耗比重（％）	第二产业能耗比重（％）	第三产业能耗比重（％）
2000	4.65	78.78	16.57
2001	4.04	76.32	19.64
2002	3.80	74.19	22.01
2003	3.29	75.04	21.67
2004	2.71	81.48	15.82
2005	1.87	82.86	15.27
2006	1.75	83.34	14.91

续表

年份	第一产业能耗比重（%）	第二产业能耗比重（%）	第三产业能耗比重（%）
2007	1.58	83.71	14.72
2008	1.49	82.61	15.90
2009	1.52	82.29	16.19
2010	1.53	81.01	17.46
2011	1.64	80.98	17.38
2012	1.40	80.02	18.58
2013	1.51	78.57	19.92
2014	1.55	78.68	19.77
2015	1.71	77.71	20.58
2016	1.72	76.66	21.62

注：数据来自《中国能源统计年鉴（2001—2017年）》，江苏统计局《江苏统计年鉴（2001—2017年》，经计算整理所得。

（1）从三次产业能源消费比重来看

表6.1可以看出，江苏第一产业能源消费比重从2000年的4.65%下降到2016年的1.72%，中间虽有波动，但总体呈下降趋势；第二产业能源消费比重一直保持在75%以上，中间经历先上升后下降的过程，从2000年的78.78%下降到2007年的83.71%，从2007年开始又开始增加，2016年下降到76.66%。由此可见，第二产业仍然是江苏的能源消耗主体，但整体呈现下降态势；第三产业能源消费比重总体呈先上升后下降再逐步上升的趋势，先由2000年的16.57%上升到2002年达到22.01%，增长5.44个百分点，后又下降到最低点2007年的14.72%，从2007年后一直上升到2016年的21.62，年均增长4.36%。江苏三次产业的能源消费特点与产业结构的特点是一致的，都呈现出“二三一”的模式。第二产业是能源消费的主体，降低能源消费量首当其冲应降低第二产业的能源消耗量，但是近十年，第三产业能源消费水平呈现急剧增长的势头，应引起足够的重视。

（2）从三次产业碳排放结构来看

从图6.2看出，江苏三次产业碳排放结构呈现出“二三一”的模式。第二产业碳排放比重总体呈下降趋势，但仍占80%以上，在碳排放总量中占主导地位，远高于第一、第二产业碳排放比重，均值约为第一、第二产业之和的

6—8 倍；第一产业碳排放比重保持稳定态势，第三产业碳排放比重增长较快，2000—2016 年 17 年间年均增长 3.65%。

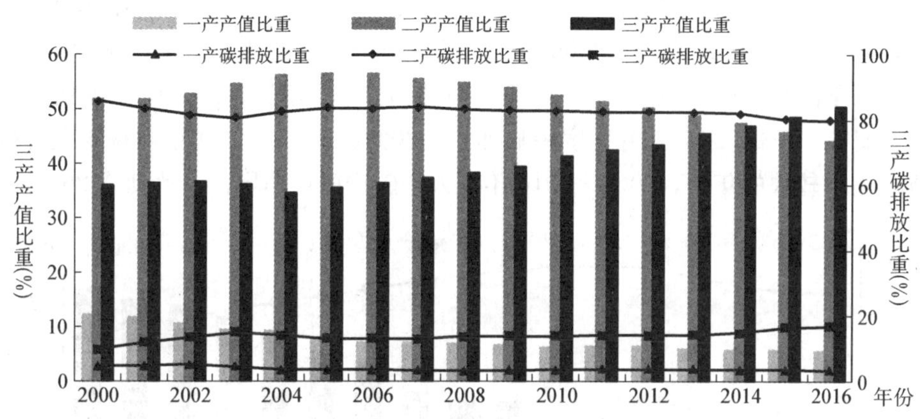

图 6.2　江苏三次产业值比重及三产碳排放比重比较：2000—2016

（3）从三次产业的碳排放强度来看

图 6.3 显示，三次产业碳排放强度均呈下降的趋势，其中第二产业碳排放强度降幅、年均降低率都最大，分别达 67.35%和 7.25%；第一产业碳强度年均降低 5.05%，降幅为 54.55%；第三产业碳排放强度年均降低 9.05%，降幅为 75%。表明江苏高碳基化石能源消费在减少，能源消费结构进一步得到优化，产业结构转型对碳排放强度的降低也起到一定的作用。

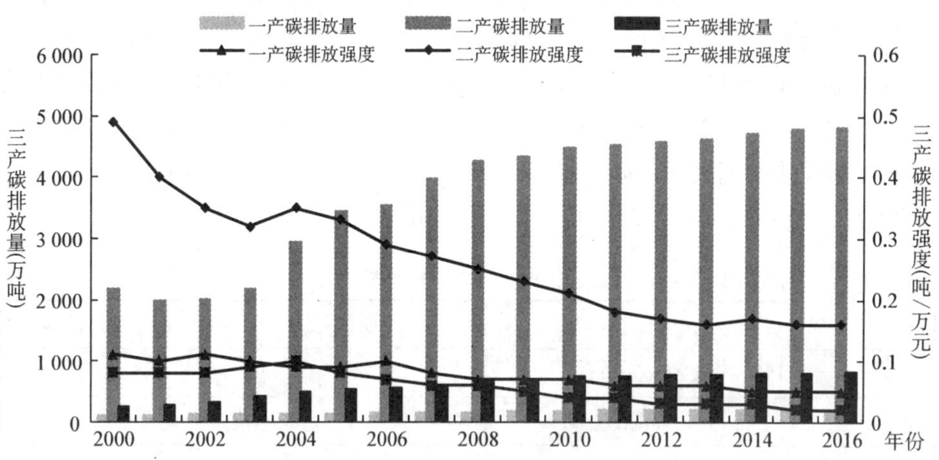

图 6.3　江苏三次产业碳排放量与碳排放强度比较：2000—2016

（4）从人均碳排放与第二产业比重之间的关系来看

从图 6.4 可以看出江苏省人均碳排放与二产比重存在着阶段性特征，表现出现上升后下降的过程，具体来说，2000 年至 2005 年间，第二产业比重先上升，到 2006 年达到最大，2006 年以后第二产业比重显著下降，从 2006 年 56.5%下降到 2016 年的 44.1%，但与此同时，人均碳排放量在连续快速增长，且在 2002 年之后上升速度明显加快，2005、2007、2009 年均是年人均碳排放增加较快的年份，2000—2016 年，人均碳排放年均增长大达到 9.26%。

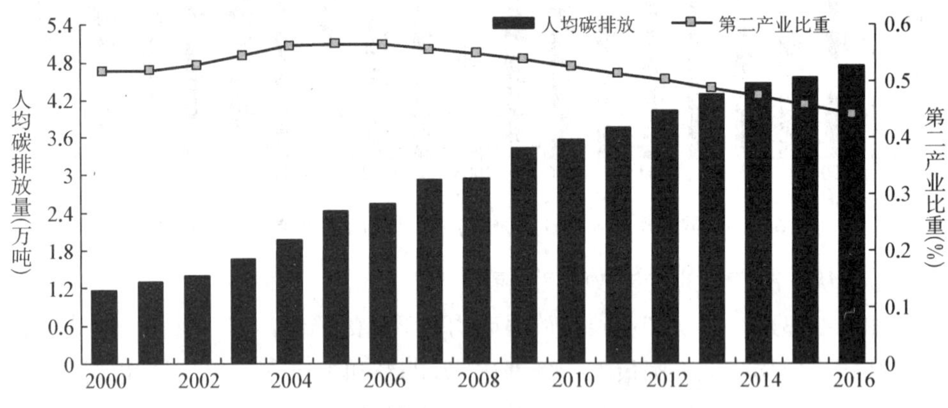

图 6.4　江苏人均碳排放与第二产业比重比较：2000—2016

（5）从三次产业产值与其碳排放的相关性来看

通过 SPSS16.0 软件分别对江苏 2000—2016 年期间第一、二、三产业的产业总值与碳排放量之间进行相关分析下的卡方检验。通过相关分析，在 0.01 的显著性水平下，江苏第一、二、三产业与碳排放量之间呈高度相关（见表 6.2），其中第二产业与碳排放的相关性高达 99.1%，继而，着重对第二产业与碳排放的相关性基础上进行卡方检验，在连续校正卡方检验下，其卡方值所对的 sig 值为 0，由此，第二产业与碳排放之间具有显著性。

表 6.2　Correlations

		x	y
x	Pearson Correlation	1	.991(**)
	Sig.（2 - tailed)	—	.000
	N	19	19

续表

		x	y
y	Pearson Correlation	.991（**）	1
	Sig.（2－tailed）	.000	—
	N	19	19

注：** Correlation is significant at the 0.01 level（2－tailed）.

6.3　城镇化进程中生产方式变动的碳排放效应模型构建

6.3.1　指标选择及测度

生产方式，属于政治经济学基本范畴，在马克思、恩格斯的著作中，生产方式是一个多义性概念，它有人们保证自己生活的方式、生产力的利用形式、生产力和生产关系之间的中间环节，人们用什么样的劳动资料进行生产以及生产规模的大小、生产关系等多重含义。

从人类发展历史来看，生产方式是人类社会发展的决定力量，是人类社会赖以存在和发展基础，生产方式的变革决定了社会制度的更替，其演进过程与经济社会发展阶段密切相关，具体而言，不同的经济发展阶段有着不同的产业结构，并呈现出不断演变的趋势。然而，配第-克拉克、库兹涅茨等经济学家对产业结构发展演进的趋势比较发现，产业结构演进过程中表现出一些较为典型的变化规律，工业革命以来，随着经济的增长，产业结构的演变规律决定三次产业之间的层次高低。第一产业比重逐渐下降，第二产业比重先上升一段时间后渐趋稳定再后下降，而第三产业比重则在较长时期内持续上升，最后第三产业的比重达到最大，而第一产业的比重最小。Michael Peneder[262]认为，如果产业结构的变动对碳排放的影响使碳排放强度降低，则这种影响被称之为产业结构的红利贡献，反之，则称之为产业结构的负担贡献。本章选取产业结构作为生产方式变化的指标。

综合目前已有相关文献来看，对产业结构变动指标的选择大致有以下几种：一是以第二产业增加值占全部地区生产总值的比重代表产业结构变动；二是以第二、三产业的比重代表产业结构变动；三是以第三产业增加值占地区生产总值的比重代表产业结构变动；四是以第二产业增加值与第三产业增加值之比代表产业结构等。以上指标均可从某一方面侧重描述产业结构的发展状况。

但在具体指标的选择上，还需要根据研究需要有所侧重。

在本章中，为了全面考察江苏产业结构之间动态演进的过程对碳排放的影响，同时突出第二产业对碳排放影响的主体作用，第三产业的地位越来越突出以及第一产业（如农业）越来越弱。产业结构变动指标主要采用三类，第一类指标是第二产业产值占 GDP 的比重（S_2），第二类指标是第一、二产业产出占 GDP 的比重（S_1、S_2），第三类是第二、三产业产出占 GDP 的比重（S_2、S_3）。

6.3.2 模型设定

经济增长主要通过规模效应、结构效应以及技术效应对环境产生影响，一般情况下，在经济发展的最初阶段，规模效应的影响为正，随着经济增长，结构效应和技术效应将逐渐占据主导地位，通过结构减排和技术减排均可以使环境状况得以改善，环境污染将会随着经济发展呈现出先上升后下降的“倒 U”形关系，表现在模型中，当一次项系数为正，二次项系数为负时，表明二氧化碳库兹涅茨曲线存在拐点，具有“倒 U”形曲线特征，在此基础上，则可以测算二氧化碳库兹涅茨曲线的拐点路径。当然，人均碳排放和人均 GDP 之间的非线性关系，也可能变为“N”形关系，而不一定是“倒 U”形关系，如果人均 GDP 三次方项系数不为零且在统计上显著，则表明碳排放和人均 GDP 存在“N”形关系。除此之外，碳排放总量也受到产业结构的影响，如果两个地区的 GDP 相差无几，那么第二产业比重高的地区碳排放量也会高于第二产业比重低的地区。

本章研究在参考国内外学者关于 EKC 模型的基础上，假定人均 GDP 与碳排放之间存在非线性的“N”或“倒 N”形关系，即加入人均 GDP 的三次方项，同时加入了产业结构变动指标，以检验产业结构的变动对碳排放的影响。同时，模型将采用对数形式，这样既可以降低异方差，还可以直接获得因变量对自变量的弹性，设定模型为公示 6.1 所示：

$$LnC = \alpha + \beta_1 LnY + \beta_2 (LnY)^2 + \beta_3 (LnY)^3 + \beta_4 LnS + \beta_5 D \times S + \varepsilon \tag{6.1}$$

公式中，C 为碳排放量，Y 为人均 GDP，S 为产业结构变动指标。为了考察第二产业对碳排放的阶段性影响，本章引入虚拟变量分两阶段研究第二产业对碳排放量的影响，D 为虚拟变量，2000—2005 年取值为 0，2006—2016 年取值为 1，α 为截距项、β_1、β_2、β_3、β_4 为各解释变量的估计系数，ε 为随机误差项。

针对上文产业结构三类指标建立三个模型，并根据模型检验的显著性对三个模型进行比较，以此来研究产业结构调整与碳排放之间的关系。

6.4　江苏城镇化进程中生产方式变动的碳排放效应及测度

6.4.1　数据来源与相关说明

碳排放水平，具体计算方法与第三章相同，指标用 C 来表示，单位为万吨，详细数据见表 4.4。

区域经济增长水平，地区生产总值直接反映了区域经济增长水平。本章选取 2000—2016 年江苏省人均国内生产总值的相关数据来代表江苏的经济增长水平，指标用 Y 来表示，单位为元。GDP 总量以及人口数据来源于历年《江苏统计年鉴》，以 2000 年作为价格基准年计算历年 GDP 和人均 GDP，详细数据见表 4.4。

区域产业结构水平，数据来自《江苏统计年鉴》（2001—2017），详见附表 12。

6.4.2　模型检验

（1）平稳性检验

对时间序列分析的前提是这些序列是平稳的，否则会出现“伪回归”现象。本章运用 Eviews9.0 软件用 ADF 单位根检验方法对各变量对数序列进行平稳性检验，该方法可以通过对 3 个模型进行检验，如果其中任何一个检验模型中 ADF 值的绝对值大于麦金农临界值，则可以认为该序列没有单位根，是平稳的序列。对 LnC、LnY、$(LnY)^2$、$(LnY)^3$、LnS_1、LnS_2、LnS_3 的平稳性以及一阶（或二阶）差分序列的平稳性进行检验。单位根检验结果见表 6.3。

表 6.3　单位根检验结果

变量	(c, t, k)	ADF 值	临界值			检验结果
			1%	5%	10%	
LnC	$(c, t, 0)$	−2.845 651	−3.920 350	−3.065 585	−2.673 459	平稳序列
LnY	$(c, t, 0)$	0.474 689	−3.959 148	−3.081 002	−2.681 330	非平稳序列

续表

变量	(c, t, k)	*ADF* 值	临界值			检验结果
			1%	5%	10%	
ΔLnY	(c, 0, 2)	−14.303 48	−3.959 148	−3.081 002	−2.681 330	一阶单整
$(LnY)^2$	(c, t, 0)	−3.007 947	−3.857 386	−3.040 391	−2.660 551	平稳序列
$(LnY)^3$	(c, t, 0)	−2.632 532	−3.886 751	−3.052 169	−2.666 593	非平稳序列
$\Delta\ (LnY)^3$	(c, 0, 1)	−6.071 757	−3.886 751	−3.052 169	−2.666 593	一阶单整
$LnS1$	(c, t, 0)	−3.691 792	−3.857 386	−3.040 391	−2.660 551	平稳序列
$LnS2$	(c, t, 3)	−3.731 332	−3.886 751	−3.052 169	−2.666 593	平稳序列
$LnS3$	(c, t, 0)	−1.482 714	−3.857 386	−3.040 391	−2.660 551	非平稳序列
$\Delta LnS3$	(c, t, 1)	−3.942 749	−4.004 425	−3.098 896	−2.690 439	一阶单整

注：(1) c、t、k 分别表示截距、趋势项和滞后阶数；(2) Δ 表示一阶差分。

检验结果显示，被解释变量碳排放量，解释变量人均 GDP 平方项、第一产业结构变动指标、第二产业结构变动指标 4 个变量的对数序列均为平稳序列，解释变量人均 GDP、人均 GDP 立方项以及第三产业结构变动指标 3 个变量的对数序列均为一阶单整序列，ADF 统计量值分别为－14.303 5、－6.071 8、－3.942 75，至少可在 95%的置信度下拒绝存在单位根的原假设，3 个对数化的序列都是一阶单整 I (1)，满足进行协整检验的条件。

(2) Johansen 协整检验

协整的前提是变量都是单阶变量。时间序列的平稳性检验显示非平稳序列是一阶单整的，因此满足协整检验的条件。协整检验有两种方法：一是基于协整回归残差的两变量 Engle－Granger (EG) 两步法；二是基于向量自回归模型的多变量协整关系的 Johansen 极大似然法。EG 两步法只能做两两变量之间的协整检验，无法检验多变量之间的协整关系；Johansen 法通过建立基于最大特征值的比统计量 λ－max 来判别变量间的协整关系。此处运用 Johansen 法进行协整检验，检验结果见表 6.4。

表 6.4　Johansen 协整检验结果

特征值	最大特征值统计量	0.05 临界值	P 值	假设协整方程个数
0.841 001	37.406 50	29.797 07	0.005 5	None *
0.275 948	6.145 904	15.494 71	0.678 3	At most 1
0.037 894	0.656 728	3.841 466	0.417 7	At most 2

注：(1) 表中括号里数值为该系数的 t 值；(2) *、** 和 *** 分别表示在 10%、5%和 1%显著性水平下通过 t 检验。

协整检验结果表明，其对应的原假设 None（表示无协整关系）的统计量的值大于 5%显著性水平的临界值，说明在 95%的置性水平下拒绝了变量之间不存在协整关系的假设，满足进行回归估计的要求。

(3) 模型拟合与检验

根据计量模型，运用 Eviews7.0 软件进行处理分析，回归系数见表 6.5。

从总体上看，从模型（1）整体的拟合度来看，R 方和调整后的 R 方都在 99%以上，说明模型的整体拟合较好；从模型（1）整体显著性来看，F 值较大，为1 552.003，相应的概率值 Prob. 为 0.000，可以拒绝模型整体解释变量系数为零的假设，也说明模型的整体拟合较好；从模型（1）拟合的残差序列相关性来看，Durbin - Waton (DW) 值是检验一组时间序列中自相关程度的统计量。

“一阶自相关”是指残差之间的自相关性，残差之间的独立性是对方程进行回归的基本要求之一，如果残差之间存在自相关，会影响回归系数的标准误差。一般认为，DW 值在 1.8—2.1 之间方程不存在自相关性。模型（1）中 DW 值为 2.031，非常接近于 2，判断回归残差不存在序列自相关。最后模型估计的结果确定为模型（1），即：

$$LnC = 5.503 - 28.209LnY + 3.463\,(LnY)^2 - 0.113\,(LnY)^3 + 2.238LnS - 1.749D \times S \quad (5.2)$$

表 6.5　计量回归结果

解释变量	模型（1）	模型（2）	模型（3）
LnY	−28.209*** (4.12)	−42.569* (4.68)	−39.038** (4.96)
$(LnY)^2$	3.463** (3.81)	3.604** (4.77)	4.039* (4.26)

续表

解释变量	模型（1）	模型（2）	模型（3）
$(LnY)^3$	−0.113** (3.26)	−0.135** (4.16)	−0.126** (4.62)
$LnS1$	—	0.536（0.65）	—
$LnS2$	2.238** (2.31)	2.179** (2.46)	2.194** (1.98)
$LnS3$	—	—	0.815 (0.77)
D∗S	−1.749 (−7.924)	−1.231 (−4.874)	−0.221 (−5.926)
R - squared	0.996 1	0.876 6	0.782 2
Adjusted R - squared	0.994 8	0.851 8	0.754 1
Sum squared resid	0.011 2	0.019 1	0.014 6
S. E of regression	0.029 3	0.021 3	0.032 5
F - statistic	1 552.003 (0.000)	780.362 (0.000)	776.671 (0.000)
DW	2.031	2.385	1.783

注：(1) 表中括号里数值为该系数的 t 值；(2) *、** 和 *** 分别表示在 10%、5%和 1%显著性水平下通过 t 检验。

6.4.3 结果与分析

(1) 产业结构变动对碳排放的影响

模型（1）估计结果显示，碳排放量对第二产业结构的弹性为 2.238，且在 5%水平上统计显著，模型（2）、（3）统计上不显著。这表明在考察期内，江苏第二产业产值每增长 1%，碳排放总量增加 2.238%。第二产业碳排放是碳排放重要组成部分，第二产业比重越高，带来的碳排放量就越大。第一产业、第三产业对碳排放量影响较小。产业结构决定了产业的能源消费结构，产业结构的调整，引起能源消费结构的变化，进而导致产业碳排放的变化。江苏第二产业能源消费比重一直保持在 75%以上（详见附表 13），2007 年达到最大为 83.71%。江苏第二产业碳排放比重由 2000 年 85.89%下降到 2016 年的 79.84%，第三产业碳排放由 2000 年的 9.56%增长到 2016 年的 16.87%，第二产业碳排放远超过第一、三产业碳排放的总和（详见附表 14）。由此可见，第二产业是江苏的能源消耗主体，第二产业碳排放在碳排放总量中占主导地位。

长期以来，江苏以第二产业为主导的产业结构压缩了第三产业的发展空间，由此造成碳排放的急剧增加。第三产业产值所占比重由 2000 年的 35.9% 上升为 2016 年的 50.5%，增幅达 40.67%，已超过第二产业产值比重，但与此同时，第三产业碳排放比重仅为第二产业的五分之一。由此可以判定，随着江苏第三产业的大力发展，产业结构的进一步优化升级和多元化发展，未来完全有可能经济增长减少对第二产业的依赖，且第三产业产值超过第二产业，同时又达到碳减排的效果。

（2）产业结构变动对碳排放的分段影响

模型检验发现 D＊S 系数都显著异于零，这进一步验证了第二产业所占比重对碳排放的分段影响。在 2000—2005 年仍处于江苏工业化不断发展时期，在整体的产业结构表现上，第二产业结构仍处于上升阶段，到 2005 年达到最大，为 56.6%。第二产业的比重远远高于第一和第三产业。而第三产业比重不升反降，从 2000 年 35.9%增长到 2005 年的 35.6%，下降 0.3 个百分点。虽然此阶段碳排放强度在缓慢降低，从 2000 年 1.08 吨碳/万元降到 2005 年的 0.97 吨碳/万元，年均下降 2.17%。但碳排放总量加速上升，从 2000 年的 8 459万吨增长到 2005 年 18 093 万吨，年均增长 5.19%，第二产业是驱动碳排放快速增长的主要因素，产业结构调整可控制碳排放总量。

在 2006—2016 年间，江苏经过持续的产业结构调整，第二产业比重呈现出显著的下降趋势，从 2006 年的 56.59%，下降到 2016 年的 44.1%。而第三产业的比重则自 2006 年开始呈现出一种快速上升的发展趋势，从 2006 年 36.4%上升到 2016 年的 50.5%，上升 14.1 个百分点。在 2006 年至 2016 年期间，碳排放强度年均下降 6.95%。碳排放总量由 2006 年的 19 064 万吨增长到 2016 年的 37 916 万吨，年均增长 6.06%。此阶段，由于碳排放强度年均降速快于碳排放增速，导致碳排放增长较为缓慢，产业结构优化升级对碳排放总量控制起到产业结构的红利贡献。

结合江苏国民经济和社会发展“十五”和“十一五”规划中产业结构调整的实际情况，上述的转折点时间段恰好处在“十五”计划末期、“十一五”规划即将开始的阶段。这表明，在“十五”规划中，江苏产业结构已开始做出调整，但运用产业结构的变动来降低碳排放强度的措施仍处于起步阶段，碳排放强度降低缓慢，碳排放总量增长较快。而在“十一五”“十二五”规划中，江苏省产业结构调整过程中由传统高能耗工业生产开始向技术密集型工业生产的转变，并且江苏省服务业的比重在这一期间也开始不断增加，江苏省产业结构不断优化调整，在此影响作用下，江苏省在“十一五”“十二五”规划期间，碳排放强度的下降要比“十五”规划期间更为显著，碳排放量增长的势头得到遏制，并趋于变缓。

(3) 人均GDP对碳排放的影响

模型(1)估计结果显示，人均GDP一次项、二次项、三次项的系数在5%水平上统计显著，且人均GDP一、三次项系数为负，二次项系数为正，表明人均GDP与碳排放量之间既不是线性关系，也非传统的“倒U”形非线性关系，而是一种类似“倒N”形的曲线，且处于“倒N”形的中间段。具体来说，随着GDP不断提高，碳排放量先以递增的速度增加，再过渡到以递减的速度增加，拐点是当LnY等于10.215的时候（对应的人均GDP为23 309.78元，2006年，江苏省的人均GDP为21 230.32元[①]），拐点处于2006年与2007年之间，在拐点之前，2000—2006年间江苏省碳排放年均增长率为14.8%，增长速度较快，在拐点处，碳排放量上升最快，之后碳排放量呈现缓慢增长的趋势，2006—2016年间，江苏碳排放年均增长率为6.11%。以上两个时间段内降速GDP年均增长率分别为11.29%和7.81%，相差较大。这表明，江苏GDP的增长是2006年以前出现碳排放快速增长的主要因素，2006年以后江苏省产业结构的转型升级是导致碳排放增长放缓的主要原因。

此外，这种波浪式的曲线与以往发达国家经历的工业化阶段出现的“倒U”形特征有所不同，说明随着经济的增长，碳排放会出现下降、上升再下降的反复过程，同时也暗含这样一种现象：随着经济的进一步发展，无论中间过程中碳排放如何变化，碳排放最终会下降，环境质量得到改善。这个结果与以往学者研究浙江、广东等沿海发达省份的研究结果相似，这表明在经济发展初期，经济发展带来的环境污染完全在环境承载范围之内，但随着经济的快速增长，特别是重工业的快速发展，环境污染出现急剧恶化的井喷态势；后来随着

① 作者用碳排放量对人均GDP取二次偏导数，并令=0，得出当LnGDP=10.215，曲线的斜率达到最大值(7.166)。

产业结构的优化升级，政府加大对环境保护的资金投入，相关环保法律法规相继出台，传统的末端治理环保模式逐渐向前端治理模式和法制模式转变，碳排放出现放缓趋势。

6.5　江苏省低碳产业面临的主要障碍

6.5.1　江苏发展低碳产业的禀赋约束

(1) 江苏能源资源禀赋相对贫乏

江苏缺煤、少油、乏气，能源资源消费对外依赖性强。煤炭、石油等能源产品供给主要依靠从外省调入。2015 年，江苏煤炭生产量为 1 918.9 万吨，但煤炭净调入量达 29 884.67 万吨，相当于煤炭产量的 15.6 倍；原油生产量为 190.51 万吨，原油净调入量达 3 636.06 万吨，相当于原油产量的 19.1 倍。

江苏能源消费以煤炭为主。2015 年，煤炭实物消费量达到 27 209.12 万吨，是 2000 年 8 555.08 万吨的 4.6 倍，年均增长 8.02%。其中石油加工炼焦及核燃料加工、化学原料及化学制品制造业、黑色金属冶炼及压延加工业、有色金属冶炼及压延加工业、非金属矿物制品业、电力热力的生产和供应业等 6 大高耗能行业完成的总产值占规模以上的工业的 47.7%，而能源消费共计 6 894 万吨煤，占规模以上工业企业能源消费总量的 75.5%。目前，煤炭消费总量仍在不断上升，煤炭在全省一次性能源消费中的比例仍然高达 63.4%。

(2) 江苏环境资源禀赋形式也不容乐观

2017 年，全省环境空气质量达标率为 68.0%，较 2016 年下降 2.2 个百分点，主要污染物中颗粒物、二氧化硫和一氧化碳浓度同比有所下降，但臭氧和二氧化氮浓度同比上升。PM2.5 年均浓度较 2013 年下降 32.9%，超额完成国家“大气十条”中“较 2013 年下降 20%”的目标要求。

随着城镇化步伐的加快，环境质量问题仍比较突出，一是按照《环境空气质量标准》(GB 3095—2012) 二级标准进行年评价，受颗粒物、臭氧及二氧化氮超标影响，13 个省辖城市环境空气质量均未达标，超标污染物为 PM2.5、PM10、O_3 和 NO_2。其中，13 个省辖城市 PM2.5 浓度均超标；除苏州、南通市外，其余 11 市 PM10 浓度超标；除连云港、盐城市外，其余 11 市 O_3 浓度超标；南京、无锡、徐州、常州、苏州和镇江 6 市 NO_2 超标。二是农村环境问题日益突出，生活污染加剧，包括农药和化肥污染和养殖业污染在内的农村面源污染已经成为与工业污染同样严重甚至更加严重的问题，其危害具有潜在性和长期性。同时要防止新的污染源向农村地带转移，特别是苏南、浙江等地的污染企业向苏北农村转移。

(3) 产业格局对环境的影响显著

江苏作为制造业大省，以工业为主的实体经济仍然在国民经济中占据举足轻重的地位，2016年，第二产业能源消费量为2.4亿吨标准煤，占能源消费总量的75%。传统的工业产业，诸如化工、纺织、钢铁、建材等既是能源消费的大户，又在生产制造过程中排放较多的二氧化碳，“高碳型”发展特征依然明显。制造业仍然是单位产值污染物排放量较高的产业，而在今后仍需大力发展，以促进江苏省经济的增长。如果经济下行压力仍然不减，保增长、保就业和节能减排的矛盾可能会进一步显现，短期内按资源节约、环境友好要求调整产业结构的力度会加大，经济社会快速发展与环境容量有限的矛盾在今后一个时期将显得尤为突出，环境保护工作的压力不会减轻。主要表现为主要污染物存量大、增量多，一些地区环境容量小。随着江苏省经济的持续快速发展和人口增长，新增污染物排放量还将大幅增加，短期内大幅削减污染物排放总量十分困难，环境压力仍将存在，环境风险防范任务十分艰巨。

总之，先天贫乏的资源能源条件，不容乐观的环境容量及其恶化趋势构成了江苏可持续发展的物质障碍和硬约束，但对江苏发展低碳产业而言，这既是压力，更是动力。缺煤、少油、乏气的现状将进一步刺激情节能源对传统能源的替代，大力发展新兴产业，又要改进传统产业的低碳发展，权衡好新兴产业与传统产业间的关系；既要推动第三产业的快速发展，又要注重一、二产业的基础地位，调节好三大产业在国民经济中的比例，鼓励节能产品的研发、生产和推广。高于全国平均水平的污染物排放和日益严峻的水环境问题也将为江苏省政府优化产业结构，发展低碳产业，为企业自觉开展节能减排，零排放生产模式提供极大的激励。

6.5.2 江苏发展低碳产业的制度障碍

第一，发展低碳经济和低碳产业，制度创新是关键。

目前，我国在低碳经济开发利用领域已制定一系列法律、法规与政策，其中，新修订的《环境保护法》的出台与实施，对从节能减排、提高资源能源利用效率、大力发展新能源和可再生能源等方面来支持低碳经济发展具有突出作用。虽然如此，我国在促进低碳经济发展的政策法律体系方法仍处于薄弱状态。现有的制度安排对发展低碳经济有一定的阻碍，从而制约江苏低碳产业的发展。

(1) 缺乏发展低碳经济的制度大环境。日本和欧美的一些发达国家，成熟的技术发展和国名节能观念发展都是伴随着成熟的制度而发展的。如欧盟对发展太阳能、风能和生物能等产业十分重视，不仅拥有先进技术，而且通过良好的制度进行管理。欧盟制定了高而切合实际的发展可再生能源目标，计划到2020 年之前，可再生能源将占能源结构 20%，2050 年增长至 50%。中国国内的能源价格在世界上是偏低的，与二氧化碳排放有关的税收政策也刚刚处在酝酿之中，总体来说仍处于一个制度缺乏的环境。

(2) 相关立法体系尚不完善，如石油、天然气、原子能等主要领域单行法律仍然缺位，同时也缺少能源公共事业法，这将导致法律法规在协调能源与环境的关系方面，功能不够全面，力度不够深入。

(3) 由于我国法律建设中“易粗不宜细”的传统，现有能源立法规定不够详细，缺乏足够操作性，从而导致我国目前环境执法（包括能源领域）效果不佳、环保状况不能得到根本改善。

(4) 法律、规划规定的执行措施上虽然也涉及税收优惠、补贴等奖励手段来激励公众与企业自愿实行有利于低碳经济发展的行为，但却没有规定细化的奖励手段和程序，导致在现实中不能产生广泛的影响。

加快低碳产业发展，从基本的制度安排上改变现状，实施以建立低碳经济为目标的制度创新。进行低碳产业制度创新的关键，是提高化石能源使用和二氧化碳消费的价格，为生产和消费的低碳化转型提供激励机制。提供二氧化碳价格的制度设计有两种模式：一种是碳税机制，由政府确定二氧化碳排放的上涨价格，然后通过市场机制控制二氧化碳排放的数量；另一种是限制排放和交易许可机制，由政府确定可以允许的二氧化碳排放规模，然后通过市场交易提高碳生产和消费活动的效率。当前对这两种机制在低碳经济发展中的作用存在着分歧，尽管如此，但对只有提高化石能源和二氧化碳的价格信号，才能将当前的高碳社会向低碳社会转型这一点达成共识。

第二，发展低碳产业必须完善与低碳经济发展相关的政策法律体系。

(1) 优化制度建设，强化政策导向，通过产业政策和治理行动积极调整优化产业结构，大力发展低碳产业，构建环境友好型产业体系。在确定钢铁、有色、建材、电力、轻工等重点行业准入条件时充分考虑低碳要求，新建项目必须符合国家规定的准入条件和排放标准。已无环境容量的区域，禁止新建国家污染物排放量的项目。

(2) 加大执法监察力度，完善政策协调体制，落实相关部门和领导干部责任。一是强化国家监察，完善环境执法监督体系；二是落实定位和领导主任，综合运用约束机制和激励机制，促进地方政府、企业和其他组织严格执行环境法规与标准，自觉治理污染，保护生态；三是要强化遵守环境保护法规在其他部门工作中的前置性门槛作用，并通过建立部门间信息共享和协调联动机制增强环境监督的协调性、整体性。

(3) 大力开展技术创新。通过产业、财税等方面的政策倒逼高污染行业的技术进步，从税收、信贷、土地、产业等方面，对促进低碳经济发展提出具体支持意见，特别是新能源和高效能技术研发和成果转化应给予激励政策。提供能源效率，节约能源，发展和利用可再生能源，减少煤炭的使用，实现低能耗、低污染、低排放、可循环、高产出的低碳经济。

6.6 政策建议

本章以二氧化碳减排并兼顾经济增长为目标，基于对产业结构调整与二氧化碳减排的相关研究结果，提出如下产业结构调整的政策建议。

江苏省产业结构低碳转型路径和策略可以从结构转型、技术和制度创新两个方面进行选择。

首先，从结构转型角度来看，转变经济增长方式、降低高碳产业比重，发展战略性新兴产业和现代服务业，即从改变“量”的比例关系的角度促进区域产业结构低碳转型是区域产业结构低碳转型的根本路径。

其次，坚持制度和技术创新。通过建立产业规划和行业标准和技术改造和创新，提高产业部门能源消费技术和消费效率，降低能源强度或提高能源生产率，把产业节能减排放在首位，即从改变“质”内在联系的角度促进区域产业结构低碳转型是区域产业结构低碳转型的重要手段。但是，在考虑了空间效应后，各驱动因素的作用机制和策略效应表现出明显的区域差异性。因此，根据区域经济发展水平的阶段性制定差异化的区域产业结构低碳转型策略是非常必要的，在一定程度上能提高区域产业结构低碳转型策略的针对性和实操性。

6.7 本章小结

本章选取产业结构作为城镇化进程中生产方式变动的指标，采用扩展的

EKC 模型对江苏产业结构调整变动对碳排放的动态影响进行实证研究，得出如下结论：

(1) 江苏省 2000—2016 年碳排放强度在持续下降，其中第二产业碳排放强度降幅最大，第一产业碳强度降幅最小，第三产业次之。产业能源消费结构进一步得到优化，产业结构转型对碳排放强度的降低起到一定的作用，经济发展对能源的依赖程度逐渐降低。

(2) 江苏人均 GDP 与碳排放之间呈现出“倒 N”形关系，且处于“倒 N”的中间段，即随着人均 GDP 不断提高，碳排放先以递增的速度增加，再过渡到以递减的速度增加，拐点是人均 GDP 为 23 309.78 元，目前，江苏碳排放已经通过拐点，但还没到达峰值。江苏产业结构转型升级是 2006 年以后碳排放增长放缓的主要原因，产业结构优化升级的环境效应已经显现。

(3) 江苏产业结构调整对碳排放的影响分两个阶段，第一阶段是 2000—2005 年，产业结构变动对降低碳排放强度起负担贡献。第二阶段在 2006—2016 年，产业结构变动对降低碳排放强度起红利贡献，上述的转折点处在“十五”末期、“十一五”即将开始的时间段。江苏在“十一五”“十二五”期间，技术进步对碳减排的作用比“十五”期间更显著，碳排放增长的势头得到遏制，并趋于变缓。

(4) 江苏碳排放对第二产业结构的弹性系数为 2.238，第二产业在碳排放总量中占主导地位，并使江苏的碳排放呈上升势头。江苏第三产业的能源消费增长速度是第二产业的两倍，而第三产业碳排放比重仅为第二产业的五分之一。根据 2017 年《江苏统计年鉴》最新数据，江苏省 2016 年第三产业对 GDP 的贡献率和对经济的拉动作用均首次超过第二产业，表明未来经济增长完全可以减少对第二产业的依赖，同时达到碳减排的效果。

(5) 江苏能源资源相对贫乏，缺煤、少油、乏气，能源资源消费对外依赖性强，环境容量有限，进一步发展面临较大的能源资源和环境压力；发展低碳经济的相关法律法规、制度还需要进一步完善，这些构成江苏低碳产业发展的资源瓶颈约束和制度障碍。

第7章　江苏城镇化进程中城市人口生活方式变动对碳排放的影响

根据社会学基本理论，家庭是人类社会的基本单位，居民消费多以家庭消费方式展开。长期以来，碳排放研究主要集中在工业部门、商业部门、交通部门等，这种“部门”碳排放研究忽视了个人消费行为对碳排放的影响，忽视了生产活动终端需求的家庭生活消费。与此同时，“部门”碳排放研究不能解释家庭活动的碳排放结构特征、影响因素，也无法解释同一个城市或社区家庭特征（包括家庭人口数、文化特征、经济特征等）差异而产生碳排放的差异。因此，基于家庭消费视角研究城镇居民家庭特征、低碳消费意识与行为与碳排放的关系显得非常有必要。

目前，从研究成果来看，家庭碳排放越来越受到学者的重视，研究更多从家庭消费视角研究碳排放。随着我国新型城镇化建设的加速推进，城镇居民生活水平不断提高，人口生活方式也将发生显著变化，导致城镇家庭能耗碳排放对环境的影响更加明显。家庭消费在多数情况下并不是完全的个人行为，更多的是一种家庭消费决策，他受到家庭成员的文化程度、收入、年龄结构、家庭消费理念等因素的影响。因此，有必要对某一区域或省域的家庭碳排放特征和差异做出详细调查研究，这样可以针对不同研究区域的家庭特征、低碳消费行为分别研究碳排放的影响因素，从而制定更有针对性的区域、社区及微观家庭成员的减排政策。

本章将以微观家庭调查数据为基础，以经济发达的东部沿海省份江苏城市家庭碳排放作为研究对象，采用消费者生活方式方法（CLA）研究江苏城市家庭碳排放的结构特征和区域差异性，并对调查城市家庭的基本特征、家庭成员低碳消费行为与家庭碳排放的相关性分别作回归分析，最后得出江苏城市家庭碳排放的主要影响因素。

7.1　城镇化对人口生活方式的影响分析

(1) 生活方式

生活方式是一定社会经济形态中的社会、民族、阶级、群体和个人的生存获得形式和特征的综合，其内容包括人们的衣食住行、劳动工作、社会交往、婚姻家庭、生活习惯、宗教信仰、艺术审美、文化体育、消费消遣方式等。可以理解为就是在一定的历史时期与社会条件下，各个民族、阶级和社会群体的生活模式。生活方式是人的社会化了一项重要内容，决定了个体社会化的性质、水平和方向。生活方式是一个历史范畴，随着社会的发展而变化。不同社会，不同历史时期、不同阶层和不同职业的人，有着不同的生活于一个人的思想意识，又会反作用于一个人的思想意识。总之，生活方式的变化直接或间接影响着一个人的思想意识和价值观念。因此，社会生活方式是通过一个人的思想意识与心理结构的形成影响着一个人的行为方式和对社会的态度，反映了一个人的价值观念，即世界观的基本倾向。

(2) 绿色生活方式

当人类通过《寂静的春天》意识到我们只有一个地球，致力于环境友好和资源节约，努力实现可持续发展时，被赋予"绿色"符号的人类文化—绿色文化已开始改变我们的生活，由此逐渐形成绿色生活方式。

绿色生活方式是对传统消费观念的理性审视中逐渐形成符合环境保护要求的新消费观，主要包括：消费与自然承载力相匹配，不仅在数量上不超过自然环境的供给能力，而且在节奏上也与自然节律相吻合；尊重代际公平，不私自为了自己今天的享受，而不为子孙后代留下后续生活条件；在满足合理、适度的物质消费时，重视精神文化生活的满足，做到物质生活享受与精神生活享受相协调；从环境伦理学角度理解人与自然的关系，视自然为人类的伙伴，不再狭隘地将人与自然的关系看成征服与被征服的关系。绿色生活方式的形成，产生了生活方式自然回归的内驱力。尊重自然、善待自然正在逐渐成为居民的生活习惯。

(3) 人口城镇化对绿色生活方式的影响

城镇化是人口和产业集聚的动态发展过程，而人口则是城镇化的主体，人口变动是城镇化的核心所在，根据前文第二章关于人口变动对碳排放的影响机制研究，城镇化进程中的人口变动不仅是人口的自然变动，更重要的是人口的社会变动，其中之一就包括人口的生活方式变动。

城乡人口具有不同的生活方式。长期以来，农村居民守着“金窝银窝不如自己的狗窝”、“单家独户”等传统观念和生活习惯，从事“日出而作，日落而息”有规律的农耕生活。由于城镇化的展开，大大拓展了农村剩余劳动力的经济活动空间，从而形成了农村劳动力“离土又离乡”的状况，即进入城镇从事非农生产经营活动。

城市化生活方式是指在城市特定的经济社会文化生活环境中，城市居民所形成的不同于农村的特有生活方式。包括物质资料消费生活方式、精神生活方式以及闲暇生活方式等。与农村生活方式相比，城市化生活方式具有包容性强、发达程度高、社会分层明显、变迁速度快等特点。人口城镇化所带来的人口生活方式的城镇化，主要表现为人口消费水平、消费结构以及消费观念的变化。这又必然影响碳排放的增长。究其原因，主要有以下两个方面：

第一，人口城镇化带来城镇人口收入水平的提高，这将刺激居民消费欲望，从而带来消费水平的提高，这将增加以水电气为主的直接能源消费和以吃穿住用行为主的间接能源消费，进而驱动二氧化碳的排放。

第二，人口城镇化带来人口消费结构的变化。农村消费结构中，吃、穿、住等基本生活资料占了绝大部分比重。由于工业化、城镇化的不断发展，除了基本物质生活资料得到极大丰富，人们开始倾向于提高生活质量，消费结构中增加了休闲娱乐、假日旅游、文化教育等项目。城镇生活方式逐渐向城乡郊区传播，进入城镇化区域的居民也逐渐接受城市的生活方式，消费结构也出现了“换挡”升级，城镇人口在提高消费水平的同时，从以前的物质生活为主转向注重生活质量和精神追求，文化教育、旅游、娱乐健身、奢侈品等消费逐渐大众大众化，同时也增加高碳消费品的使用，如私家车急剧增加带来交通出行的高碳化，这样也将刺激碳排放的增加。

7.2 数据来源与研究方法

7.2.1 数据来源

本章依托教育部人文社会科学青年基金项目和江苏高校哲学社会科学研究基金项目，编制“江苏城市家庭碳排放调查”调查问卷，采用该课题组 2014 年对江苏城镇家庭活动的调查数据。调查按照江苏南北区域经济发达与不发达等特点选取，苏南的南京市、苏中的南通市以及苏北的连云港市 2013 年的城市居民家庭人均消费性支出分别与所在区域的水平最接近，且南京市是江苏城市化程度最高的城市，南通市是苏中地区3个市中人口最多的城市，连云港市2013年人均GDP排在江苏省13个地级市的倒数第二位，选取此三个城市作为调查城市体现江苏区域经济发展的差异性，且具有区域城市经济发展的典型代表性，可以代表不同区域的城市家庭碳排放基本情况。每个城市选择3个社区（市区社区），为了使本研究的数据收集更具广泛性和灵活性，提高问卷收集速度，每个社区选择150户家庭，采取入户随机发放和现场填写问卷的调查方式进行家庭碳排放调查，要求每个家庭18周岁以上成员填写调查问卷，共发放问卷1 350份，有效问卷1 288份，问卷有效率95.4%。

调查问卷包括三个部分：家庭基本特征、家庭低碳消费行为和家庭碳排放结构。家庭基本特征包括家庭的人口统计特征、消费特征（居住面积）、出行特征、文化特征、经济特征（家庭收入）五个方面，其中人口统计特征包括：家庭常住人口数、被调查者的性别、年龄；家庭碳排放结构包括家庭能耗（家庭用电、水、天然气或瓶装液化气）、交通出行（飞机、火车（动车）、长途汽车、地铁、公交车、小汽车、电动车或小汽车）、家庭生活垃圾三个方面；家庭低碳消费行为包括家庭成员的每周购物频率、在外就餐频率、垃圾分类情况、空调温度调控、自备购物袋以及“一次性”用品的使用6项内容。

7.2.2 研究方法

Bin等提出了消费者生活方式方法（Consumer Lifestyle Approach，CLA），该方法是从家庭外部环境、个人决策因素、家庭基本特征、消费者行为以及消费行为产生的后果等5个方面研究家庭碳排放。该模型首先被用于美国家庭碳排放研究中，随后该模型被众多学者引用，此模型中消费者是指为满足其生活需要购买产品和服务的个人或家庭的实体；生活方式影响并决定了消费者的个体消费行为。该模型的目的是通过理解消费者的个体行为以便制定出更好的公共政策。由于各种影响因素的相互交织，并且其中一些因素随着环境的变化而不断变化，因此了解“消费者”变得很复杂。本书在此方法的基础加以修改和补充，绘制了基于家庭消费行为特征的家庭碳排放影响因素技术路线图[263]（见图7.1）。

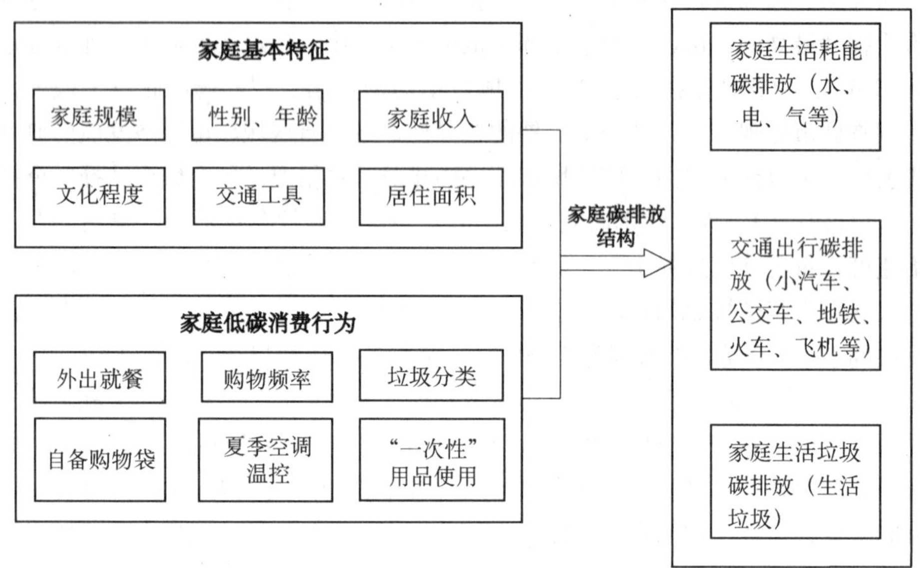

图 7.1 家庭碳排放研究路线图

国际上通用的碳排放计算公式是 $C=AD\cdot EF$，其中 C 为二氧化碳排放量，AD 为能源消耗量，EF 为碳排放系数，本章中城市家庭碳排放量是由微观家庭的能耗、家庭出行以及生活垃圾量等活动数据和碳排放系数共同计算获得。以城市家庭能耗碳排放量计算为例，方程如公式（7.1）所示：

$$C=\sum_{j=1}^{m}\sum_{i=1}^{n}E_i\times e_i \tag{7.1}$$

式中 C 表示全部样本的碳排放总量（kg），E_i 表示调查城市活动数据（水、电、气消费量）；i 为家庭能耗类别，种类为 n；j 为调查的有效样本类型，数量为 m；e 为碳排放系数。交通出行、生活垃圾碳排放量计算与此类似。

碳排放系数以国家科技部《公民节能减排手册》[264]、中国台湾“能源局”[265]公布的碳排放系数以及 GHG protocol[266] 为依据确定，具体见表 7.1，飞机系数采用“保护国际”[267]里的数据。家庭能耗为平均每月（每月按 30 天计）水、电、天然气或液化气消耗量，家庭生活垃圾为每天产生的生活垃圾量，交通出行方面从公共汽车、地铁、私家车、火车、摩托车以及飞机的出行时间、耗油量以及出行次数来计算碳排量，家庭能耗从水、电、天然气或罐装液化气的消费量（度数、质量、体积）计算月平均量。

表 7.1　碳排放类别与排放系数

碳排放类别	计算项	单位	排放系数	单位	系数引用来源
家庭出行	公交车	km/d	0.037	$kgCO_2$/km	台湾能源局
	地铁	次/d	1.142	$kgCO_2$/次	台湾能源局
	出租车	km/d	0.500	$kgCO_2$/km	中国科技部
	私家车	L/月	2.340	$kgCO_2$/L	中国科技部
	摩托车	L/月	2.240	$kgCO_2$/L	台湾能源局
	火车	km/d	0.062	$kgCO_2$/km	GHG protocol
	飞机	km/d	0.180	$kgCO_2$/km	保护国际
家庭能耗	水	t/月	0.300	$kgCO_2$/t	中国科技部
	电	kw·h/月	0.960	$kgCO_2$/kw·h	中国科技部
	天然气	m^3/月	2.670	$kgCO_2$/m^3	台湾能源局
	罐装液化气	kg/月	3.160	$kgCO_2$/kg	台湾能源局
家庭垃圾	生活垃圾量	kg/d	2.060	$kgCO_2$/kg	台湾能源局

7.3　结果与分析

7.3.1　江苏城镇家庭基本特征描述性统计分析

根据调查问卷设计的内容，对于家庭规模、常住人口数、性别等连续性指标用定量数据测度，对于被调查者年龄、家庭收入、受教育程度等非连续性数量指标则引用定性的虚拟变量测度。虚拟变量赋值如下：

表 7.2　家庭基本特征非连续性指标赋值表

家庭基本特征	变量	虚拟变量赋值
性别	男	1
	女	2
年龄	18 岁及以下	1
	19 岁—30 岁	2
	31 岁—40 岁	3
	41 岁—50 岁	4
	51 岁及以上	5

续表

家庭基本特征	变量	虚拟变量赋值
家庭收入	低于全省平均水平	1
	和全省平均水平相当	2
	高于全省平均水平	3
受教育程度	小学	1
	初中	2
	高中或中专	3
	大专	4
	本科及以上	5
交通工具	步行或自行车	1
	公共交通工具	2
	私家车	3

从表 7.3 可以看出，调查城镇家庭的常住人口数约为 3 人，女性比例略高于男性，交通出行以电动车、公共交通为主，调查家庭中，中高收入者家庭较多，居住面积集中 90—120 平方米，高中以上文化程度者的比例较大。每周家庭购物约在 2 左右，家庭外出就餐每周 1—2 次。

表 7.3　调查城市家庭基本特征描述性统计

家庭基本特征		最小值	最大值	均值	标准差
人口特征	家庭规模	1	6	2.92	0.81
	性别	1	2	1.37	0.49
	年龄	1	5	2.63	1.02
出行特征	交通工具	1	9	3.63	0.56
居住特征	住房面积	1	4	2.94	0.93
经济特征	家庭收入	1	3	2.45	0.85
文化特征	文化程度	1	5	3.68	0.74

7.3.2　江苏城镇家庭碳排放量结构特征分析

根据江苏 3 个被调查城市 9 个社区 1 350 个家庭碳排放调查结果显示，户均月碳排放量为 565.73 kg，人均年碳排放量为 1 893.64 kg。

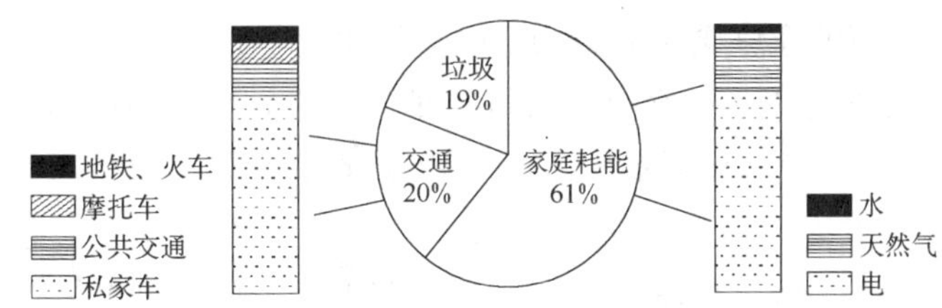

图 7.2　江苏 3 个被调查城市 1 350 户家庭碳排放结构、亚结构情况表

家庭碳排放结构方面，从图 7.2 可以看出，家庭耗能碳排放占 61%，交通出行碳排放占 20%，生活垃圾碳排放占 19%，其中在家庭耗能碳排放中家庭用电占 75%，天然气或瓶装液化气占 22%，用水碳排放仅占 3%。交通出行碳排放中私家车的碳排放量成为交通出行最主要的碳排放驱动因素，占 74%，其次是公交出行占 12%，摩托车出行占 8%，地铁、火车等出行占总量的 6%。

7.3.3　江苏城镇家庭碳排放的空间差异比较

(1) 调查城镇家庭碳排放总量、均量比较

从图 7.3 可以看出，家庭碳排放的 3 个被调查城市中，苏南的南京市户均家庭月碳排放最大，达 909.11kg，苏中的南通和苏北的连云港分别为 809.7 kg、818.55 kg。人均家庭月碳排放方面，南京市的人均碳排放最大，达到 301.03 kg，连云港市最小，为 237.26 kg。位于苏南地区的南京市 2012 年城市家庭人均可支配收入分别为 35 092 元，高于全省城市家庭人均可支配收入的平均水平，而苏中的南通市分别为 28 292 元，略低于全省平均水平，苏北的连云港分别为 21 716 元，低于全省平均水平。城市家庭可支配收入越高，对日常消费品以及家庭耗能的支付能力也相应较高，在交通出行方式上选择私家汽车出行的比例较高，因此碳排放总量和均量也高。

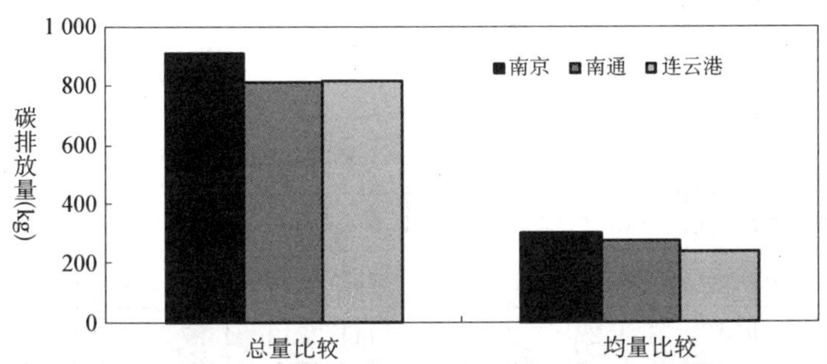

图 7.3　江苏 3 个被调查城市家庭碳排放总量、均量比较

（2）调查城镇的家庭碳排放结构空间差异比较

从表 7.4 可以看出，家庭交通出行碳排放量中，南京最高占 36.83%，南通次之占 33.34%，连云港最低仅占 31.91%，在交通出行亚结构中，南京居民私家车出行碳排放占比最大，达到 35.36%，其次是南通和连云港，分别为是 25.19%和 20.74%。南京居民多集中在私家车出行，长距离出行较多，城市交通拥堵，这些导致交通出行碳排放比例较高，而被调查的南通城市社区居民集中在私家车和公共交通，连云港城市居民出行主要以公交车、摩托车以及 BRT 为主，出行方式的差异导致交通出行的碳排放比例差异比较大。调查城市的统计年鉴显示，2013 年南京市和南通市城市每百户居民家庭家用汽车拥有量均高于全省城市每百户居民家庭家用汽车拥有量，而连云港城市居民每百户居民家庭家用汽车拥有远低于全省平均水平。出现这种差异的原因是江苏省苏南居民收入较高，他们消费能力强，居民偏向选择较为便捷的私家车出行，其中苏南更加突出；苏中和苏北居民收入较低，因此，在交通出行方式选择上更偏向于选择公交车和摩托车出行方式。

表 7.4 调查城市家庭碳排放结构比较

计算项目		南京		南通		连云港	
		家庭排放量/kg	所占比例/%	家庭排放量/kg	所占比例/%	家庭排放量/kg	所占比例/%
交通出行	公交车	3.18	0.35	43.24	5.34	60.33	7.37
	地铁	7.43	0.82	0	0	0	0
	私家车	321.46	35.36	203.96	25.19	169.77	20.74
	摩托车	2.73	0.3	23.59	2.91	26.21	3.80
	小计	334.82	36.83	270.78	33.44	261.24	31.91
能源消耗	电	337.00	37.07	324.00	40.01	329.00	40.19
	水	4.18	0.46	3.80	0.47	4.14	0.51
	天然气	94.09	10.35	35.76	4.17	19.15	2.34
	灌装液化气	14.73	1.62	65.83	8.13	79.32	9.69
	小计	450.02	49.50	427.34	52.78	439.76	53.72
垃圾消耗	垃圾	124.27	13.67	111.58	13.78	117.55	14.36
合计		909.11	100.00	809.70	100.00	818.55	100.00

在家庭能耗方面，南京城市家庭能耗碳排放占家庭总碳排放的接近 50%，南通和连云港则超过了 50%，家庭能耗碳排放是家庭碳排放的主要来源。在家庭能源消耗亚结构中，南通与连云港城市居民用电碳排放量占家庭碳排放的比重相近，占 40%左右，南京稍低一点，占 37.07%。3 个被调查城市社区居民用水碳排放量基本相同，占家庭碳排放量的 0.5%左右，三个城市家庭天然气和罐装液化气的碳排放量差异不大，在 12%左右。3 个被调查城市的家庭生活垃圾碳排放量占家庭碳排放总量的比重相差不大，约占 14%。

7.3.4　江苏城镇家庭成员低碳消费行为分析

从居民购置衣物频率来看，3 个被调查城镇居民购衣消费情况不同，南京城市居民家庭每个月购置衣服数量比其他 2 个地区明显多，每个月购入十件以上的家庭占 59.9%，而南通和连云港分别为 41.65%、24.1%。根据国家科技部碳排放计算器提供的数据，少买一件不必要的衣服，每人每年相应减排 6.4 kg 二氧化碳，所以城市居民家庭购置闲置衣物的碳排放量不容忽视。

从空调使用来看，南京城市居民家庭空调数量及使用时间都超过其他两个地区，这是造成南京城市家庭用电碳排放高于其他两座城市的重要原因(见表 7.5)。

表 7.5　江苏城市居民空调使用情况

地区	户均空调数量（台）	户均年使用时间（月）	夏季户均设置温度（℃）
连云港	1.70	3.32	24.54
南通	2.02	4.38	25.39
南京	2.20	5.39	25.93

从自备购物袋情况来看，南京、南通、连云港三个城市居民家庭购物自备购物袋的习惯低于 20%。对生活垃圾的分类处理方面，南京城市居民家庭对垃圾分类处理习惯略高于南通和连云港，而南京城市居民家庭对垃圾分类不到 25%。选择“一次性”用品的家庭中，3 个被调查城市南京、南通、连云港分别占 35%、46%和 52%。

总体而言，3 个被调查城市的居民家庭低碳消费意识与行为整体不强，这表明城市居民对环境认知只是停留在意识形态之中，还没有转化为实际的减排行动，导致政府所提倡的低碳生活还处在较低级的阶段。

7.4 城镇居民家庭碳排放的影响因素定量分析

7.4.1 家庭人口特征与家庭碳排放关系的回归分析

本章采用SPSS软件中的皮尔逊相关分析方法研究家庭碳排放量与家庭基本特征之间的相关性（见表7.6）。将家庭基本特征作为自变量，碳排放作为因变量，多元回归分析结果如下：

表7.6 家庭人口特征与家庭碳排放的回归结果

Model	Unstandardized Coefficients		Standardized Coefficients	t	Sig.
	B	Std. Error	Beta		
Constant	305.349	24.512	—	12.457	.000
家庭人口数	15.883	6.111	.085	2.599	.010
家庭收入	17.194	6.157	.105	2.793	.005
家庭住宅面积	41.860	7.098	.223	5.898	.000
交通出行工具	32.35	78.347	.189	6.034	.000
Dependent Variable：家庭排放总碳耗量					

(1) 家庭碳排放量与被调查的家庭常住人口数具有显著相关性。家庭每增加一个人，家庭月均碳排放增多15.883 kg。家庭人口数的增加是碳排放增长的重要因素，要辨证看待目前家庭“单独”政策，重视其带来的环境效应，仍然要进一步落实家庭计划生育政策。

(2) 家庭收入水平对家庭碳排放量的影响呈现显著正相关。经济条件较好的家庭，生活消费呈现多元化、高端化和精细化，家用电器也比较多，交通出行使用私家车较多，且长距离的出行、旅游较多，因此碳排放也较多。

(3) 家庭碳排放量与被调查者住宅面积相关性较强。每增加30 m^2，年碳排放量约增加41.86 kg。这说明别墅和大户型的房屋的建设等粗放用地现象会造成资源的浪费和环境的破坏。因此，以不影响生活质量为基础，以最适宜人口数居住的紧凑户型设计与合适的容积率是住宅低碳设计的方向。使用节能环保建筑材料是未来家庭住房减少碳排放的主要途径。

(4) 交通工具与家庭碳排放有正相关关系。交通工具从电动车、摩托车、公交车到私家车每上一个层次，其碳排放量也相应增加，回归结果显示：以私家车出行的家庭平均比公共交通出行的碳排放多 32.35 kg，随着私家车的普及，家庭交通出行碳排放增长显著。

(5) 城镇家庭碳排放与被调查者的受教育程度、性别、年龄无显著相关关系。通常认为受教育程度越高文化素质较好其低碳环保和节约意识也比较强，但调查表明二者无显著相关关系。

7.4.2　城镇家庭成员低碳消费行为与家庭碳排放的回归分析

通过多元回归分析模型分析了个体消费行为与碳排放的关系，被解释变量为家庭碳排放量，解释变量包括家庭每周外出就餐频率、家庭购物频率以及家庭每月购入衣服件数、夏天设置空调温度的数据等 4 项个人消费行为特征值，通过多元回归逐次对解释变量进行线性回归分析（见表 7.7）。得出以下结论：

表 7.7　家庭成员低碳消费行为与家庭碳排放的回归结果

Model	Unstandardized Coefficients		Standardized Coefficients	*t*	Sig.
	B	Std. Error	Beta		
Constant	509.333	16.066	—	31.703	.000
月均购入多少衣服	4.011	7.968	.021	.503	.615
家庭购物频率	5.039	6.833	.030	.737	.461
家庭每周外出就餐次数	−4.956	8.488	−.024	−.584	.559
夏季空调温度调控	13.457	5.837	.078	2.305	.021
Dependent Variable：家庭排放总碳耗量					

(1) 家庭碳排放量与家庭购物频率和家庭每月购买衣服件数呈正相关。每周家庭购物频率每增加一次，年碳排放量就多 5.039 kg。而家庭平均每月购入衣服件数每增加 2 件，年碳排放量就多 4.011 kg，这些均会导致家庭生活垃圾碳排放量的增加。

(2) 家庭碳排放与家庭外出就餐次数呈负相关。每周家庭外出就餐次数每增加一次，年碳排放量就减少 4.956 kg，增加外出就餐次数就可以减少家庭碳排放量，但是增加社会碳排放量。

(3) 城市家庭夏季空调调控温度与家庭碳排放量呈正相关关系。夏季家庭空调温度每提高两度，年碳排放量就减少 13.457 kg。可见，居民的居家习惯对碳排放的影响很大。尤其是对于像“四大火炉”之一的南京，空调使用频率高，时间长，适当的将空调温度提高有利于减少家庭碳排放量。

7.5 城镇居民家庭对低碳生活方式认识上的误区

在对低碳生活方式的调查中显示：在 1 350 名接受调查者中，仅有 29.1% 的人表示了解低碳生活方式，有 48.7%和 22.2%的人分别选择了解一点和不知道。关于城镇居民家庭碳排放影响因素，我们通过对被调查者访谈和问卷的主观答题两种方式进行定性分析，由此可见：尽管低碳生活成为目前中国社会的热门词，但真正能理解其科学含义的极少。江苏省的情况也相同。笔者认为，目前对低碳生活方式理解主要有以下几种认识误区：

一是低碳经济就是我们不进行全面小康社会建设，是贫困经济，实现低碳生活会降低人们的生活质量。一直以来，公众对低碳生活存在着误解。有人认为，最贫穷、最不发达的国家，人们消费少、没车开、交通困难，排放少，当然是一种低碳状态；而发达国家人均碳排放量都很高，据联合国开发署(UNDP) 2007—2008 年人类发展报告的报道：“工业化时代起所排放的每 10 吨二氧化碳中，约有 7 吨是发达国家排放的。英国和美国的人均历史排放量约达 1 100 吨二氧化碳，而中国和印度的人均水平分别是 66 吨和 23 吨。”所以，高排放才有高质量的生活。实际上，这是一种典型的只看表面现象。应该说，在较高发展水平下也可以是低碳的。如在以使用核能为主的法国，人均碳排放比发达国家的平均水平低一半；北欧国家绝大部分以来可再生能源，丹麦基本上是风电，挪威、瑞典基本上是水电。这些国家的碳排放都比较低，但生活水平却很高。

还有人认为，从节约资源能源、环保以及减少碳排放等角度看，实现低碳生活不仅是件大事，也是件好事。但是从低碳生活的要求看，可能会降低人们好不容易提升起来的生活水准。比如人们在生活水平提高的同时，希望通过购买汽车来改善自己的出行条件，希望购买较大的住房来改善自己的居住条件，这些意愿显然与低碳生活格格不入。这又是一种误解。低碳的本质是要给人们身体健康提供最大的保护和舒适感，对环境影响更小或有助于改善环境，因此，全面实现低碳生活与提高居民生活水平之间并不冲突，它们的共同目的都是为了更好地改善人们的生存环境和条件，其中关键的是要找到一个结合点，探索一种低碳的可持续的消费模式，在维持高标准生活的同时尽量减少使用消费能源多的产品、降低二氧化碳等温室气体排放。低碳生活不是一种落后的生活模式，发展低碳经济并不是要降低人们的生活品质。在低碳经济状态下，交通便利、房屋舒适宽敞是可以得到保证的，完全可以采取低碳技术来解决这些问题。因此，倡导低碳生活并不是要降低人们的生活品质，相反，随着环境的改善，人们的生活品质还应该得到改善和提高。

二是低碳生活就是要省吃俭用，这与国家的扩大内需、刺激消费的经济政策是相悖的。其实倡导低碳生活与国家扩大内需、拉动消费的政策并不矛盾。扩大内需、拉动消费就是要把社会消费潜力和剩余消费能力，最大限度地解放出来、释放出来。而且应该把内需的扩大聚焦到文化创意产业、现代娱乐业、金融服务业和高附加值产业等新型服务也上来，也就是说应该用低资源占用型、低能耗消耗型消费来填充内需。要把消费引导到“软消费”上来，用“软消费”促进“软实力”。

经济学家凯恩斯曾于 1936 年提出了著名的“节约悖论”，即节约对一个人来说是值得称赞的美德，但对一个国家而言，可能会因消费不振引发经济衰退。但是，低碳生活并不是单纯的省吃俭用，与传统节俭应有所区分，其倡导的理念不是不消费，而是理性消费、适度消费、可持续消费。即根据自己的岗位、收入、情趣、预期以及社会发展的现实等制定一个合适的尺度来约束消费。从而避免以大量消耗能源、大量消耗能源、大量排放温室气体为代价的“面子消费”、“享乐消费”、“过度消费”、“奢侈消费”、“一次性消费”等种种不合理的消费。此外，片面强调消费需求对生产的作用，并把消费中的节约同生产发展对立起来，这是失之偏颇的。自然资源越来越紧缺，已经成为经济发展的制约因素，在今天已经是不争的事实。因此，在消费中注重节约，杜绝浪费，从而促进生产的节约，是保证社会经济可持续发展的必然要求。

三是低碳生活只是一种理论上的美好设想，是“乌托邦”，纯属个人偏好，有人认为低碳生活是一项系统工程，与日常生活距离遥不可及。仅依靠市民自身力量难以实现，与其这样，还不如按日常的生活方式“得过且过”。此外，近年来关于一些公民践行低碳生活的报道（比如，乘坐公交车上下班而不开私家车；简化房屋装修等），也纯属个人的偏好。诚然，城市居民长期以来形成的生活习惯和消费模式，在短时期内确实难以改变。在这种惯性生活模式下，推行低碳生活也可能会带来不便。但这些并不能成为市民拒绝低碳生活的理由，只要人们从细节入手，有改变的决心和愿望，低碳生活完全可以实现。低碳生活体现社会责任感，在当今社会，个人的消费行为和生活方式，不同程度地对其他人以至整个社会发生影响。从自然资源存量和生态环境支撑能力的有限性出发，着眼于人类的整体利益和长远利益，人们的生活、消费活动在一定时空领域内应当有所节制和适度，而不能是放纵和无度的，要兼顾代内公平和代际公平。在组织全球变暖的行动中，不仅政府、企业需要制定有效的对策，每一个普通人都可以扮演重要的角色。从身边的点滴做起，减少个人碳足迹，在生活中培养低碳的生活方式，这不仅是当前社会的潮流，更是个人社会责任的体现。

以上种种认识上的误区都在不同程度上阻碍了人们去践行低碳生活方式。

7.6 本章小结

农村人口向城镇人口迁移，不仅是其身份的“非农化”，更是其生活方式的城镇化，而家庭是社会的细胞，城镇家庭碳排放水平直接影响整个社会的碳排放。本章是以家庭调查数据为基础，对城镇家庭碳排放结构、特征进行分析，并对家庭成员基本特征和消费行为与家庭碳排放量的相关关系进行回归分析，探究城镇家庭碳排放的主要影响因素。结论如下：

第一，江苏城镇居民家庭户均月碳排放量为 565.73 kg，人均年碳排放量为 1 893.64 kg。从家庭碳排放结构特征来看，家庭耗能、交通出行、生活垃圾之比约为 3∶1∶1，其中家庭用电碳排放占家庭能耗碳排放的三分之二，家用汽车碳排放成为城镇家庭交通出行最主要的碳排放来源。

第二，从碳排放空间差异特征来看，苏南的南京城镇家庭碳排放量最高，苏中的南通和苏北的连云港紧随其后。南京城镇家庭交通出行碳排放最高，主要是出行方式主要以私家车为主；南通城镇家庭交通出行方式以私家车和公交车为主，连云港则以公交车为主。南京城镇用电碳排放明显多于其他两个城镇，对于南京来说，夏季空调用电无疑是主要因素；3 个被调查城镇在家庭天然气或灌装液化气碳排放、生活垃圾碳排放方面差异性不大。

第三，从家庭低碳消费行为上看，3 个被调查城镇的居民家庭在购物时自备购物袋的不足 20%，对垃圾分类处理不到 25%；有半数以上的家庭仍会选择“一次性”用品，夏季空调温度都设定在 26 度以下，这些表明城镇居民对低碳生活的认知不足，还没有落实到具体的低碳行为之中。

第四，通过回归分析发现，在家庭碳排放影响因素中，家庭基本特征中的家庭住宅面积、家庭收入、家庭规模、出行交通工具以及家庭消费行为中的家庭每月购入衣服件数、购物频率、在外就餐频率、夏季空调温度调控与家庭碳排放有显著相关关系，而家庭成员的性别、年龄、文化程度与家庭碳排放无显著相关关系，这表明受教育程度高的民众，即使有低碳环保意识，但这部分群体往往收入较高，家庭消费大，导致家庭之外的社会碳排放较多。

第 8 章　研究结论及展望

8.1　研究结论及建议

城镇化对碳排放的影响是一个多目标、多层次的复杂问题。本书将城镇化进程中的人口变动作为研究视角，探讨了基于人口变动的城镇化对碳排放的影响机制，并以江苏作为研究对象，着重从人口的迁移与分布、人口生产方式变动和人口生活方式变动三个方面对碳排放的影响展开实证研究，主要研究结论如下：

(1) 江苏人口城乡结构对碳排放影响

利用时间序列数据对江苏人口城乡结构对碳排放的影响开展研究，结果表明，江苏人口城乡结构与碳排放的关系呈“倒 U”形。现阶段人口城乡结构对碳排放存在显著的正影响，还未到达“倒 U”形的拐点。对碳排放影响排在前三位的分别是能源强度、人均 GDP 和人口城乡结构。

利用动态面板数据，就江苏城镇化不同阶段对碳排放的影响进行研究。结果表明，随着江苏城镇化水平提高，城镇空间规模扩张超过人口城镇化的速度，致城镇空间利用效率降低；城镇人口规模对碳排放的影响逐渐减弱，城市经济增长对碳排放的影响愈发显著。江苏城镇化对碳排放的影响同时存在双向性，即驱动和制动作用，是两种力量综合作用的结果，这两种作用在不同城镇化阶段存在明显差异性，表现为两种力量的交替变化，当前驱动作用占据主导地位。

对以上两种不同的计量方法和模型得出的结论比较发现，动态面板数据模型中的城镇化高级阶段中的人口城乡结构对碳排放的影响呈“倒 U”形以及碳排放的滞后性影响与采用时间序列数据得出的结论具有一致性。在人口规模、经济增长、人口城乡结构、碳排放的滞后性影响等方面两种计量分析方法得出的结论具有相似性，但面板数据对区域碳排放异质性和影响机制发有更深入的分析。

(2) 江苏城市人口空间结构的变动对碳排放的影响

应用面板数据模型采用二阶段最小二乘法（TSLS）对模型进行回归分析，研究表明，以人口集聚度为表征的江苏城市人口空间结构变动对碳排放有显著的负效应，也就是当样本城市人口集聚度增加的时候，相应的碳排放量就会随之减少。紧凑型的城市人口空间分布结构比人口分布分散化更能发挥人口集聚的规模效应和外部性，从而提高城市空间利用效率，能源利用效率，从而达到碳减排目的。

(3) 城镇化进程中人口生产方式变动对碳排放的影响

江苏产业碳排放结构呈现出“二三一”的模式，目前，江苏碳排放强度在不断下降。第二产业碳排放强度降幅最大，江苏人均 GDP 与碳排放之间呈现出“倒 N”形关系，且处于“倒 N”的中间段。江苏碳排放已经通过拐点，但还没到达峰值。2006 年以前产业结构变动对降低碳排放强度起负担贡献。2006 年以后产业结构变动对降低碳排放强度起红利贡献。“十二五”时期，产业结构转型对碳排放强度的降低起到促进作用，产业结构优化升级的环境效应已经显现。经济发展对能源的依赖程度逐渐降低，碳排放增长的势头得到遏制，并趋于变缓。

(4) 城镇化进程中人口生活方式变动对碳排放的影响

以江苏城镇家庭调查数据为基础，对基于个体消费视角的城镇家庭碳排放特征和影响因素研究发现，江苏城镇居民家庭碳排放结构中家庭耗能、交通出行、生活垃圾之比约为 3：1：1，其中家庭用电碳排放占家庭能耗碳排放的三分之二，家用汽车是家庭交通出行最主要的碳排放来源。经济发展程度越高，其碳排放总量越大；城镇居民对低碳生活的认知不足，还没有落实到具体的低碳行为之中。家庭住宅面积、家庭收入、家庭规模以及出行交通工具，家庭消费行为中的家庭每月购入衣服件数、购物频率、在外就餐频率以及夏季空调温度调控对家庭碳排放有显著影响。而家庭成员文化程度、性别、年龄与家庭碳排放无显著相关关系。

基于实证研究结论，本书在政策层面提出对如下建议：

第一，在城镇化进程中，政府部门决不能将城镇化对碳排放影响呈现“倒 U”形曲线盲目套用，成为“先污染，后治理”的借口，因为城镇化进程中，环境质量随着经济发展到一定阶段以后才改善并不是最优的选择，虽然我们并不一定要走发达国家走过的传统发展模式，环境库兹涅茨曲线（EKC）也会有不同的形式，虽然“倒U”形的EKC在许多发达国家和新兴工业化国家是普遍适用的。

第二，江苏省的人均GDP还将快速增长，意味着碳排放仍将大幅增加，这是城镇化进程中经济发展阶段所决定的，而发达国家早已走完了城镇化工业化阶段。中国政府提出的降低单位GDP碳排放，即碳强度，这与发达国家降低碳排放总量的碳减排目标是一致的，但两者不可对比。发达国家是减少碳排放的绝对量，与GDP增长没有直接关系，中国碳强度目标与GDP直接相关。前文分析已指出，能源强度和人均GDP是影响江苏碳排放主要驱动因素，综合考虑两个指标，由片面追求GDP向追求绿色GDP和生态GDP转变，能更有效地实现目标。江苏的经济社会发展是以保证现阶段GDP速度和城镇化进程为前提的，政府通过调控城镇化速度、调整能源结构和产业结构以及提高能源效率来降低能源强度，进而减少碳排放。

第三，本书验证了区域碳排放存在的路径依赖现象，也就是前期碳排放对当期环境质量有影响，这对目前大气中雾霾治理具有重要指导意义，即雾霾的形成不仅仅是由于当前排放造成，在一定程度上是由于前期或更早一段时间的大量累积造成的，这就要求政府主管部门对待雾霾治理绝不能“头痛医头脚痛医脚”，要历史地看待雾霾产生根源，而不能急于求成看眼前的治理效果，要加强大气污染物排放的区域协同治理能力。

第四，在我国新型城镇化进程中，出现了土地过度城镇化、人口虚假城镇化的“半城镇化”现象，城市无序蔓延扩张，城市化原生机制中的城市的“拉力”和农村的“推力”未能充分体现和有机结合，人口空间分布不合理，造成资源能源浪费，能源利用效率降低和碳排放增加。在地方政府土地财政推动下“摊大饼”式土地城镇化与户籍制度阻碍下的人口城镇化对碳排放的影响出现“剪刀差”现象，这些现象背后也说明城镇空间规模扩张超过人口城镇化的速度导致城镇空间利用效率降低，从而碳排放上升。因此，要注重城镇化“质”与“量”的统一，尽快打破城乡二元结构藩篱，发挥城市人口集聚的规模效应，降低通勤时间和距离、共享城市公共交通等基础设施，集约利用城市土地，建立人口分布有序合理的紧凑型城市，提高能源利用效率，降低碳排放。

第五，城镇化进程中，人口传统生活方式和消费模式的改变使得生活性能源消费急剧增长。政府应出台优惠政策鼓励企业对家用电器、建筑材料的节能技术创新；除宣传教育外，政府科学的公共管理政策，如完善的水电气定价体系对居民的低碳消费行为具有很好的导向和促进作用；许多城市以汽车业作为主导产业，完善的城市交通规划政策和管理规范对私家车具有明显的鼓励作用，而许多城市对非机动车设施的忽视，导致自行车出行率的下降，值得引起重视。政府应大力扶持电动汽车和公共汽车企业，引导市民养成理性合理的生活消费方式。通过价格优惠鼓励市民公共交通出行，引导合适的私家车保有量和出行率。

8.2　研究展望

城镇是人类历史发展到一定阶段的必然产物，随着城镇化的进一步发展以及温室气体排放和全球气候变暖问题研究的不断深入，与城镇化关系密切的碳排放问题越来越成为关注的焦点。由于碳排放问题本身就是一个涉及环境科学、经济学、生态学、人口学等多学科的集合体，无论在理论研究上还是实证分析，都是一个复杂的系统。本书基于城镇化进程中的人口变动视角，仅初步研究人口规模变动、年龄结构变动、人口迁移与流动以及由此带来的生产、生活方式变动对碳排放的影响，在以下几个方面存在不足，并需要展开进一步的相关研究。

(1) 本书用时间序列数据和面板数据探讨城镇化对碳排放的影响时，为了突出城镇化因素的影响而忽略了其他因素，选择的变量较为粗糙。因此，需要从环境科学、经济学、生态学、人口学等多学科融合角度出发，结合现有模型，探索城镇化进程中人口变动与碳排放的关系更加完善理论模型，以期能够更深入地揭示它们之间的本质和规律，这方面尚待进一步研究。

(2) 从宏观的角度来看，世界上很多发达国家已经进入城市化后期阶段，真正意义的城镇化进程已经有几百年的历史，而我国城镇化进程只有几十年的历史，虽然在近些年速度加快，但是仍然明显落后于发达国家，且出现“伪城镇化”现象，因此，对研究区域需要从多层次、多角度、更长的历史跨度进行分析人口变动对碳排放的影响，以期研究结果相互补充和验证，从而对人口变动和碳排放的关系有一个更加准确的定位和认识，这是作者今后需要进一步研究的内容。

(3) 从人口变动与碳排放的关系来看，本书仅对城镇化带来的人口空间分布、人口生产、生活方式的变动对碳排放产生影响，目前公认的城镇化进程加快通过改变土地利用方式、破坏植被减少碳汇，伴随着工业化产生大量污染物增加碳源，从而对碳排放产生影响；另一方面，碳排放又通过约束城镇化规模、影响城镇化布局和空间结构、抑制产业结构升级转换等方式对城镇化各个环节进行负反馈和反作用，而两者之间的这种耦合关系也是今后研究需要进一步探讨的问题。

附录 A 附表

附表 1 江苏各地级城市城镇化水平:2000—2016

单位:%

地级市＼年份	2000	2001	2002	2003	2004	2005	2006	2007	2008	2009	2010	2011	2012	2013	2014	2015	2016
南京	56.8	58.6	60.2	68.4	71.7	76.2	76.4	76.8	77.0	77.2	78.50	79.73	80.2	80.5	80.9	81.4	82.0
镇江	37.8	38.5	39.3	44	57.3	50.4	59.2	59.6	59.8	60	61.96	63.02	64.2	65.4	66.6	62.4	69.2
常州	43.3	44.6	46	58.1	59.2	60.3	60.5	60.9	61.0	61.2	63.95	65.2	66.2	67.5	68.7	70.0	71.0
无锡	57.01	57.90	58.25	61.64	64.29	66.9	67.1	67.4	67.5	67.8	70.95	72.23	72.9	73.7	74.5	75.4	75.8
苏州	57.15	59.92	61.61	62.38	63.47	64.7	65.1	65.6	66.0	66.3	70.55	71.31	72.3	73.2	74.0	74.9	75.5
扬州	48	48.1	48.2	48.3	48.5	48.0	49.2	50.2	51.3	52.9	56.73	57.9	58.8	60	61.2	62.8	64.4
泰州	39.4	39.68	41.33	42.54	43.31	44.5	46.1	47.6	49.1	51	55.6	56.81	57.9	59	60.2	61.5	63.2
南通	32.2	32.9	33.7	30.2	31.1	44.6	46.9	48.6	50.3	52.7	56.00	57.6	58.7	59.9	61.2	62.8	64.4
淮安	28.8	29.2	30.79	32.56	34.91	36.7	38.4	39.8	41.4	43.1	50.79	52.04	53.5	55.1	56.5	58.2	59.7
盐城	26.7	28.2	29.8	33.9	36.1	41.2	42.5	43.6	44.8	46.3	52.50	54	55.8	57.2	58.5	60.1	61.6
宿迁	23.9	27.5	28.7	26.3	30.1	30.5	32.4	34.1	35.9	37.7	48.27	49.78	51.0	52.4	53.7	55.5	57.5
连云港	28.0	29.32	31.9	33.58	35.64	37.2	39.0	40.5	42.0	43.5	51.75	53.15	54.4	55.7	57.1	58.7	60.2
徐州	25.8	26.7	27.7	31.3	33.00	43.3	44.8	45.8	47.2	49.1	53.90	55.43	56.7	58.1	59.5	61.0	62.4

附表 2 江苏各地级城市碳排放量:2000—2016

单位:百万吨

地级市 \ 年份	2000	2001	2002	2003	2004	2005	2006	2007	2008	2009	2010	2011	2012	2013	2014	2015	2016
南京	21.28	23.49	25.37	26.44	27.26	27.47	29.79	30.18	30.06	32.85	34.10	35.28	36.78	37.06	38.49	38.90	39.97
镇江	14.98	15.47	16.03	16.35	18.69	19.88	21.07	23.15	24.33	26.04	26.24	28.77	28.35	30.71	29.62	31.70	33.49
常州	19.18	22.47	20.12	23.64	22.39	24.32	26.97	28.01	28.46	29.37	30.55	30.15	31.96	33.67	32.60	34.95	37.83
无锡	22.46	21.27	23.42	26.88	27.98	27.39	29.31	30.97	31.09	32.66	34.16	33.21	35.91	37.19	36.84	38.60	41.29
苏州	23.38	25.97	25.11	27.29	31.41	30.48	32.06	32.49	31.67	33.79	34.45	35.31	38.67	41.72	42.69	44.93	45.76
扬州	16.14	19.47	20.19	22.34	24.03	23.46	25.98	24.03	26.31	26.47	28.07	29.69	28.84	29.13	29.87	31.19	33.40
泰州	12.89	15.43	18.74	20.31	19.08	22.04	20.11	21.27	21.19	23.37	25.34	26.11	26.29	27.48	27.96	29.88	31.46
南通	18.49	17.93	20.70	26.86	24.03	24.73	26.54	27.01	26.44	27.39	29.47	29.29	30.38	31.47	30.46	32.79	33.64
淮安	13.19	13.28	14.33	15.89	17.01	17.65	19.33	20.89	22.57	25.13	24.09	24.26	25.46	25.99	27.47	28.96	31.06
盐城	11.34	13.11	15.43	16.21	18.74	23.89	21.70	22.03	22.49	23.57	25.91	26.96	27.34	28.14	28.91	29.50	30.43
宿迁	9.47	11.34	12.48	15.21	15.68	17.39	19.17	22.89	20.42	22.07	23.26	24.10	24.25	24.44	26.51	27.92	28.58
连云港	11.20	11.91	13.53	14.30	16.21	17.88	16.47	18.19	20.49	25.21	24.83	25.37	26.39	27.81	29.68	30.94	31.15
徐州	13.45	13.97	12.48	14.37	17.61	21.43	20.18	23.12	26.94	28.32	27.03	27.79	30.37	31.25	33.56	34.71	35.63

附表 3　江苏各地级城市年末常住人口数:2000—2016

单位:万人

年份／城市	2000	2001	2002	2003	2004	2005	2006	2007	2008	2009	2010	2011	2012	2013	2014	2015	2016
南京	612.62	553.04	563.28	536.38	538.6	686.00	719.06	741.30	758.89	771.31	800.47	810.90	816.10	818.80	821.61	823.59	827.00
镇江	266.67	266.58	267.13	267.19	267.61	296.00	299.56	301.90	304.07	306.94	311.34	313.40	315.48	316.50	317.14	317.65	318.13
常州	341.48	341.52	343.24	346.22	348.96	411.00	425.69	435.20	440.71	445.18	459.20	465.00	468.68	469.20	469.64	470.14	470.83
无锡	434.61	435.9	438.58	442.54	447.19	557.00	584.17	599.20	610.73	619.57	637.26	643.20	646.55	648.40	650.01	651.10	652.90
苏州	578.17	580.53	583.86	590.97	598.85	753.00	809.86	882.10	912.65	936.95	1 046.60	1 052.00	1 054.91	1 057.87	1 060.40	1 061.60	1 064.74
扬州	450.62	451.59	452.22	453.61	454.29	451.00	445.91	446.00	447.12	449.55	445.98	446.30	446.72	447.00	447.79	448.36	449.14
泰州	438.58	449.35	452.91	463.57	458.63	469.00	463.45	458.00	463.59	466.61	461.86	462.60	462.98	463.40	463.86	464.16	464.58
南通	784.53	782.46	780.26	777.62	773.79	734.00	724.93	718.00	714.77	713.37	728.28	728.90	729.73	729.77	729.80	730.00	730.20
淮安	443.59	455.23	562.97	474.68	487.26	498.00	492.43	485.70	482.33	481.49	479.99	480.30	480.30	482.70	485.21	487.20	489.00
盐城	795.57	795.56	795.61	796.51	798.28	780.00	768.73	757.90	752.22	748.18	726.02	723.70	721.63	721.98	722.28	722.85	723.50
宿迁	508.90	510.84	513.00	517.26	521.39	496.00	488.71	481.50	474.65	472.51	471.56	476.60	479.80	481.90	484.32	485.38	487.94
连云港	455.61	459.64	464.03	467.83	468.81	455.00	450.52	447.00	445.56	444.65	439.39	438.60	440.69	442.80	445.17	447.37	449.64
徐州	896.44	901.86	904.44	908.66	916.85	883.00	876.48	871.1	869.21	868.19	858.05	857.30	856.41	859.10	862.83	866.90	871.00

附表 4　江苏各地级城市人均 GDP 水平(按常住人口计算):2000—2016

单位:元

地级市＼年份	2000	2001	2002	2003	2004	2005	2006	2007	2008	2009	2010	2011	2012	2013	2014	2015	2016
南京	19 838	20 597	22 858	27 307	33 050	36 112	40 072	45 743	50 855	55 290	65 273	76 263	88 525	98 011	104 575	118 171	127 264
镇江	15 887	18 852	21 018	23 995	29 235	29 881	35 076	41 848	49 235	54 732	64 284	73 981	83 651	92 633	102 652	110 351	120 603
常州	17 635	19 704	22 215	26 149	31 665	36 112	37 809	44 452	51 746	56 890	67 327	77 485	85 040	92 995	104 423	112 221	122 721
无锡	27 109	30 526	35 087	41 616	50 592	51 034	57 899	65 570	73 733	81 146	92 167	107 437	117 357	124 640	126 389	130 938	141 258
苏州	26 692	30 384	35 733	47 693	57 992	55 667	62 526	69 151	78 875	83 696	93 043	102 129	114 029	123 209	129 926	136 702	145 556
扬州	10 515	11 205	12 368	14 290	17 359	21 719	25 102	30 435	36 858	41 406	49 786	58 950	65 691	72 775	82 654	89 647	99 151
泰州	8 082	8 958	10 021	11 513	14 014	18 309	22 256	26 530	31 386	35 711	44 118	52 396	58 378	64 917	72 706	79 479	88 330
南通	9 176	10 329	11 356	12 924	15 806	20 138	24 545	29 991	36 199	40 231	48 083	56 005	62 506	69 009	77 457	84 236	92 702
淮安	4 521	6 422	7 267	8 108	9 597	11 468	13 671	16 612	20 500	23 277	28 861	35 181	39 992	44 774	50 736	56 460	62 446
盐城	6 664	7 583	8 464	9 330	10 928	13 529	15 939	18 879	22 359	25 553	31 640	38 222	43 172	48 150	53 115	58 299	63 278
宿迁	3 993	4 377	4 826	5 400	6 462	7 901	9 766	12078	15 091	17 460	22 525	27 839	31 827	35 484	39 963	43 853	48 311
连云港	5 521	6 901	7 582	7 536	8 891	10 873	13 149	15 611	18 505	21 144	26 987	32 119	36 470	40 416	44 277	48 416	52 987
徐州	6 948	7 579	8 763	9 992	12 005	13 861	16 666	20 003	24 350	27 514	34 084	41 407	46 877	51 714	57 655	61 511	66 845

附表 5　江苏各地级城市能源强度:2000—2016

单位:吨标准煤/万元

地级市＼年份	2000	2001	2002	2003	2004	2005	2006	2007	2008	2009	2010	2011	2012	2013	2014	2015	2016
南京	0.95	0.88	0.90	0.89	0.85	0.83	0.77	0.74	0.70	0.66	0.61	0.64	0.62	0.59	0.58	0.56	0.54
镇江	1.07	1.02	0.99	0.94	0.95	0.90	0.88	0.89	0.82	0.80	0.68	0.77	0.72	0.70	0.71	0.69	0.67
常州	1.14	1.12	0.08	1.01	0.86	0.99	0.91	0.89	0.88	0.79	0.82	0.75	0.71	0.69	0.67	0.64	0.61
无锡	1.02	0.98	0.92	0.79	0.75	0.83	0.72	0.70	0.70	0.68	0.65	0.60	0.59	0.62	0.63	0.60	0.56
苏州	0.99	0.93	0.88	0.86	0.85	0.94	0.81	0.74	0.77	0.72	0.72	0.66	0.69	0.65	0.63	0.59	0.57
扬州	1.27	1.18	1.12	1.05	0.97	1.04	0.92	0.89	0.86	0.82	0.80	0.74	0.77	0.76	0.74	0.71	0.69
泰州	1.28	1.25	1.25	1.20	1.18	1.21	1.03	0.95	0.95	0.89	0.84	0.81	0.76	0.75	0.72	0.69	0.66
南通	1.36	1.26	1.21	1.12	1.05	1.16	0.97	0.95	0.91	0.89	0.84	0.81	0.77	0.74	0.72	0.71	0.68
淮安	1.29	1.23	1.19	1.14	1.06	1.19	1.01	0.99	0.95	0.91	0.90	0.88	0.84	0.81	0.78	0.76	0.75
盐城	1.31	1.29	1.27	1.21	1.04	1.16	1.06	1.01	0.96	0.96	0.91	0.88	0.85	0.83	0.80	0.81	0.77
宿迁	1.37	1.35	1.27	1.20	1.03	1.14	1.11	1.07	1.05	1.00	0.96	0.95	0.92	0.88	0.85	0.83	0.81
连云港	1.44	1.38	1.25	1.17	1.03	1.21	1.16	1.12	1.07	1.02	1.03	0.98	0.94	0.89	0.87	0.85	0.82
徐州	1.39	1.35	1.28	1.13	1.06	1.24	1.19	1.11	1.05	0.97	0.90	0.90	0.89	0.85	0.81	0.79	0.76

附表 6　江苏各地级城市建成区面积:2000—2016

单位:平方公里

地级市＼年份	2000	2001	2002	2003	2004	2005	2006	2007	2008	2009	2010	2011	2012	2013	2014	2015	2016
南京	201	212	439	447	484	513	575	577	592	598	619	637	653	713	734	755	774
镇江	57	63	72	79	83	86	90	94	98	104	109	114	120	128	134	138	139
常州	68	71	91	92	99	104	108	113	121	134	153	173	183	186	204	250	261
无锡	102	164	176	180	188	193	198	203	208	217	231	289	316	325	328	329	332
苏州	86	109	129	149	177	195	215	228	318	324	329	336	437	441	447	458	461
扬州	48	53	54	58	63	67	70	72	75	79	82	125	128	132	136	140	149
泰州	37	40	46	48	50	50	50	56	59	61	65	67	70	96	99	105	115
南通	60	73	78	89	57	57	59	61	69	94	125	141	156	172	190	205	216
淮安	40	67	75	79	80	85	89	95	100	110	120	130	136	140	150	155	179
盐城	28	43	47	56	64	64	72	100	125	85	89	92	95	96	111	142	147
宿迁	22	25	30	30	32	34	48	50	58	63	65	68	70	75	79	85	86
连云港	51	52	61	63	70	78	86	90	95	100	120	130	140	150	160	206	213
徐州	71	78	82	89	97	118	144	160	187	206	239	249	274	276	255	255	261

附表 7　江苏地级城市市辖区年末户籍总人口数:2000—2016

单位:万人

地级市＼年份	2000	2001	2002	2003	2004	2005	2006	2007	2008	2009	2010	2011	2012	2013	2014	2015	2016
南京	289.52	371.9	480.35	489.8	501.23	513.4	524.64	534.4	541.24	546.0	548.37	551.6	553.3	643.1	648.70	653.40	663
镇江	62.54	62.8	100.04	100.5	110.69	102	102.72	102.8	102.81	103.5	103.53	103.7	103.3	103.3	103.40	103.18	103
常州	88.26	89.5	214.63	213.4	217.14	220.8	222.48	224.7	225.87	226.7	227.75	229	230.5	231.7	233.90	291.25	295
无锡	112.99	213.1	215.92	219.6	223.57	228.5	232.3	235.9	237.42	238.1	238.61	239.5	241.1	242.6	245.70	248.50	253
苏州	110.79	209.5	212.4	216.9	220.75	225.1	230.15	235.3	238.21	240.2	242.48	245.2	329	332.9	337.50	341.26	348
扬州	53.58	109.7	110.76	112.5	113.85	115.7	116.82	118.1	121.78	122	122.48	230	230.1	230.9	231.80	231.92	232
泰州	59.52	60.6	61.31	62.3	62.82	63.4	64.25	64.8	80.65	82.1	82.72	83	83.3	163.3	163.80	163.55	164
南通	65.14	79.5	81.23	83	84.38	85.4	86.64	87.3	87.52	211.5	211.54	211.8	211.9	212.3	212.80	213.07	214
淮安	54.65	264.5	266.58	268.2	270.99	273.2	276.48	276.5	277.94	274.5	278.35	281.4	282.8	287.1	291.50	293.61	336
盐城	62.96	63.9	64.97	66.3	152.03	152	152.64	158.7	161.86	162.6	163.28	164.9	166.8	167.8	169.30	242.05	243
宿迁	24.44	25.6	26.00	28.7	152.89	154.1	155.35	156.7	158.00	159.5	159.77	162.7	164.4	168.5	172.00	174.06	176
连云港	62.57	63.9	64.74	65.6	66.62	70.2	70.96	71.6	80.88	88.7	93.59	95.5	96.7	98.2	219.10	220.73	223
徐州	160.61	162.6	164.55	167.3	167.41	179.9	181.6	182.9	184.4	186.2	312.72	315.7	320.9	326.4	331.50	332.67	338

附表 8　江苏地级城市人口密度值(修正值)

单位:人/平方公里

地级市＼年份	2000	2001	2002	2003	2004	2005	2006	2007	2008	2009	2010	2011	2012	2013	2014	2015	2016
南京	12 404	12 542	13 942	13 957	13 356	14 008	14 124	14 262	15 143	15 130	15 859	16 659	16 473	16 920	17 292	18 483	18 991
镇江	8 172	8 468	8 694	8 722	9 336	9 860	10 013	10 236	10 491	10 952	11 098	11 096	11 608	11 907	12016	12 579	13 790
常州	9 979	12 606	13 586	13 196	11 933	11 231	12 600	13 885	13 667	13 918	13 886	13 237	13 596	13 457	14 552	15 464	16 727
无锡	12 077	12 994	13 268	13 200	14 892	14 839	16 032	16 211	16 414	17 720	17 329	17 870	17 630	17 804	18 480	18 968	19 483
苏州	11 883	11 220	12 465	12 557	12 772	1 344	13 705	13 320	13 750	13 742	13 701	14 298	15 529	15 549	16 852	17 669	18 713
扬州	9 163	9 298	9 511	9 697	10 071	10 269	10 689	10 603	10 837	11 043	11 037	10 300	11 577	11 792	11 941	12 497	13 767
泰州	9 086	95 150	13 328	12 979	12 564	12 680	12 850	11 571	13 669	13 459	12 726	12 388	12 400	12 510	12 753	12 941	13 478
南通	10 857	10 890	10 414	9 326	14 804	14 982	14 685	14 311	12 684	12 500	12 923	12 021	12 583	12 343	12 881	13 430	13 996
淮安	8 463	8 578	8 544	8 949	8 874	8 814	9 065	9 105	9 379	9 496	9 320	95 646	98 794	9 914	10 282	10 463	10 979
盐城	6 486	6 860	6 823	6 839	7 751	7 756	7 800	7 870	8 149	8 129	8 346	8 824	8 558	8 479	8 619	8 671	8 755
宿迁	7 009	7 094	7 667	7 567	7 778	7 324	7 365	7 340	7 441	7 817	8 580	8 926	9 086	9 247	9 298	9 340	9 381
连云港	6 269	6 288	7 413	7 613	7 917	8 100	8 551	8 756	8 914	9 170	9 299	9 346	9 507	9 647	9 742	9 788	9 826
徐州	7 621	7 846	7 767	7 798	7 259	7 946	8 111	84 431	8 861	9 039	9 485	9 679	9 712	10 826	11 432	12 373	12 989

附表 9 江苏地级城市暂住人口数:2000—2016

单位:万人

地级市＼年份	2000	2001	2002	2003	2004	2005	2006	2007	2008	2009	2010	2011	2012	2013	2014	2015	2016
南京	14.81	16.38	18.14	20.02	25.36	28.41	32.12	35.92	40.04	44.26	49.89	55.11	63.58	69.63	71.43	73.28	74.19
镇江	7.25	7.89	8.60	9.35	10.16	12.19	13.38	14.63	16.04	17.61	19.41	21.30	24.58	26.92	27.04	28.77	29.40
常州	9.28	10.11	11.05	12.11	13.25	16.93	19.02	21.09	23.25	25.55	28.62	31.60	36.51	39.90	40.22	42.76	45.81
无锡	11.81	12.91	14.12	15.48	16.98	22.94	26.10	29.04	32.22	35.56	39.72	43.71	50.37	55.14	58.61	61.27	65.44
苏州	15.71	17.19	18.80	20.68	22.73	31.01	36.18	42.75	48.15	53.77	65.24	71.49	82.18	89.96	92.44	95.60	98.79
扬州	12.24	13.37	14.56	15.87	17.24	18.57	19.92	21.61	23.59	25.80	27.80	30.33	34.80	38.01	40.81	42.79	45.94
泰州	12.54	13.72	15.03	16.36	17.79	19.32	20.70	22.19	24.46	26.78	28.79	31.44	36.07	39.41	41.06	43.75	46.84
南通	21.32	23.17	25.12	27.21	29.37	30.23	32.38	34.79	37.71	40.94	45.40	49.54	56.85	58.06	60.61	62.97	63.75
淮安	12.79	14.07	18.74	17.31	18.80	20.51	22.00	23.54	25.45	27.63	29.92	32.64	35.42	39.05	40.13	41.76	43.77
盐城	21.62	23.56	25.62	27.87	30.30	32.12	34.34	36.73	39.69	42.94	45.25	49.18	50.22	51.40	52.27	53.62	54.70
宿迁	13.83	15.13	16.52	18.10	19.79	20.43	21.83	23.33	25.04	27.12	29.39	30.39	31.98	32.73	33.16	33.52	34.42
连云港	12.38	13.61	14.94	16.37	17.80	18.74	20.13	21.66	23.51	25.52	27.39	29.81	30.33	31.66	32.68	33.24	35.76
徐州	24.36	26.70	29.12	31.79	34.80	36.37	37.15	39.21	41.26	41.82	44.48	47.26	49.72	52.06	54.37	55.61	57.94

附表 10　江苏地级城市人口流动强度:2000—2016

年份 地级市	2000	2001	2002	2003	2004	2005	2006	2007	2008	2009	2010	2011	2012	2013	2014	2015	2016
南京	0.16	0.17	0.18	0.19	0.22	0.22	0.24	0.25	0.26	0.27	0.28	0.25	0.24	0.26	0.25	0.27	0.29
镇江	0.08	0.08	0.10	0.09	0.10	0.10	0.11	0.12	0.12	0.14	0.15	0.18	0.17	0.19	0.18	0.18	0.17
常州	0.12	0.13	0.09	0.09	0.09	0.12	0.13	0.14	0.16	0.17	0.19	0.21	0.24	0.26	0.25	0.24	0.26
无锡	0.11	0.11	0.15	0.16	0.16	0.18	0.19	0.19	0.20	0.21	0.23	0.24	0.26	0.27	0.27	0.28	0.30
苏州	0.10	0.06	0.07	0.07	0.08	0.11	0.13	0.15	0.17	0.19	0.21	0.22	0.21	0.23	0.25	0.28	0.31
扬州	0.14	0.08	0.09	0.10	0.10	0.14	0.16	0.18	0.17	0.17	0.17	0.17	0.19	0.18	0.19	0.20	0.21
泰州	0.23	0.12	0.13	0.14	0.15	0.16	0.17	0.18	0.19	0.21	0.23	0.13	0.15	0.16	0.17	0.18	0.19
南通	0.16	0.17	0.19	0.19	0.20	0.20	0.22	0.22	0.24	0.26	0.27	0.26	0.23	0.24	0.24	0.25	0.26
淮安	0.06	0.05	0.08	0.08	0.08	0.08	0.08	0.10	0.09	0.09	0.10	0.11	0.12	0.12	0.15	0.14	0.16
盐城	0.05	0.05	0.07	0.06	0.07	0.08	0.08	0.09	0.09	0.10	0.11	0.12	0.13	0.14	0.13	0.15	0.16
宿迁	0.04	0.05	0.04	0.04	0.05	0.05	0.06	0.06	0.07	0.06	0.08	0.07	0.07	0.07	0.08	0.09	0.10
连云港	0.06	0.05	0.07	0.06	0.07	0.06	0.07	0.08	0.07	0.07	0.08	0.10	0.08	0.08	0.09	0.09	0.11
徐州	0.07	0.07	0.08	0.09	0.08	0.09	0.08	0.08	0.09	0.10	0.10	0.11	0.12	0.13	0.14	0.16	0.17

附表 11 江苏地级城市年末户籍人口所占江苏户籍总人口比重:2000—2016

单位:%

地级市＼年份	2000	2001	2002	2003	2004	2005	2006	2007	2008	2009	2010	2011	2012	2013	2014	2015	2016
南京	7.44	7.52	7.61	7.67	8.88	9.09	9.39	9.60	9.78	9.88	10.17	10.27	10.30	10.31	10.32	10.33	10.34
镇江	3.64	3.62	3.61	3.58	3.56	3.90	3.91	3.91	3.92	3.93	3.96	3.97	3.98	3.99	3.98	3.98	3.98
常州	4.66	4.64	4.63	4.64	4.64	5.42	5.56	5.64	5.68	5.70	5.84	5.89	5.92	5.91	5.90	5.89	5.89
无锡	5.93	5.92	5.92	5.93	5.94	7.34	7.63	7.76	7.87	7.93	8.10	8.14	8.16	8.17	8.17	8.16	8.16
苏州	7.89	7.89	7.88	7.92	7.96	9.92	10.58	11.42	11.76	12.00	13.30	13.32	13.32	13.32	13.32	13.31	13.31
扬州	6.15	6.14	6.11	6.08	6.04	5.94	5.82	5.77	5.76	5.76	5.67	5.65	5.64	5.63	5.63	5.62	5.62
泰州	6.30	6.30	6.30	6.27	6.23	6.18	6.05	5.93	5.97	5.97	5.87	5.86	5.85	5.84	5.83	5.82	5.81
南通	10.71	10.63	10.54	10.43	10.29	9.67	9.47	9.30	9.21	9.13	9.25	9.23	9.21	9.19	9.17	9.15	9.13
淮安	6.42	6.46	7.86	6.63	6.58	6.56	6.43	6.29	6.21	6.16	6.10	6.08	6.06	6.08	6.10	6.11	6.11
盐城	10.86	10.81	10.74	10.68	10.61	10.28	10.04	9.81	9.69	9.58	9.23	9.16	9.11	9.09	9.07	9.06	9.05
宿迁	6.95	6.94	6.93	6.94	6.93	6.54	6.38	6.23	6.11	6.05	5.99	6.03	6.06	6.07	6.08	6.09	6.09
连云港	6.22	6.25	6.27	6.27	6.23	6.00	5.88	5.79	5.74	5.69	5.58	5.55	5.56	5.58	5.59	5.61	5.62
徐州	12.23	12.26	12.21	12.18	12.19	11.64	11.45	11.28	11.20	11.12	10.90	10.85	10.81	10.82	10.84	10.87	10.89

附表 12　江苏地级城市三次产业产值及比重

单位：亿元、%

项目 年份	第一产业产值	第二产业产值	第三产业产值	第一产业比重	第二产业比重	第三产业比重
2000	1 048.34	4 435.89	3 069.46	12.26	51.86	35.88
2001	1 094.48	4 907.46	3 454.9	11.58	51.89	36.53
2002	1 110.44	5 604.49	3 891.92	10.47	52.84	36.69
2003	1 162.45	6 787.11	4 493.31	9.34	54.55	36.11
2004	1 367.58	8 437.99	5 198.03	9.11	56.24	34.65
2005	1 461.51	10 524.96	6 612.22	7.86	56.59	35.55
2006	1 545.05	12 282.89	7 914.11	7.11	56.49	36.4
2007	1 816.31	14 471.26	9 730.91	6.98	55.62	37.4
2008	2 100.11	16 993.34	11 888.53	6.78	54.85	38.37
2009	2 261.86	18 566.37	13 629.07	6.57	53.88	39.55
2010	2 540.1	21 753.93	17 131.45	6.14	52.51	41.35
2011	3 064.78	25 203.21	20 842.21	6.24	51.32	42.44
2012	3 418.29	27 121.95	23 517.98	6.33	50.17	43.5
2013	3 646.08	29 084.02	26 421.65	5.8	48.7	45.5
2014	3 634.33	30 854.50	30 599.49	5.6	47.4	47.0
2015	3 986.05	32 044.45	34 085.88	5.7	45.7	48.6
2016	4 077.18	33 550.54	38 458.45	5.4	44.1	50.5

附表 13　江苏三次产业能源消费结构所占比重:2000—2016

单位:%

年份	第一产业能耗比重	第一产业能耗比重	第一产业能耗比重
2000	4. 65	78. 78	16. 57
2001	4. 04	76. 32	19. 64
2002	3. 80	74. 19	22. 01
2003	3. 29	75. 04	21. 67
2004	2. 71	81. 48	15. 82
2005	1. 87	82. 86	15. 27
2006	1. 75	83. 34	14. 91
2007	1. 58	83. 71	14. 72
2008	1. 49	82. 61	15. 90
2009	1. 52	82. 29	16. 19
2010	1. 53	81. 01	17. 46
2011	1. 64	80. 98	17. 38
2012	1. 40	80. 02	18. 58
2013	1. 51	78. 57	19. 92
2014	1. 55	78. 68	19. 77
2015	1. 71	77. 71	20. 58
2016	1. 72	76. 66	21. 62

附表 14 江苏三次产业碳排放量和碳排放强度:2000—2016

单位:万吨、吨/万元

年份＼项目	第一产业碳排放量	第二产业碳排放量	第三产业碳排放量	第一产业碳排放强度	第二产业碳排放强度	第三产业碳排放强度
2000	114.38	2 160.28	240.39	0.11	0.49	0.08
2001	108.45	1 974.84	280.5	0.1	0.4	0.08
2002	123.32	1 989.08	326.38	0.11	0.35	0.08
2003	119.82	2 180.85	403.95	0.1	0.32	0.09
2004	123.18	2 942.59	495.87	0.09	0.35	0.1
2005	136.84	3 436.66	528.49	0.09	0.33	0.08
2006	149.19	3 547.63	553.65	0.1	0.29	0.07
2007	152.62	3 974.52	603.89	0.08	0.27	0.06
2008	155.14	4 269.33	692.01	0.07	0.25	0.06
2009	168.21	4 325.29	714.7	0.07	0.23	0.05
2010	186.21	4 478.77	746.88	0.07	0.21	0.04
2011	193.58	4 523.64	759.06	0.06	0.18	0.04
2012	198.07	4 579.82	767.69	0.06	0.17	0.03
2013	196.31	4 619.82	776.67	0.06	0.16	0.03
2014	189.45	4 709.26	787.91	0.05	0.17	0.03
2015	187.63	4 785.17	793.82	0.05	0.16	0.02
2016	185.72	4 809.41	827.39	0.05	0.16	0.02

附录 B 城镇家庭碳排放调查问卷

亲爱的朋友：

您好！我们是南京邮电大学的学生，我们在进行大学生实践创新训练计划项目《家庭消费对碳排放的影响研究》的问卷调查工作。希望您将真实准确数据反映给我们，对于您的帮助我们不胜感激。本问卷为无记名问卷，不会泄露个人隐私。我们保证您的个人信息只用于本次研究调查，不被泄露或者不正当应用。请在你所选择的答案之前打“√”。

谢谢您的合作！

南京邮电大学《家庭消费模式对碳排放的影响研究》课题小组

2014 年 1 月

1. 您的性别：

A. 男　　B. 女

2. 您的年龄：

A. 20 岁以下　　B. 20—30 岁

C. 30—40 岁　　D. 40—50 岁

E. 50 岁以上

3. 您家庭有几口人？

A. 2 人　　B. 3 人

C. 4 人　　D. 5 人及以上

4. 家庭所属区域：

A. 苏南　　B. 苏中

C. 苏北

5. 您的文化程度：

A. 本科及以上　　B. 大专

C. 高中或中专　　D. 初中

E. 小学文化及以下

6. 您的职业：

A. 公务员、事业单位人员　　B. 公司职员

C. 学生　　　　D. 个体经营者

E. 离退休人员　　　　F. 军人

G. 其他职业

7. 您的家庭年收入：

A. 3 万元及以下　　　　B. 3—5 万元

C. 5—10 万元　　　　D. 10 万及以上

8. 您家的住宅面积多少？

A. 60 平方及以下　　　　B. 60—90 平方

C. 90—120 平方　　　　D. 120 平方以上

9. 您和您家人平均每月会购入多少件衣服？

A. 3 件以下　　　　B. 3—5 件

C. 5—10 件　　　　D. 10 件以上

10. 你家庭购物频率：

A. 每周 0—1 次　　　　B. 每周 2 次

C. 每周 3 次　　　　D. 每周 3 次以上

11. 您购物时会带上购物袋吗？

A. 一定不会　　　　B. 偶尔会

C. 经常会　　　　D. 一定会

12. 您家庭每周外出就餐次数：

A. 几乎从不出去　　　　B. 每周一、两次

C. 每周三四次　　　　D. 几乎每天出去

13. 您家庭平均每月用电费用大约是：

A. 100 元以下　　　　B. 100—200 元

C. 200—300 元　　　　D. 300—400 元

E. 400—500 元

14. 您家庭平均月用水费用大约是：

A. 20 元以下　　　　B. 20—40 元

C. 40—60 元　　　　D. 60—80 元

E. 80—100 元

15.（选做：使用天然气家庭填写）您的家庭月均使用天然气费用大约是：

A. 30 元及以下　　　　B. 30—50 元

C. 50—80 元　　D. 80—100 元

E. 100—120 元　F. 120 元及以上

16.（选做：使用灌装液化气家庭填写）您的家庭月均使用液化气费用大约是：

A. 30 元及以下　　B. 30—50 元

C. 50—80 元　　D. 80—100 元

E. 100—120 元　F. 120 元及以上

17. 您的家庭有对垃圾分类的习惯吗？

A. 有　　B. 没有

C. 没必要

18. 您家庭每天的生活垃圾量是：

A. 约 1 kg 及以下　　B. 约 2 kg

C. 约 3 kg　　D. 约 4 kg 及以上

19. 您现在的出行方式主要是：（单选）

A. 步行或自行车　　B. 电动车

C. 摩托车　　D. 公交车

E. 私家车　　F. 地铁

G. 长途汽车　　H. 火车

I. 飞机

20.（选做）如果您是私家车出行，月均汽油费用是：

A. 500 元以下　　B. 500—800 元

C. 800—1 000 元　　D. 1 000—1 200 元

E. 1 200—1 500 元　　F. 1 500 元以上

21.（选做）如果您是摩托车出行，月均汽油费用是：

A. 50 元以下　　B. 50—80 元

C. 80—100 元　　D. 100—120 元

E. 120 元以上

22.（选做）如果您是公交车出行，每天的公交里程数大约是：

A. 10 公里以下　　B. 10—15 公里

C. 15—20 公里　　D. 20—25 公里

E. 25 公里以上

23.（选做）如果您是地铁出行，每天的里程数大约是：

A. 10 公里以下　　B. 10—15 公里

C. 15—20 公里　　D. 20—25 公里

E. 25 公里以上

24. 您认为“家庭低碳消费”主要是哪方面的？（可多选）

A. 减少“一次性”用品的使用　　B. 节约水电气的消耗

C. 出行采用公共交通　　D. 生活垃圾的分类

25. 您家里有几台空调？

A. 0　　B. 1 台

C. 2 台　　D. 3 台

E. 4 台及以上

26. 您家里空调在那个季节使用较多？

A. 夏季　　B. 冬季

C. 夏季和冬季　　D. 全年

27. 您家里空调每年大约使用时间为：

A. 两个月及以下　　B. 3 个—4 个月

C. 5—6 个月　　D. 7 个月以上

28. 夏天，您家里空调设定温度通常为多少度？

A. 20 度以下　　B. 20—23 度

C. 24—26 度　　D. 26 度及以上

29. 您考虑过您家日常生活消费方式中对环境的影响？

A. 考虑过，会尽力做到低碳生活　　B. 考虑过，但认为很难做到

C. 没有考虑过，但想要了解　　D. 从没考虑过，认为没必要

30. 您觉得在日常生活中，通过什么方式可以到达节能减排的效果？

参考文献

[1] United Nations Framework Convention on Climate Change. The Paris Agreement [EB/OL]. (2017 - 12 - 12) [2018 - 02 - 16]. https://unfccc. int/resource/docs/2015/cop21/chi /109c. pdf.

[2] Parry I W H, Williams R C, Goulder L H. When can Carbon Abatement Policies Increase Welfare? The Fundamental Role of Distorted Factor Markets [J]. Journal of Environmental Economics and Management, 1999, 37 (1): 52 - 84.

[3] Nordhaus W D. Economic Aspects of Global Warming in a Post-copenhagen Environment [J]. Proceedings of the National Academy of Sciences of the United States of America, 2010, 107 (26): 11721 - 11726.

[4] 联合国开发计划署. 2009 年世界人口状况报告 [J]. http://www. un. org/chinese/News/fullstorynews. asp? news ID=12570.

[5] Muneer T, Celik A N, Caliskan N. Sustainable Transport Solution for a Medium-sized Town in Turkey-A Case Study [J]. Sustainable Cities and Society, 2011, (1): 29 - 37.

[6] 世界观察研究所，全球环境研究所. 世界报告《2007 我们城市的未来》[M]. 北京：中国环境科学出版社，2007.

[7] 何晓萍，刘希颖，林艳苹. 中国城镇化进程中的电力需求预测 [J]. 经济研究，2009，(1)：118 - 130.

[8] International Energy Agency. CO_2 Emissions from fuel combustion: highlights [M]. Paris: OECD/IEA, 2011.

[9] 何晓萍，刘希颖，林艳苹. 中国城镇化进程中的电力需求预测 [J]. 经济研究，2009，(1)：118 - 130.

[10] 联合国人口基金. 世界人口状况报告 [R]. 2009：29.

[11] Jiang L W，Hardee K. How Do Recent Population Trends Matter to Climate Change? [J]. Population Research and Policy Review，2011，30 (2)：287 - 312.

[12] Ehrlich P R，Holdren J P. Impact of Population Growth [J]. Science，1971，171 (3977)：1212 - 1217.

[13] Dietz T，Rosa E A. Effects of Population and Affluence on CO_2 Emissions [J]. Proceedings of the National Academy of Sciences of the USA，1997，(94)：175 - 179.

[14] Schelling T. Some Economics of Global Warming [J]. American Economic Review，1992，(82)：1 - 4.

[15] Birdsall N，Kelley A C，Sinding S W. Population Matters：Demographic Change Economic Growth and Poverty in the Developing World [M]. Oxford UK：Oxford University Press，2001.

[16] Feng K S，Davis S J，Sun L X，et al. Drivers of the US CO_2 Emissions 1997 - 2013 [J]. Nature Communications，2015，6：7714.

[17] Knapp T，Mookerjee R. Population Growth and Global CO_2 Emissions [J]. Energy Policy，1996，24 (1)：31 - 37.

[18] Lantz V，Feng Q. Assessing Income，PoPopulation，and Technology Impacts on CO_2 Emissions in Canada：Where's the EKC? [J]. Ecological Economics，2006，57 (2)：229 - 238.

[19] Bin S，Dowlatabadi H. Consumer Lifestyle Approach to US Energy Use and the Related CO_2 Emissions [J]. Energy Policy，2005，33 (2)：197 - 208.

[20] Satterthwaite D. The Implications of Population Growth and Urbanization for Climate Change [J]. Environment and Urbanization，2009，21 (2)：545 - 567.

[21] Dyson T. On Development，Demography and Climate Change：The End of the World as We Know It? [J]. Population and Environment，2005，27 (2)：117 - 149.

[22] 张毅瑜. 人口规模、能源强度和经济增长对碳排放的影响分析——基于海峡西岸地区的省级面板数据 [J]. 华北电力大学学报（社会科学版），

2015，(3)：16-20.

[23] Ehrlich P R，Ann H. E. The Population Explosion [M]. New York：Simon and Schuster，1990.

[24] Commoner B. Making Peace with the Planet [M]. New York：New Press，1992.

[25] Bongaarts J. Population Growth and Global Warming [J]. Population and Development Review [J]. 1992，18 (2)：299-319.

[26] Preston S H. The Effect of Population Growth on Environmental Quality [J]. Population Research and Policy Review，1996，15 (2)：95-108.

[27] Dietz T，Rosa E A. Rethinking the Environmental Impacts of Population，Affluence and Technology [J]. Human Ecology Reviews，1994，1 (2)：277-300.

[28] Dietz T，Rosa E A. Effects of Population and Affluence on CO_2 Emissions [J]. Proceedings of the National Academy of Sciences of the United States of America，1997，94 (1)：175-179.

[29] York R，Rosa E A，Dietz T. STIRPAT，IPAT and Im PAT：Analytic Tools for Unpacking the Driving Forces of Environmental Impacts [J]. Ecological Economics，2003，46 (3)：351-365.

[30] Shi A. The Impact of Population Pressure on Global Carbon Dioxide Emissions，1975—1996：Evidence from Pooled Cross-country Data [J]. Ecological Economics，2003，44 (1)：29-42.

[31] Rosa E A，York R，Dietz T. Tracking the anthropogenic drivers of ecological impacts [J]. A Journal of the Human Environment，2004，33 (8)：509-512.

[32] Cole M A，Neumayer E. Examining the Impact of Demographic Factors on Air Pollution [J]. Population and Environment，2004，26 (1)：5-21.

[33] O'Neill B C，Liddle B，Jiang L，et al. Demographic Change and Carbon Dioxide Emissions [J]. Lancet，2012，380 (9837)：157-164.

[34] Wang P，Wu W S，Zhu B Z，et al. Examining the Impact Factors

of Energy-related CO_2 Emissions Using the STIRPAT Model in Guangdong Province [J]. Applied Energy, 2013, 106: 65 - 71.

[35] Zhang J, Zhang Y, Yang Z, et al. Estimation of Energy-related Carbon Emissions in Beijing and Factor Decomposition Analysis [J]. Ecological Modelling, 2013, 252: 258 - 265.

[36] 彭希哲，朱勤. 我国人口态势与消费模式对碳排放的影响分析 [J]. 人口研究，2010，34 (1)：48 - 58.

[37] 洪业应，向思洁，陈景信. 重庆市人口规模、结构对碳排放影响的实证研究——基于 STIRPAT 模型的分析 [J]. 西北人口，2015，36 (3)：13 - 17.

[38] 王星，刘高理. 甘肃省人口规模、结构对碳排放影响的实证分析——基于扩展的模型 [J]. 兰州大学学报（社会科学版），2014，42 (1)：127 - 132.

[39] 田成诗，郝艳. 人口年龄结构影响了中国碳排放吗？——基于 30—49 岁人口的实证研究 [J]. 中国地质大学学报（社会科学版），2016，16 (5)：42 - 51.

[40] 马晓钰，李强谊，郭莹莹. 我国人口因素对二氧化碳排放的影响——基于 STIRPAT 模型的分析 [J]. 人口与经济，2013，(1)：44 - 51.

[41] 张丽峰. 北京人口、经济、居民消费与碳排放动态关系研究 [J]. 干旱区资源与环境，2015，29 (2)：8 - 13

[42] 童玉芬，韩茜. 人口变动在大城市碳排放中的作用与影响——以北京市为例 [J] 北京社会科学，2013，(2)：113 - 119.

[43] 李国志，李宗植. 人口、经济和技术对二氧化碳排放的影响分析——基于动态面板模型 [J]. 人口研究，2010，34 (3)：32 - 39.

[44] Kaya Y. Impact of Carbon Dioxide Emission on GNP Growth Interpretation of Proposed Scenarios [R]. Presentation to the Energy and Industry Subgroup, Response Strategies Working Group, IPCC, Paris, 1989.

[45] 林伯强. 中国城市化阶段的碳排放：影响因素和减排策略 [J]. 经济研究，2010，(8)：66 - 78.

[46] 王芳，周兴. 人口结构城镇化与碳排放——基于跨国面板数据的实证研究 [J]. 中国人口科学，2012，(2)：47 - 56.

[47] 蒋耒文. 人口变动对气候变化的影响 [J]. 人口研究，2010，34 (1)：

59 - 69.

[48] 曹洪刚，佟昕，陈凯等. 中国碳排放的区域差异实证研究——基于2000—2011年省际面板数据的研究 [J]. 工业技术经济，2015，（11）：84 - 96.

[49] Tonn B. E，Waidley G，Petrich C. The Ageing US Population and Environmental Policy [J]. Journal of Environmental Planning and Management，2001，44 (6)：851 - 876.

[50] Bin S，Dowlatabadi H. Consumer Lifestyle Approach to US Energy Use and the Related CO_2 Emissions [J]. Energy Policy，2005，33 (2)：197 - 208.

[51] Prskawetz A，Jiang L，O'Neill B C. Demographic Composition and Projections of Car Use in Austria [M]. Vienna Yearbook of Population Research，2004：274 - 326.

[52] O' Neill B C，Chen B S. Demographic Determinants of Household Energy Use in the United States [J]. Population and Development Review，2002，28：53 - 88.

[53] Michael D，O'Neill B C，Prskawetz A，et al. Population Aging and Future Carbon Emissions in the United States [J]. Energy Economics，2008，30 (2)：642 - 675.

[54] Tobias M，Heinz W. Population Aging and Carbon Emission in OECD Countries：Accounting for Life-cycle and Cohort Effects [J]. Energy Economics，2012，34 (3)：842 - 849.

[55] 魏一鸣，范英，刘翠等. 中国能源报告：碳排放研究 [M]. 北京：科学出版社，2008.

[56] Cole M，Eric N. Examing the Impacts of Demographic Factors on Air Pollution [J]. Population and Environment，2004，26：5 - 21.

[57] Liddle B. Consumption-driven Environmental Impact and Age Structure Change in OECD Countries：A Cointegration-STIRPAT Analysis [J]. Demographic Research，2011，24 (30)：749 - 770.

[58] 曲如晓，江铨. 人口规模、结构对区域碳排放的影响研究——基于中国省级面板数据的经验分析 [J]. 人口与经济，2012，(2)：10 - 17.

[59] 彭希哲，朱勤. 我国人口态势与消费模式对碳排放的影响分析 [J]. 人口研究，2010，34 (1)：48 - 58.

[60] 王钦池. 基于非线性假设的人口和碳排放关系研究 [J]. 人口研究，2011，35 (1)：3 - 12.

[61] Fan Y，Liu L C，Wu G，et al. Analyzing Impact Factors of CO_2 Emissions Using the STIRPAT Model [J]. Environmental Impact Assessment Review，2006，26 (4)：377 - 395.

[62] 田成诗，郝艳，李文静等. 中国人口年龄结构对碳排放的影响 [J] 资源科学，2015，37 (12)：2309 - 2318.

[63] 黄杰. 人口结构变动对中国碳排放绩效的影响研究 [J]. 西北人口，2016，37 (2)：91 - 95.

[64] Guest R. Innovations in the Macroeconomic Modeling of Population Ageing [J]. Economic Modeling，2007，24 (1)：101 - 119

[65] Okada A. Is an Increased Elderly Population Related to Decreased CO_2 Emissions from Road Transportation? [J]. Energy Policy，2012，45：286 - 292.

[66] Menz T，Welsch H. Population Aging and Carbon Emissions in OECD Countries：Accounting for Life-cycle and Cohort Effects [J]. Energy Economics，2012，34 (3)：842 - 849.

[67] Kronenberg T. The Impact of Demographic Change on Energy Use and Greenhouse Gas Emissions in Germany [J]. Ecological Economics，2009，68 (10)：2637 - 2645.

[68] Zagheni E. The Leverage of Demographic Dynamics on Carbon Dioxide Emissions：Does Age Structure Matter? [J]. Demography，2011，48 (1)：371 - 399.

[69] York R. Demographic Trends and Energy Consumption in European Union Nations，1960—2025 [J]. Social Science Research，2007，36 (3)：855 - 872.

[70] 傅崇辉，王文军，曾序春等. 生活能源消费的人口敏感性分析——以中国城镇家庭户为例 [J]. 资源科学，2013，35 (10)：1933 - 1944.

[71] 李怡涵，牛叔文，沈义等. 中国人口发展对家庭生活基本能耗及碳

排放的影响分析 [J]. 资源科学，2014，36 (5)：988-997.

[72] 李飞越. 老龄化、城镇化与碳排放——基于 1995—2012 年中国省级动态面板的研究 [J]. 人口与经济，2015，(4)：9-18.

[73] 陈婧. 人口因素对碳排放的影响 [J]. 西北人口，2011，32 (2)：23-33.

[74] Raty R，Carlsson K A. Comparing Energy Use by Gender，Age and Income in Some European Countries [J]. 2008，FOI-R-2800-SE：5-39.

[75] 王钦池. 基于非线性假设的人口和碳排放关系研究 [J]. 人口研究，2011，35 (1)：3-12.

[76] 王芳，周兴. 人口结构、城镇化与碳排放——基于跨国面板数据的实证研究 [J]. 中国人口科学，2012，(2)：47-56.

[77] 郭文，孙涛. 人口结构变动对中国能源消费碳排放的影响——基于城镇化和居民消费视角 [J]. 数理统计与管理，2017，36 (2)：295-312.

[78] 彭希哲，朱勤. 我国人口态势与消费模式对碳排放的影响分析 [J]. 人口研究，2010，34 (1)：48-58.

[79] Schipper L，Unander F，Murtishaw S，et al. Indicators of Energy Use and Carbon Emissions：Explaining the Energy Economy Link [J]. Annual Review Energy Environment，2001，26：49-81.

[80] Cole M，Eric N. Examing the Impacts of Demographic Factors on Air Pollution [J]. Population and Environment，2004，26：5-21.

[81] Dalton M，O'Neill B C，Prskawetz A，et al. Population Aging and Future Carbon Emissions in the United States [J]. Energy Economics，2008，(30)：642-675.

[82] Jiang L，Hardee K. How Do Recent Population Trends Matter to Climate Change? [J]. Population Research Policy Reviews，2011，(30)：287-312.

[83] MacKellar F. L，Lutz W，Prinz C，et al. Population，Households，and CO_2 Emissions [J]. Population and Development Review，1995，(4)：849-865.

[84] 彭希哲，朱勤. 我国人口态势与消费模式对碳排放的影响分析 [J]. 人口研究，2010，34 (1)：48-58.

[85] 王钦池. 家庭规模对中国能源消费和碳排放的影响研究 [J]. 资源科学，2015，37（2）：299-307.

[86] 陈佳瑛，彭希哲，朱勤. 家庭模式对碳排放影响的宏观实证分析 [J]. 中国人口科学，2009，(5)：68-78.

[87] Bin S，Dowlatabadi H. Consumer lifestyle Approach to US Energy Use and the Related CO_2 Emissions [J]. Energy Policy，2005，33（2）：197-208.

[88] 杨瑞华，葛幼松，曾红鹰. 基于 CLA 模型的城市微观家庭碳排放特征研究——以全国 9 个城市家庭碳排放问卷调查为例 [J]. 山西大学学报（自然科学版），2011，34（4）：655-661.

[89] 江海燕，肖荣波，吴婕. 城市家庭碳排放的影响模式及对低碳居住社区规划设计的启示——以广州为例 [J]. 现代城市研究，2013， （2）：100-106.

[90] 张艳. 生活方式对开封城市家庭采暖碳排放的影响 [J]. 地理科学进展，2013，32（7）：1072-1081.

[91] 李建豹，曲建升，张志强. 西北地区家庭生活碳排放特征及其影响因素研究 [J]. 干旱区地理，2014，37（4）：759-766.

[92] 王勤花，张志强，曲建升. 家庭生活碳排放研究进展分析 [J]. 地球科学进展，2013，28（12）：1305-1312.

[93] Almond D，Chen Y，Greenstone M，et al. Winter Heating or Clean Air? Unintended Impacts of China's Huai River Policy [J]. The American Economic Review，2009，99（2）：184-190.

[94] 黄茹，何爱，吕拉昌. 基于家庭消费视角的广州城市社区碳排放空间差异研究 [J]. 地域研究与开发，2013，32（3）：99-107.

[95] 李治，李培，郭菊娥等. 城市家庭碳排放影响因素与跨城市差异分析 [J]. 中国人口·资源与环境，2013，(10)：87-94.

[96] 黄经南，李丹哲，韩笋生. 武汉市家庭碳排放的空间分布特征研究 [J]. 现代城市研究，2015，(10)：108-116.

[97] 杨上广，王春兰，刘淋. 上海家庭出行碳排放基本特征、空间模式及影响因素研究 [J]. 中国人口·资源与环境，2014，24（6）：148-153.

[98] 荣培君，张丽君，杨群涛等. 中小城市家庭生活用能碳排放空间分

异——以开封市为例 [J]. 地理研究，2016，35 (8)：1495 - 1509.

[99] 计志英，赖小锋，贾利军. 家庭部门生活能源消费碳排放：测度与驱动因素研究 [J]. 中国人口·资源与环境，2016 (5)：64 - 72.

[100] 王莉，曲建升，刘莉娜等. 1995—2011 年我国城乡居民家庭碳排放的分析与比较 [J]. 干旱区资源与环境，2015，29 (5)：6 - 10.

[101] 彭希哲，钱焱. 试论消费压力人口与可持续发展——人口学研究新概念与方法的尝试 [J]. 中国人口科学，2001，(5)：1 - 9.

[102] Satterthwaite D. The Implications of Population Growth and Urbanization for Climate Change [J]. Environment and Urbanization，2009，21 (2)：545 - 567.

[103] 李科. 中国产业结构与碳排放量关系的实证检验——基于动态面板平滑转换模型的分析 [J]. 数理统计与管理，2014，33 (3)：381 - 393.

[104] Feng K S，Hubacek K，Guan D B. Lifestyles，Technology and CO_2 Emissions in China：A Regional Comparative Analysis [J]. Ecological Economics，2009，69 (1)：145 - 154.

[105] Yao C，Chen C，Li M. Analysis of Rural Residential Energy Consumption and Corresponding Carbon Emissions in China [J]. Energy Policy，2012，41：445 - 450.

[106] Zhu Q，Peng X Z，Wu K Y. Calculation and Decomposition of Indirect Carbon Emissions from Residential Consumption in China Based on the Input-output Model [J]. Energy Policy，2012，48 (3)：618 - 626.

[107] Park H C，Heo E. The Direct and Indirect Household Energy Requirements in the Republic of Korea from 1980 to 2000—An Input - output Analysis [J]. Energy Policy，2007，35 (5)：2839 - 2851.

[108] Papathanasopoulou E. Household Consumption Associated Fossil Fuel Demand and Carbon Dioxide Emissions—The Case of Greece between 1990 and 2006 [J]. Energy Policy，2010，38 (8)：4152 - 4162.

[109] 朱勤，魏涛远. 居民消费视角下人口城镇化对碳排放的影响 [J]. 中国人口·资源与环境. 2013，23 (11)：21 - 29.

[110] 黄芳，江可申. 我国居民生活消费碳排放的动态特征及影响因素分析 [J]. 系统工程，2013，31 (1)：52 - 60.

[111] 李国志，李宗植．二氧化碳排放决定因素的实证分析——基于70个国家（地区）面板数据［J］．数理统计与管理，2011，30（4）：585-593.

[112] 周平，王黎明．中国居民最终需求的碳排放测算［J］．统计研究，2011，28（7）：71-78.

[113] 姚亮，刘晶茹，王如松．中国城乡居民消费隐含的碳排放对比分析［J］．中国人口·资源环境，2011，21（4）：25-29.

[114] 曲建升，刘莉娜，曾静静等．中国城乡居民生活碳排放驱动因素分析［J］．中国口·资源与环境，2014，24（8）：33-41.

[115] 岳婷，龙如银．中国省域生活能源碳排放空间计量分析［J］．北京理工大学学报（社会科学版），2014，16（2）：40-46.

[116] Bento A M，Cropper M L，Mobarak A M，et al. The Impact of Urban Spatial Structure on Travel Demand in the United States［J］. The Review of Economics and Statistics，2005，87（3）：466-478.

[117] Glaeser E L，Kahn M E. The Greenness of Cities：Carbon Dioxide Emissions and Urban Development［R/OL］. http：//en. scientifc commons. org，2008.

[118] Glaeser E，Kahn M. The Greenness of Cities：Carbon Dioxide Emissions and Urban Development［J］. Journal of Urban Economics，2010，67（3）：404-418.

[119] Kahn M E. Urban Policy Effection Carbon Mitigation［J］. NBER Working Paper，No. 16131，2010.

[120] Svirejeva H A，Schellnhuberb H J. Modeling Carbon Dynamics from Urban Land Conversion：Fundamental Model of City in Relation to a Local Carbon Cycle［J］. Carbon Balance and Management，2006，（1）：129.

[121] 周勇．中国城市化进程中的非农人口转化与产业转化的均衡调整［J］．学术研究，2008，（9）：49-54.

[122] 郑思齐，丁文捷，陆化普．住房、交通与城市空间规划［J］．城市问题，2009，（1）：29-34.

[123] 秦波，戚斌．城市形态对家庭建筑碳排放的影响——以北京为例［J］．国际城市规划，2013，28（2）：42-46.

[124] 黄经南，陈舒怡，王国恩．城市空间结构与家庭出行碳排放

分析——以武汉市为例，城市问题，2014，(12)：93－100.

［125］Katircioglu S T. Estimating Higher Education Induced Energy Consumption：The Case of Northern Cyprus［J］. Energy，2014，66：831－838.

［126］王曾．人力资本、技术进步与 CO_2 排放关系的实证研究——基于中国 1953—2008 年时间序列数据的分析［J］．科技进步与对策，2010，27(22)：4－8.

［127］肖周燕．人口素质、经济增长与 CO_2 排放关联分析［J］．干旱区资源与环境，2013，27（10）：25－31.

［128］杜运伟，黄涛珍．江苏省人口规模、结构对碳排放的影响分析［J］．长江流域资源与环境，2013，22（4）：399－404.

［129］王一鸣，杨宜勇，史育龙等．关于加快城市化进程的若干问题研究［J］．宏观经济研究，2000，(2)：3－11.

［130］孙中和．中国城市化基本内涵与动力机制研究［J］．财经问题研究，2001，(11)：38－43.

［131］石忆邵．关于城市化的几个学术问题的讨论［J］．同济大学学报（社会科学版），2003，14（3）：33－38.

［132］项继权，王明为．新型城镇化：发展战略、动力机制与创新突破［J］．城市观察，2015，(5)：5－12.

［133］毕晓航．城市化对碳排放的影响机制研究［J］．上海经济研究，2015，(10)：97－106.

［134］姜爱林．城镇化水平的五种测算方法分析［J］．中央财经大学学报，2002，(8)：76－80.

［135］卢祖丹．我国城镇化对碳排放的影响研究［J］．中国科技论坛，2011，(7)：27－32.

［136］陆铭，陈钊．城市化、城市倾向的经济政策与城乡收入差距［J］．经济研究，2004，(6)：50－58.

［137］叶裕民．中国城市化质量研究［J］．中国软科学，2001，(7)：27－31.

［138］李振福．城市化水平综合测度模型研究［J］．北方交通大学学报（社会科学版），2003，2（1）：64－66.

[139] 刘梦琴，刘铁俊．中国城市化发展与碳排放关系——基于30个省区数据的实证研究 [J]．城市发展研究，2011，18（11）：27 - 32.

[140] Northam R M. Urban Geography [M]. New York：John Wiley，1979.

[141] 谢文蕙，邓卫．城市经济学 [M]．北京：清华大学出版社，1996.

[142] 陈彦光．城市化水平增长曲线的类型、分段和研究方法 [J]．地理科学，2012，32（1）：12 - 17.

[143] 叶裕民．中国城市化之路——经济支持与制度创新 [M]．北京：商务印书馆，2002.

[144] 徐安．我国城市化与能源消费和碳排放的关系研究 [D]．华中科技大学博士论文，2011.

[145] Berry B J L. The Counter Urbanization Process：Urban America Since 1970 [J]. Urban Affairs Annual Reviews，1976，11：17 - 30.

[146] Decressin J，Fata's A. Regional Labor Market Dynamics in Europe [J]. European Economic Review，1995，39（9）：1627 - 1655.

[147] Banerjee B. The Determinants of Migrating with a Pre - arranged Job and of the Initial Duration of Urban Unemployment：An Analysis Based on Indian Data on Rural - to - urban Migrants [J]. Journal of Development Economics，1991，36（2）：337 - 351.

[148] Borjas G J. Does Immigration Grease the Wheels of the Labor Market? [J]. Brookings Papers on Economics Activity，2001，(1)：69 - 119.

[149] Spilimbergo A. Labor Market Integration，Unemployment and Transfers [J]. Review of International Eeonomics，1999，7（4）：641 - 650.

[150] Hansen G D，Prescott E C. Malthus to Solow [J]. American Economic Review，2002，92（4）：1205 - 1217.

[151] Ben P Y. The F - connection：Families，Friends and Firms and the Organization of Exchange [J]. Population and Development Review，1980，6（1）：1 - 30.

[152] Daveri F，Faini R. Where Do Migrants Go? [J]. Oxford Economic Papers，1999，51：595 - 622.

[153] 蔡昉．劳动力迁移的两个过程及其制度障碍 [J]．社会学研究，

2001，(4)：46－48.

[154] 郭克莎. 工业化与城市化关系的经济学分析 [J]. 中国社会科学，2002，(2)：44－55.

[155] 程名望，史清华，徐剑侠. 中国农村劳动力转移动因与障碍的一种解释 [J]. 经济研究，2006，(4)：68－78.

[156] 杨新华. 新型城镇化的本质及其动力机制研究——基于市场自组织与政府他组织的视角 [J]. 中国软科学，2015，(4)：183－192.

[157] 涂正革，叶航，谌仁俊. 中国城镇化的动力机制及其发展模式 [J]. 华中师范大学学报（人文社会科学版），2016，55 (5)：44－54.

[158] 楚静. 新型城镇化动力机制的转换与优化 [J]. 城市学刊，2016，37 (3)：44－47.

[159] York R. Demographic Trends and Energy Consumption in European Union Nations：1960—2025 [J]. Social Seience Research，2007，36 (3)，855－872.

[160] Alam S，Fatima A，Butt M. S. Sustainable Development in Pakistan in the Context of Energy Consumption Demand and Environmental Degradation [J]. Journal of Asian Economics，2007，18 (5)：825－837.

[161] Jorgenson A K. Does Foreign Investment Harm the Air We Breathe and the Water We Drink [J]. Organization Environment，2007，(20)：137－156.

[162] Liu Y S，Zhou Y，Wu W X. Assessing the Impact of Population，Income and Technology on Energy Consumption and Industrial Pollutant Emissions in China [J]. Applied Energy，2015，155 (10)：904－917.

[163] Poumanyvong P，Kaneko S. Does Urbanization Lead to Less Energy Use and Lower CO_2 Emissions? A Cross-country Analysis [J]. Ecological Economics，2010，70 (2)：434－444.

[164] Zhu H M，You W H，Zeng Z. Urbanization and CO_2 emissions：A Semi-parametric Panel Data Analysis [J]. Economics Letters，2012，117 (3)：848－850.

[165] Knight K W，Rosa E A，Schor J B. Could Workingless Reduce Pressures on the Environment? A Cross-national Panel Analysis of OECD

Countries, 1970—2007 [J]. Global Environmental Change, 2013, 23 (4): 691 - 700.

[166] Almulali U, Fereidouni H G, Lee J Y M, et al. Exploring the Relationship between Urbanization, Energy Consumption, and CO_2 Emission in MENA Countries [J]. Renewable and Sustainable Energy Reviews, 2013, 23 (4): 107 - 112.

[167] 彭希哲，朱勤. 我国人口态势与消费模式对碳排放的影响分析 [J]. 人口研究，2010，34 (1)：48 - 58.

[168] 唐李伟，胡宗义，苏静等. 城镇化对生活碳排放影响的门槛特征与地区差异 [J]. 管理学报，2015，12 (2)：291 - 298.

[169] 阳玉香，谭忠真. 湖南省低碳经济驱动因素的实证研究——基于主成分分析法 [J]. 湖南社会科学，2012，(2)：164 - 166.

[170] 刘耀彬. 中国城市化与能源消费关系的动态计量分析 [J]. 财经研究，2007，33 (11)：72 - 81.

[171] 孙慧宗，李久明. 中国城市化与二氧化碳排放量的协整分析 [J]. 人口学刊，2010，(5)：10 - 16.

[172] 周葵，戴小文. 我国城镇化进程与碳排放量关系的实证研究 [J]. 中国人口·资源与环境，2013，23 (4)：41 - 48.

[173] 杨晓军，陈浩. 全球化、城镇化与二氧化碳排放 [J]. 城市问题，2013，(12)：12 - 20.

[174] 关海玲，陈建成，曹文. 城镇化与碳排放关系的实证 [J]. 中国人口·资源与环境，2013，23 (4)：111 - 116.

[175] 周五七，聂鸣. 中国碳排放强度影响因素的动态计量检验 [J]. 管理科学，2012，25 (5)：99 - 107.

[176] 张腾飞，杨俊，盛鹏飞. 城镇化对中国碳排放的影响及作用渠道 [J]. 中国人口·资源与环境，2016，26 (2)：47 - 57.

[177] Martínez Z, Maruotti A. The Impact of Urbanization on CO_2 Emissions: Evidence from Developing Countries [J]. Ecological Economics, 2011, 70 (7): 1344 - 1353.

[178] Dong X Y, Yuan G Q. China's Greenhouse Gas Emissions' Dynamic Effects in the Process of its Urbanization: A Perspective from Shocks

Decomposition under Long—term Constraints [J]. Energy Procedia, 2011, (5): 1660-1665.

[179] 孙昌龙，靳诺，张小雷等. 城镇化不同演化阶段对碳排放的影响差异 [J]. 地理科学，2013，33 (3)：266-272.

[180] 张鸿武，王珂英，项本武. 城镇化对 CO_2 排放影响的差异研究 [J]. 中国人口·资源与环境，2013，23 (3)：152-157.

[181] 王钦池. 基于非线性假设的人口和碳排放关系研究 [J]. 人口研究，2011，35 (1)：3-12.

[182] 王芳，周兴. 人口结构城镇化与碳排放——基于跨国面板数据的实证研究 [J]. 中国人口科学，2012，(2)：47-56.

[183] 刘华军. 城镇化对二氧化碳排放的影响——来自中国时间序列和省际面板数据的经验证据 [J]. 上海经济研究，2012，(2)：24-35.

[184] 赵钊，于寄语. 城市化与二氧化碳排放——基于省级面板数据的分析 [J]. 城市问题，2015，(12)：19-25.

[185] 阐大学，罗良文. 我国城市化对能源强度的影响——基于空间计量经济学的分析 [J]. 当代财经，2010，(3)：83-55.

[186] 林伯强，刘希颖. 中国城市化阶段的碳排放：影响因素和减排策略 [J]. 中国人口科学，2010，(8)：66-78.

[187] Parikh J, Shukla V. Urbanization Energy Use and Greenhouse Effects in Economic Development: Results From a Cross-national Study of Developing Countries [J]. Global Environmental Change, 1995, (2): 87-103.

[188] 蒋耒文，考斯顿. 人口——家庭户对环境的影响：理论模型与实证研究 [J]. 人口研究，2001，25 (1)：47-55.

[189] Jones D W. Urbanization and Energy [M]. Encyclopedia of Energy6. 2004: 329-325.

[190] Gottdiener M, Budd L. Key Concepts in Urban Studies [M]. SAGE Key Concepts Series. London: SAGE. 2005.

[191] Fan Y, Liu L C, Wu G, et al. Analyzing Impact Factors of CO_2 Emissions Using the STIRPAT Model [J]. Environmental Impact Assessment Review, 2013, 26 (4): 377-395.

[192] Sharma S S. Determinants of Carbon Dioxide Emissions: Empirical Evidence from 69 Countries [J]. Applied Energy, 2011, 88 (1): 376 - 382.

[193] Martinez Z I, Maruotti A. The Impact of Urbanization on CO_2 Emissions Evidence From Developing Countries [J]. Ecological Economics, 2011, 70 (7): 1344 - 1353.

[194] Brown M A, Southworth F. Mitigating Climate Change through Green Building Sand Smart Growth [J]. Environment and Planning. 2008, 40 (3): 653 - 675.

[195] Jiang L, Hardee K. How do Recent Demographic Trend Matter to Climate Change? [R]. Population Action International Working Paper, 2009.

[196] Chen H, Jia B, Lau S Y. Sustainable Urban form for Chinese Compact Cities: Challenges of a Rapid Urbanized Economy [J]. Habitat International, 2008, 32 (1): 28 - 40.

[197] 赵红，陈雨蒙. 我国城市化进程与减少碳排放的关系研究 [J]. 中国软科学，2013，(3)：184 - 192.

[198] Sadorsky P. The Effect of Urbanization on CO_2 Emissions in Emerging Economics [J]. Energy Economics, 2014, 41: 147 - 153.

[199] 吴殿廷，吴昊，姜晔. 碳排放强度及其变化——基于截面数据定量分析的初步推断 [J]. 地理研究，2011，30 (4)：579 - 589.

[200] 卢祖丹. 我国城镇化对碳排放的影响研究 [J]. 中国科技论坛，2011，(7)：27 - 32.

[201] 曲如晓，江铨. 人口规模、结构对区域碳排放的影响研究——基于中国省级面板数据的经验分析 [J]. 人口与经济，2012，(2)：10 - 17.

[202] 姬世东，吴昊，王铮. 贸易开放、城镇化发展和二氧化碳排放——基于中国城市面板数据的边限协整检验分析 [J]. 经济问题，2013，(12)：31 - 35.

[203] 丁翠翠. 中国城镇化、居民消费对环境污染的影响效应 [J]. 河北经贸大学学报，2014，35 (3)：47 - 50.

[204] 刘修岩，王利敏，朱淑文. 城市蔓延提高了家庭的居住碳排放水平吗？——来自中国南方城市面板数据的证据 [J]. 东南大学学报（哲学社会科

学版)，2016，18 (5)：101 - 108.

[205] 王桂新，武俊奎. 城市规模与空间结构对碳排放的影响 [J]. 城市发展研究，2012，19 (3)：89 - 112.

[206] 刘耀彬. 城市化与资源环境相互关系的理论与实证研究 [M]. 北京：中国财政经济出版社，2007.

[207] 方创琳，鲍超，乔标等. 城市化过程与生态环境效应 [M]. 北京：科学出版社，2008.

[208] 秦耀辰，荣培君，杨群涛. 城镇化对碳排放影响研究进展 [J]. 地理科学进展，2014，33 (11)：1526 - 1534.

[209] 郭珺珺，刘成玉，刘玉萍. 城镇化、大城镇化与碳排放——基于跨国数据的实证研究 [J]. 城市问题，2013，(2)：2 - 10.

[210] 吴婵丹，陈昆仑. 国外关于城市化与碳排放关系研究进展 [J]. 城市问题，2014，(6)：22 - 27.

[211] Madlener R，Sunak Y. Impacts of Urbanization on Urban structures and Energy Demand：What can We Learn for Urban Energy Planning and Urbanization management? [J]. Sustainable Cities and Society，2011，1 (1)：45 - 53.

[212] Grossman G M，Krueger A B. Environmental Impact of North American Free Trade Agreement [R]. Boston NBER Working Paper，1991：3914.

[213] Stefanski R L. Essays on Structural Transformation in International Economics [D]. USA Minnesota：the University of Minnesota，2009：57 - 104.

[214] Talukdar D，Meisner C M. Does the Private Sector Help or Hurt the Environment? Evidence from Carbon Dioxide Pollution in Developing Countries [J]. World Development，2001，29 (5)：827 - 840.

[215] Wang Z H，Liu W，Yin J H. Driving Forces of Indirect Carbon Emissions from Household Consumption in China：An Input - output Decomposition Analysis [J]. Natural Hazards，2014，102 (4)：96 - 105.

[216] 籍艳丽，郜元兴. 二氧化碳排放强度的实证研究 [J]. 统计研究，2011，28 (7)：37 - 44.

[217] 朱永彬，王铮，庞丽等. 基于经济模拟的中国能源消费与碳排放高峰预测 [J]. 地理学报，2009，64 (8)：935 - 944.

[218] 徐国泉，刘则渊. 中国碳排放的因素分解模型及实证分析：1995—2004 [J]. 中国人口·资源与环境，2006，16 (6)：158 - 161.

[219] 李健，周慧. 中国碳排放强度与产业结构的关联分析 [J]. 中国人口·资源与环境，2012，22 (1)：7 - 14.

[220] 徐成龙，任建兰，巩灿娟. 产业结构调整对山东省碳排放的影响 [J]. 自然资源学报，2014，29 (2)：201 - 210.

[221] 仲伟周，姜锋，万晓丽. 我国产业结构变动对碳排放强度影响的实证研究 [J]. 审计与经济研究，2015，(6)：88 - 96.

[222] 原嫄，席强敏，孙铁山等. 产业结构对区域碳排放的影响——基于多国数据的实证分析 [J]. 地理研究，2016，35 (1)：82 - 94.

[223] 唐德才，吴梅. 2013—2020 年江苏省碳排放驱动因素趋势预测 [J]. 生态经济，2016，32 (1)：63 - 81.

[224] 刘慧，成升魁，张雷. 人类经济活动影响碳排放的国际研究动态 [J]. 地理科学进展，2002，21 (5)：420 - 429.

[225] Grossman G M，Krueger A B. Economic Growth and the Environment [J]. Quarterly Journal of Economics，1995，110 (2)：353 - 377.

[226] 黄金川，方创琳. 城市化与生态环境交互耦合机制与规律性分析 [J]. 地理研究，2003，22 (2)：211 - 219.

[227] 赵荣钦，黄贤金. 基于能源消费的江苏省土地利用碳排放与碳足迹地理研究 [J]. 地理研究，2010，29 (9)：1639 - 1649.

[228] Amcoff J. Rural Population Growth in Sweden in the 1990s：Unexpected Reality or Spatial-statistical Chimera? [J]. Population，Space and Place，2006，12：171 - 185.

[229] Ehrlich P R，Holdren J P. Impact of Population Growth [J]. Science，1971，171 (3977)：1212 - 1217.

[230] 徐筑燕，鲁静芳，金莲. 发展经济学 [M]. 北京：清华大学出版社，2012.

[231] 张永军. 全要素生产率与江苏经济增长的实证分析 [J]. 统计与决策，2011，(11)：127 - 129.

[232] 中国大百科全书（社会学）[M]. 北京：中国大百科全书出版社，1991.

[233] 刘铮. 人口学辞典 [M]. 北京：人民出版社，1986.

[234] 张善余. 人口地理学概论 [M]. 上海：华东师范大学出版社，2010.

[235] Chikaraishi M, Fujiwara A, Kaneko S, et al. The Moderating Effects of Urbanization on Carbon Dioxide Emissions: A Latent Class Modeling Approach [J]. Technological Forecasting and Social Change, 2015, 90 (1): 302-317.

[236] 陈飞，诸大建. 低碳城市研究的理论方法与上海实证分析 [J]. 城市发展研究，2009，16 (10): 71-79.

[237] 宋德勇，徐安. 中国城镇碳排放的区域差异和影响因素 [J]. 中国人口·资源与环境，2011，21 (11): 8-14.

[238] 黄芳，江可申. 我国居民生活消费碳排放的动态特征及影响因素分析 [J]. 系统工程，2013，31 (1): 52-60.

[239] 曲如晓，江铨. 人口规模、结构对区域碳排放的影响研究——基于中国省级面板数据的经验分析 [J]. 人口与经济，2012，(2): 10-17.

[240] 郭郡郡，刘成玉. 城镇化对碳排放量及强度的影响 [J]. 城市问题，2012，(5): 21-28.

[241] 任海军，刘高理. 不同城镇化阶段碳排放影响因素的差异研究——基于省际面板数据 [J]. 经济经纬，2014，31 (5): 1-7.

[242] 武俊奎. 城市规模、结构和碳排放 [D]. 复旦大学博士学位论文，2013.

[243] 何晓萍，刘希颖，林艳苹. 中国城镇化进程中的电力需求预测 [J]. 经济研究，2009，(1): 118-130.

[244] Kaya Y. Impact of Carbon Dioxide Emissionon GNP Growth: Interpretation of Proposed Scenarios [R]. Presentation to the Energy and Industry Subgroup, Response Strategies Working Group, IPCC, Paris, 1989.

[245] 李国志，李宗植. 人口、经济和技术对二氧化碳排放的影响分析——基于动态面板模型 [J]. 经济研究，2010，34 (3): 32-39

[246] 杜运伟，黄涛珍，康国定. 基于 Kaya 模型的江苏省人口城镇化对

碳排放的影响 [J]. 人口与社会，2015，31 (1)：33 - 41.

[247] 杜运伟，黄涛珍，康国定. 基于 Kaya 模型的江苏省人口城镇化对碳排放的影响 [J]. 2015，31 (1)：33 - 41.

[248] Ehrlich P R，Holdren J P. Impact of Population Growth [J]. Science，1971，171 (3977)：1212 - 1217.

[249] Dietz T，Rosa E A. Rethinking the Environmental Impacts of Population，Affluence and Technology [J]. Human Ecology Reviews，1994，1 (2)：277 - 300.

[250] Dietz T，Rosa E A. Effects of Population and Affluence on CO_2 Emissions [J]. Proceedings of the National Academy of Sciences of the USA，1997 (94)：175 - 179.

[251] York R，Rosa E A，Dietz T. STIRPAT，IPAT and Im PAT：Analytic Tools for Unpacking the Driving Forces of Environmental Impacts [J]. Ecological Economics，2003，46 (3)：351 - 365.

[252] 葛美玲，封志明. 基于 GIS 的中国 2000 年人口之分布格局研究：兼与胡焕庸 1935 年之研究对比 [J]. 人口研究，2008，32 (1)：51 - 57.

[253] 胡焕庸. 论中国人口之分布 [M]. 上海：华东师范大学出版社，1983.

[254] 胡焕庸. 论中国人口之分布 [M]. 上海：华东师范大学出版社，1983.

[255] Clark C. Urban Population Densities [J]. Journal of Royal Statistics Society，Series A (General)，1951，114：490 - 494.

[256] Anderson D W，Coleman D C. The Dynamics of Organic Matter in Grassland Soils [J]. Journal of Soil and Water Conservation，1985，40：211 - 216.

[257] 布莱克曼，盖瑞森，马勒惠克. 地理经济学 [M]. 成都：西南财经大学出版社，2004.

[258] 刘修岩. 市场潜能、经济集聚与地区差距——来自中国地级数据的证据 [M]. 南京：南京大学出版社，2009.

[259] 金瑞庭. 中国城市人口空间结构变动对碳排放影响的研究 [D]. 复旦大学博士学位论文，2013.

［260］Frank M K. Income Inequality and Economic Growth in the USA-A Panel Cointegration Approach［Z］. Working Paper，Sam Houston State University，2005.

［261］干春晖，郑若谷，余典范. 中国产业结构变迁对经济增长和波动的影响［J］. 经济研究，2011，(5)：5－17.

［262］Peneder M. Structural Change and Aggregate Growth［R］. WIFO Working Paper. Austrian Institute of Economic Research，Vienna，2002.

［263］杜运伟，黄涛珍，康国定. 基于微观视角的城市家庭碳排放特征及影响因素研究——来自江苏城市家庭活动的调查数据［J］. 人口与经济，2015，(2)：30－39.

［264］科学技术部社会发展科技司，中国21世纪议程管理中心. 全民节能减排实用手册［M］. 北京：社会科学文献出版社，2007.

［265］台湾经济部能源局. http：//www. moeaboe. gov. tw.

［266］GHG Protocol. http：//www. ghgprotocol. org/templates/GHG5/layout. asp，2005.

［267］保护国际. http：//www. conservation. org. cn. /cn/CO_2. asp.